BUENOS LÍDERES HACEN GRANDES PREGUNTAS

Los libros del Dr. John C. Maxwell pueden enseñarle a ser una persona VERDADERAMENTE exitosa

Relaciones

25 maneras de ganarse a la gente

Seamos personas de influencia

Ética 101

Relaciones 101

Cómo ganarse a la gente

Encouragement Changes Everything [El aliento lo cambia todo]

Everyone Communicates, Few Connect [Todos se comunican, pocos se conectan]

Capacitación

Las 15 leyes indispensables del crecimiento

Las 17 cualidades esenciales de un jugador de equipo

Las 17 leyes incuestionables del trabajo en equipo

Desarrolle los líderes que están alrededor de usted

Cómo las personas exitosas crecen

Capacitación 101

Haga que su día cuente

Mentor 101

El mapa para alcanzar el éxito

Compañeros de oración

¡Vive tu sueño!

Corramos con los gigantes

El talento nunca es suficiente

Hoy es importante

El mapa para alcanzar el éxito

Actitud

Actitud 101

Seamos personas de influencia

El lado positivo del fracaso

Cómo las personas exitosas piensan

A veces se gana, a veces se aprende

Éxito 101

Piense para obtener un cambio

La actitud de vencedor

Liderazgo

Las 21 leyes irrefutables del liderazgo, edición del 10º aniversario

Las 21 cualidades indispensables de un líder

Los 21 minutos más poderosos en el día de un líder

Líder de 360º

Desarrolle el líder que está en usted

Los 5 niveles de liderazgo

Solo oro

Buenos líderes hacen grandes preguntas

Cómo las personas exitosas dirigen

Liderazgo 101

Liderazgo, principios de oro

Liderazgo, promesas para cada día

OS LIDERES HACEN GRANDES PREGUNTAS

Su fundamento para un liderazgo exitoso

JOHN C. MAXWELL

NEW YORK BOSTON NASHVILLE

Traducción: pica6.com (con la colaboración de
Danaé G. Sánchez Rivera y Salvador Eguiarte D.G.)

Center Street
Hachette Book Group
1290 Avenue of the Americas
New York, NY 10019
www.centerstreet.com

Impreso en los Estados Unidos de América

RRD-C

Primera edición: Octubre 2014
10 9 8 7 6 5 4 3 2 1

Center Street es una división de Hachette Book Group, Inc.
El nombre y el logotipo de Center Street es una
marca registrada de Hachette Book Group, Inc.

Resumen: “En BUENOS LÍDERES HACEN GRANDES PREGUNTAS, John C. Maxwell ahonda en el proceso de convertirse en un líder exitoso al examinar cómo pueden ser utilizadas las preguntas para provecho. ¿Cuáles son las preguntas que los líderes deben hacerse? ¿Qué preguntas deberían hacerles a los miembros de su equipo? Él luego responde a los problemas más complicados que los líderes le han planteado. Utilizando las redes sociales, Maxwell les ofreció a sus seguidores que tenían preguntas carentes de respuestas, la plataforma acerca de lo que se necesita para dar lo mejor profesionalmente, y seleccionó setenta preguntas sobre los temas más populares, entre ellos: ¿Cómo puedo descubrir mi propósito único como líder? ¿Cuál es el hábito diario más efectivo que todo líder debe desarrollar? ¿Cómo motivar a una persona desmotivada? ¿Cómo trabajaría con un líder difícil que carece de visión? Este libro es una respuesta minuciosa y reveladora para esos líderes y para quien sienta que se ha estancado en su viaje hacia desarrollar su potencial supremo. Cada líder tiene el potencial de crecer, y el consejo de estas páginas les ayudará a los lectores a evaluar su posición actual y a estructurar un plan eficaz para cumplir sus objetivos”. —Provisto por la editorial.

ISBN: 978-1-4555-4803-3

Este libro está dedicado a Collin Sewell. Durante dos años,
cada mes respondí la gran pregunta que me enviabas.
A medida que te orienté a distancia, te vi pasar de ser
un buen líder a uno excelente. Ahora disfruto orientarte
personalmente y me deleito en considerarte como amigo.

Contenido

Reconocimientos

Gracias a:
Charlie Wetzel, mi escritor;
Stephanie Wetzel, por editar el primer manuscrito y manejar mis redes sociales;
Audrey Moralez, por su asistencia en la investigación;
Carolyn Kokinda, por mecanografiar el primer manuscrito;
y a Linda Eggers, mi asistente ejecutiva.

PARTE I

Las preguntas que yo hago

1

¿Por qué son tan importantes las preguntas?

Preguntas; durante cuarenta años he hecho preguntas acerca de liderazgo. Usted pensará que a medida que ha pasado el tiempo y que he recibido miles de respuestas, las preguntas se han vuelto menos importantes para mí. Pero ha sucedido lo contrario. Entre más preguntas hago, más reconozco su valor. Sin el consejo sabio y las respuestas reveladoras que he recibido a las preguntas a lo largo de las décadas, me pregunto dónde estaría ahora. Definitivamente, no habría crecido tanto ni habría llegado tan lejos. Las personas que se preocuparon lo suficiente por mí para darme dirección y consejo cuando les hice preguntas han hecho una completa diferencia en mi liderazgo.

Ahora que me encuentro en la segunda parte de mi vida, la gente continúa haciéndome preguntas cada vez más. Creo que se debe a que han llegado a verme como una figura paterna en el campo del liderazgo. Esto se debe en parte a mi edad. Pero también se debe a que la gente siente mi deseo de aportarles valor, y quienes tienen hambre de aprender con frecuencia me buscan.

Cuando comencé a enseñar sobre liderazgo, pasaba casi todo mi tiempo dando conferencias. Ahora, en casi cada conferencia, la gente desea tiempo para hacerme preguntas acerca de liderazgo, las cuales recibo. No solamente disfruto compartir lo que he aprendido, sino que responder preguntas también me da la oportunidad de hablar desde el interior de mi corazón. Cuando las personas comparten sus problemas y preocupaciones con vulnerabilidad, yo intento compartir mis experiencias con transparencia. Siempre deseo ayudar a quienes anhelan hacer una diferencia.

He llegado a disfrutar y valorar tanto esta experiencia que quise escribir este libro. Mi deseo es mostrarle cómo han impactado mi vida esas preguntas, y responder preguntas de personas de muchos países, trasfondos y profesiones.

El valor de las preguntas

Si desea ser exitoso y alcanzar su potencial de liderazgo, usted necesita acoger un estilo de vida de hacer preguntas. Esta es la razón:

1. Solamente obtiene respuestas a las preguntas que hace

¿Alguna vez ha dejado de hacer una pregunta porque pensó que sería absurda? ¡Yo sí! Demasiadas veces he permitido que mi deseo de no verme tonto evite que obtenga el conocimiento que necesito. Richard Thalheimer, el fundador de Sharper Image, una vez aseveró: "Es mejor lucir desinformado que estar desinformado". Por tal razón, nosotros necesitamos refrenar nuestro ego y hacer preguntas, incluso bajo el riesgo de lucir tontos.

Si a usted le preocupa que hacer preguntas lo haga lucir mal, permítame darle cierta perspectiva. Yo disfruto leer la columna de Marilyn vos Savant en la revista dominical *Parade*. Catalogada en el *Libro Guinness de los récords* como la persona con el coeficiente intelectual más elevado, ella responde difíciles y a menudo desconcertantes preguntas de los lectores. En su columna del 29 de julio de 2007, ella decidió compartir las preguntas que le parecieron difíciles de responder, no porque fueran demasiado complicadas, sino porque... bueno, échele un vistazo:

- "Me doy cuenta de que tiene el mismo nombre que Marilyn Monroe. ¿Tiene algún parentesco?".
- "¿Cree que el horario de verano podría estar contribuyendo con el calentamiento global? Entre más luz natural tenemos, más se calienta la atmósfera".
- "Veo estrellas fugaces casi cada noche. Parece que vienen de la nada. ¿Las estrellas se han caído de alguna constelación conocida?".
- "Cuando sueño, ¿por qué no necesito mis gafas para ver?".
- "¿Un ventrílocuo puede conversar con su dentista mientras este trabaja en sus dientes?".
- "Acabo de ver una parvada de gansos en una formación en 'V'. ¿Es la única letra que conocen?".[1]

¿No se siente mejor ahora acerca de la calidad de sus preguntas?

Si usted desea respuestas, debe hacer preguntas. Nadie me ha ayudado a comprender el valor de las preguntas más que mi amigo Bobb Biehl. En su libro, *Asking Profound Questions* [Hacer preguntas profundas], Bobb escribe:

> Existe una gigantesca diferencia entre la persona que no tiene preguntas que le ayuden a procesar situaciones y la persona que tiene preguntas profundas que hacer. Estas son algunas de las diferencias:

SIN PREGUNTAS PROFUNDAS	CON PREGUNTAS PROFUNDAS
Respuestas triviales	Respuestas profundas
Falta de confianza	Vida de confianza

Mediocre toma de decisiones	Sabia toma de decisiones
Vivir en niebla mental	Enfoque claro en la vida
Trabajar con prioridades bajas	Enfocado en altas prioridades
Procesamiento inmaduro	Procesamiento maduro[2]

Hacerle la pregunta correcta a la persona correcta en el tiempo correcto es una poderosa combinación, porque las respuestas que recibimos nos colocan camino al éxito. El fundador de IBM, Thomas J. Watson, dijo: "La habilidad de hacer la pregunta correcta le da la mitad de la victoria en la batalla por encontrar la respuesta". Pero eso sucede solamente si está dispuesto a hacer la pregunta.

> **"La habilidad de hacer la pregunta correcta le da la mitad de la victoria en la batalla por encontrar la respuesta".**
> ***—Thomas J. Watson***

2. Las preguntas desatan y abren puertas que de otra forma permanecerían cerradas

De pequeño solía ver el programa de televisión, *Let's Make a Deal* [Hagamos un trato], en el que los concursantes a menudo podían decidir entre tres puertas para intentar ganar el gran premio. Era divertido verlo, pero era pura suerte. A veces la gente ganaba cosas grandiosas. Otras veces no ganaban nada.

En el viaje de la vida nos encontramos con muchas puertas. Escondidas detrás de ellas, se encuentran todo tipo de posibilidades que llevan a las oportunidades, a las experiencias y a la gente; pero las puertas deben abrirse antes de poder cruzarlas. Las preguntas son las claves para abrir esas puertas. Por ejemplo, recientemente tuve el privilegio de entrevistar a la ex Secretaria de Estado, Condoleezza Rice, en la Universidad Stanford, para el evento Leadercast. Sabiendo que más de 150 000 personas estarían mirando, deseé hacerle buenas preguntas a esta asombrosa mujer que tiene un conocimiento y experiencias de vida extraordinarios, de manera que pudiéramos aprender de ella. Pasé días investigando, leyendo sus libros y hablando con gente que podría informarme sobre ella.

Cuando finalmente la conocí, la percibí encantadora y perspicaz. Con cada pregunta logré abrir más puertas para comprender sus experiencias. Al final de nuestro tiempo había encontrado una maravillosa amiga. Aprendí muchísimo, y creo que el resto de la audiencia aprendió también.

Preguntas que resuelven problemas

Como líder, usted siempre debe mirar hacia delante por el bien de su equipo. Cuando enfrente un problema y no conozca qué pasos necesitan darse para hacer avanzar al equipo, haga las siguientes preguntas:

- ¿Por qué tenemos este problema?
- ¿Cómo resolvemos este problema?
- ¿Qué pasos específicos debemos dar para resolver este problema?

El experto en administración, Peter Drucker, dijo: "Mi mayor fortaleza como consultor es ser ignorante y hacer unas cuantas preguntas". Él conocía el secreto. Los líderes exitosos inexorablemente hacen preguntas y poseen un deseo incurable de exprimir el cerebro de la gente que conocen para obtener información o ideas.

3. Las preguntas son el medio más eficaz para conectarse con la gente

A menudo observo a los conferencistas pararse ante una audiencia y esforzarse para defender sus ideas. Ellos serían más exitosos si en cambio intentaran construir una relación con la gente que se encuentra en el lugar. La palabra *comunicación* viene de la palabra latina *communis*, que significa "común". Antes de poder comunicarnos debemos establecer aspectos comunes. Entre más aspectos comunes haya, mayor será el potencial de conexión y comunicación. El objetivo de la comunicación eficaz es provocar que la gente piense: *¡Yo también!* Demasiados conferencistas parecen generar el pensamiento: *¿Y eso qué?*

La manera más efectiva de conectarse con los demás es hacer preguntas. Todos hemos experimentado el interés de los demás cuando al estar perdidos hicimos preguntas. La gente a menudo deja lo que está haciendo para ayudar a los demás. Las preguntas conectan a la gente.

Desde luego, usted tiene que hacer las preguntas correctas. En 2013, me invitaron a jugar en el AT&T Pebble Beach National Pro-Am. Todo jugador de golf sueña con jugar en esta gran competencia, ¡pero que me pidieran jugarla con los mejores golfistas del mundo sobrepasaba mis sueños! Para el evento, a otro jugador aficionado y a mí nos agruparon con dos profesionales: Steve LeBrun y Aaron Watkins. Nos divertimos bastante. Pero déjeme decirle algo: durante los cuatro días de jugar con ellos, los jugadores profesionales nunca me hicieron preguntas de golf. Ni una sola vez me pidieron que les ayudara a dar un golpe corto o que les aconsejara acerca del palo que debían utilizar. ¿Por qué? Esas no eran las preguntas correctas que hacerme. Yo no tengo nada de valor que ofrecerles en esa área de su vida. Soy un jugador aficionado. Por otro lado, ellos si me hicieron muchas preguntas acerca de crecimiento personal, liderazgo y de redacción de libros. De hecho, incluso me pidieron que les firmara libros.

Lo que usted pregunta importa. De igual manera importa *cómo* lo pregunta. Si deseamos conectarnos con la gente, nosotros podemos ser como el censista que condujo muchas millas por una carretera campesina remota para llegar a una cabaña en la montaña. Cuando se detuvo, una mujer sentada en el porche le gritó:

—No deseamos ninguno. No vamos a comprar nada.

—No estoy vendiendo nada—dijo el censista—. Vengo a hacer un censo.

—No tenemos con qué—dijo la mujer.

—No comprende—dijo el censista—. Estamos intentando averiguar cuántas personas hay en Estados Unidos.

—Bueno—dijo ella—, definitivamente perdió su tiempo al conducir hasta acá para preguntarme eso, porque no tengo idea.

Como el dramaturgo George Bernard Shaw observó: "El mayor problema con la comunicación es la ilusión de que se llevó a cabo".

"El mayor problema con la comunicación es la ilusión de que se llevó a cabo".
—George Bernard Shaw

4. Las preguntas cultivan la humildad

Al principio de mi carrera yo no hacía muchas preguntas. Creía erróneamente que como líder, yo debía conocer todas las respuestas a las preguntas de la gente. Como resultado adopté la ridícula actitud de "finge hasta que lo logres". Lamentablemente, eso provocó que fingiera mucho pero que lograra poco. Me tomó tiempo madurar lo suficiente para decir: "No lo sé", y: "Necesito su ayuda".

De haber sido más sabio, habría puesto atención a las palabras del rey Salomón, el hombre más sabio que ha vivido, quien vio la inmensidad de sus responsabilidades de liderazgo y dijo: "No soy más que un muchacho, y apenas sé cómo comportarme".[3]

Paul Martinelli, el presidente del John Maxwell Team, una vez me dijo: "Todo el temor surge ya sea del 'No soy suficiente', o del: 'No tengo suficiente'". Esa es una sagaz revelación. Con demasiada frecuencia, el temor evita que seamos vulnerables y nos sintamos suficientemente seguros para hacer preguntas. Cuando yo era un líder joven, no me sentía suficientemente sabio, suficientemente fuerte, suficientemente maduro, suficientemente competitivo, suficientemente confiado, ni suficientemente calificado. Cuando comencé a ser sincero conmigo mismo, a permitir que mis debilidades me hicieran humilde y a acudir a Dios por ayuda, comencé a cambiar. Me volví más abierto y auténtico. Yo estaba dispuesto a admitir mis errores y debilidades. Desarrollé una humildad apropiada y comencé a cambiar y a crecer.

Mi viaje en ese tiempo fue difícil y a menudo solitario. Tuve que soltar muchos malos hábitos. Tuve que cambiar prioridades incorrectas. Tuve que acoger nuevas maneras de pensar. Tuve que hacerme preguntas difíciles. Antes, no había estado dispuesto a equivocarme, y como resultado, no había logrado descubrir lo que estaba bien. ¿No es extraño que debamos rendir el tener la razón para encontrar lo que está bien, cómo la humildad nos permite ser auténticos, vulnerables, dignos de confianza e intimar con los demás? La gente se abre con quienes se abren a ellos.

5. Las preguntas le ayudan a involucrar a otros en la conversación

Larry King, quien se ha ganado la vida hablándole a la gente como anfitrión de un programa televisivo de entrevistas, cree que hacer preguntas es el secreto de una buena conversación. Él dice:

> Todo me da curiosidad, y si estoy en un cóctel, a menudo hago mi pregunta favorita: "¿Por qué?". Si un hombre me dice que él y su familia se están mudando a otra ciudad: "¿Por qué?". Una mujer cambia de trabajo: "¿Por qué?". Alguien apoya a los Mets: "¿Por qué?".
>
> En mi programa de televisión, yo probablemente utilizo esta palabra más que cualquier otra. Es la mejor pregunta que se ha hecho, y siempre lo será. Y es definitivamente la manera más segura de mantener una conversación vivaz e interesante.[4]

Cuando me estoy preparando para una reunión con alguien, paso tiempo determinando qué preguntas deseo hacer. Lo hago porque deseo sacar el mayor provecho del tiempo que tengo, pero también lo hago para involucrarme con la otra persona. Deseo que la gente sepa que los valoro y que, si es posible, deseo añadirles valor. Para hacerlo, creo que debo llegar a conocerlos. Eso requiere que haga preguntas, de que ellos hablen y de que yo escuche. Y si espero recibir valor de la gente, de nuevo necesito hacer preguntas y escuchar. No podemos hacer todo ello a menos que lleguemos a conocer a la gente.

Yo fomento la utilización de preguntas para involucrar a los demás y aprender de ellos. Creo que usted la encontrará como una de las prácticas más gratificantes que desarrollará jamás.

6. Las preguntas le permiten desarrollar mejores ideas

Yo creo fuertemente en el poder de las ideas y de compartirlas. Cualquier idea mejora cuando la gente correcta tiene la oportunidad de contribuir con ella y aprobarla. Y las buenas ideas se vuelven grandiosas cuando la gente trabaja unida para mejorarlas. Creo tan fuertemente en esta idea, que en mi libro, *Cómo las personas exitosas piensan*, escribí un capítulo llamado: "Los beneficios de compartir las ideas".

Preguntas que hago durante una sesión de aprendizaje

Las reuniones que más espero son los almuerzos de aprendizaje que programo cada mes con gente que pueda enseñarme. Cuando nos reunimos, yo me presento lleno de preguntas. Muchas son específicas para las personas con las que me estoy reuniendo. Pero hay algunas preguntas que intento hacerles a todos. Posiblemente usted también desee utilizarlas:

¿Cuál es la mayor lección que ha aprendido? Al hacer esta pregunta busco su sabiduría.

¿Qué está aprendiendo ahora? Esta pregunta me permite beneficiarme de su pasión.

¿Cómo es que el fracaso ha modelado su vida? Esta pregunta me revela su actitud.

¿A quién conoce que yo deba conocer? Esto me permite involucrarme en sus redes.

¿Qué ha leído que yo deba leer? Esta pregunta dirige mi crecimiento personal.

¿Qué ha hecho que yo deba hacer? Esto me ayuda a buscar nuevas experiencias.
¿Cómo puedo añadirle valor? Eso muestra mi gratitud y mi deseo de añadirles valor.

¿Cuál es la clave para las ideas compartidas? Hacerles las preguntas correctas a las personas correctas. Hay un gran poder al hacerlo. Como dice el conferencista Brian Tracy: "Un importante estimulante para el pensamiento creativo son las preguntas enfocadas. Existe algo acerca de la pregunta bien estructurada que a menudo va al meollo del asunto y produce nuevas ideas y revelaciones".

> **"Un importante estimulante para el pensamiento creativo son las preguntas enfocadas".**
> ***—Brian Tracy***

En mis primeros años como pastor asistí a un intercambio de ideas dirigido por pastores muy exitosos. La genialidad de este evento fue que los líderes exitosos compartieron sus mejores prácticas con los demás que tuvieron la oportunidad de hacer preguntas. Futuros pastores jóvenes también pudieron compartir sus ideas frescas con los líderes más experimentados, quienes les dieron realimentación. La atmósfera de la conferencia fue de esperanza y pensamiento creativo contagiosos, porque toda la experiencia se basó en preguntas. Fue un lugar donde las ideas estaban siendo remodeladas en ideas todavía mejores.

Yo nunca olvidé esa experiencia, y más tarde fue el catalizador para un grupo mensual de orientación, llamado la *Mesa*, en el que seleccionaba a líderes para que hablaran conmigo. El grupo se reunió recientemente en una particular mesa redonda en la Arthur M. Blank Family Foundation, en Atlanta. Fue un día mágico con grandiosas personas que hicieron preguntas grandiosas y se añadieron valor mutuamente. Debido a que los miembros de la *Mesa* son de diferentes partes de América del Norte, la mayoría de los meses nos reunimos vía telefónica. La interacción es fantástica a medida que discutimos difíciles problemas de liderazgo y nos afinamos unos a otros.

A quién invitar a su Mesa

Cuando traiga a gente a su mesa para compartir ideas, sea selectivo. Elija gente que...

- Comprenda el valor de las preguntas.
- Desee el éxito de los demás.
- Les añada valor a los pensamientos de los demás.
- No se sienta amenazado por las fortalezas de los demás.
- Pueda manejar emocionalmente los cambios rápidos en la conversación.
- Comprenda su lugar de valor en la mesa.
- Saque el mejor pensamiento de la gente que los rodea.
- Haya experimentado éxito en el área de discusión.
- Deje la mesa con una actitud de "nosotros", y no con una actitud de "yo".

Cualquier líder que le haga las preguntas correctas a la persona correcta posee el potencial de descubrir y desarrollar grandes ideas. El inventor Thomas Edison observó: "Las ideas que utilizo son mayormente las ideas de las personas que no las desarrollan". Practicar hacerles a las personas correctas las preguntas correctas, le permitirá desarrollar ideas en un nivel completamente nuevo.

Cualquier líder que le haga las preguntas a la persona correcta posee el potencial para descubrir y desarrollar grandes ideas.

7. Las preguntas nos proporcionan una perspectiva distinta

Muy a menudo, como líderes, nos obsesionamos con nuestro propio punto de vista y pasamos tiempo intentando convencer a los demás de nuestras opiniones, en lugar de intentar averiguar las suyas. Como aseveró el novelista y político inglés, Edward George Earle Lytton Bulwer-Lytton: "El verdadero espíritu de conversación consiste en ampliar la observación de otro hombre, no en anularla".

Ahí es donde entran en juego las preguntas. Al hacer preguntas y escuchar cuidadosamente las respuestas podemos descubrir perspectivas valiosas además de las nuestras. Eso es valioso, porque con frecuencia hacemos conjeturas incorrectas acerca de las demás personas:

Creemos que la gente es buena en las mismas cosas que nosotros —no lo son—.

Creemos que la gente se anima con las mismas cosas que nos animan a nosotros—no sucede así—.

Creemos que la gente ve el panorama general tal como nosotros —no lo ven así—.

Como me dijo un sabio líder una vez: "Antes de que intentes *poner* en claro las cosas, asegúrate de *ver* claramente las cosas". Ese consejo me ayudó a comprender que la mayor parte de la falta de comunicación es consecuencia de que la gente haga diferentes conjeturas. Podemos corregir tales conjeturas equivocadas y evitar la falta de comunicación al hacer preguntas.

Cuando era el pastor principal de Skyline, en San Diego, nuestro personal les hacía extensas entrevistas a las personas cuando se volvían miembros de la iglesia. Una de las preguntas que siempre hicimos fue: "¿Qué sería lo principal que cambiaría de la iglesia?". Esa pregunta pagó grandiosos dividendos, porque sus ojos frescos veían cosas que los nuestros no. Yo estimaría que el ochenta por ciento de los cambios positivos que hicimos fue resultado de lo que la gente nos dijo en respuesta a esas preguntas.

8. Las preguntas desafían las mentalidades y lo sacan de los baches

Demasiadas personas han muerto mentalmente. Se han estancado. ¿Cómo se pelea contra eso? A través de hacer la misma pregunta que me hizo mi amigo Bill: "¿Cuándo fue la última vez que tuviste un buen pensamiento por primera vez?".

Hacer preguntas es una manera grandiosa de evitar la pereza mental y salir de nuestros baches. Si comienza una tarea con certezas, probablemente terminará con dudas. Si está dispuesto a comenzar con dudas, usted probablemente terminará con certezas. Quizá sea por ello que alguien dijo una vez: "El futuro les pertenece a los curiosos. Aquellos que no temen intentarlo, explorarlo, meterse en ello, cuestionarlo y voltearlo".

El futuro les pertenece a los curiosos.

El autor y entrenador de liderazgo, Mark Miller, estaba escuchando las presentaciones del congreso TED de 2012, cuando observó que la mayoría poseía un rasgo en común: las charlas habían sido producidas por una pregunta que comienza con *por qué*.

- "¿Por qué los niños con enfermedades raras tienen que sufrir?": Jimmy Linn, genetista informático.
- "¿Por qué buscamos sitios arqueológicos antiguos desde los satélites?": Sarah Parck, arqueóloga.
- "¿Por qué los jóvenes desean estudiar neurociencia?": Greg Gage, neurocientífico.

Si desea hacer descubrimientos, si desea interrumpir el *statu quo*, si desea progresar y encontrar nuevas formas de pensar y hacer, usted necesita hacer preguntas. Las preguntas son el primer vínculo en la carrera del descubrimiento y la innovación.

Un cambio de vida

El conferencista, Anthony Robbins, observó: "Las preguntas de calidad crean una vida de calidad. Las personas exitosas hacen mejores preguntas, y como resultado, obtienen mejores respuestas". Yo he percibido que eso es verdad. De hecho, no creo que exagere al decir que las preguntas han cambiado mi vida y se han vuelto indicadores de eventos significativos.

> **"Las preguntas de calidad crean una vida de calidad. Las personas exitosas hacen mejores preguntas, y como resultado, obtienen mejores respuestas".**
> **—*Anthony Robbins***

La vida es un viaje, uno en el que buscamos encontrar nuestro camino y hacer una diferencia. Las preguntas nos ayudan a emprender ese viaje. De hecho, la palabra *pregunta* se deriva de la raíz latina *quaerere*, que significa "pedir" o "buscar". Tiene la misma raíz que la palabra *búsqueda*.[5] A veces las preguntas provienen de otros. A veces las preguntas son las que nosotros hacemos. De cualquier manera, las respuestas nos marcan.

Preguntas transformadoras que otros me han hecho

Muchas personas sabias y generosas me han hecho preguntas que han afectado positivamente mi vida. Aunque podría mencionar cientos, o posiblemente miles de preguntas de otros que me han ayudado, deseo compartir con usted las diez principales:

1. "¿Qué deseas hacer con tu vida?" (Papá)

Mi padre influyó en mí más que cualquier persona en la Tierra. Él me guió al principio de mi viaje con sabiduría y fuerza. No solamente me hizo esta pregunta, también me ayudó a encontrar la respuesta. Él sugirió que tenía buenas habilidades sociales y que en mi vida debía conectarme con los demás y ayudarlos. Toda mi vida he intentando añadirle valor a la gente debido a que él me hizo esta pregunta.

2. "¿Sabe usted qué es un líder?" (Sr. Horton)

Muchos maestros han influido en mí. El Sr. Horton me dio clases en quinto grado. Cuando mis compañeros de clase me eligieron para ser el "juez" y vio que yo siempre escogía a los equipos en el receso, reconoció mi comportamiento de liderazgo. Comprendió que liderazgo era influencia. Él no solamente observó mi comportamiento de liderazgo, sino que me lo resaltó y me impulsó en mi viaje de liderazgo.

3. "¿Usted planifica su crecimiento personal?" (Curt Kampmeier)

¿Cómo iba a saber que el almuerzo con un entrenador de seminario sería el comienzo del viaje de crecimiento de mi vida? La pregunta de Curt me impulsó a revisarme y a encontrarme falto. Fue el catalizador de mi crecimiento. Y debido a que conozco el poder de esa pregunta, se la he hecho en cientos de conferencias a decenas de miles de personas. Ahora, muchas personas exitosas pueden igualmente reconocer esa pregunta como el comienzo de su viaje de crecimiento.

4. "¿Puedo ayudarlo a ponerse en marcha en los negocios?" (Tom Phillippe)

Yo comencé mi carrera en el ministerio, pero siempre tuve una mentalidad innovadora, una clase de espíritu empresarial. Tom es un amigo de toda la vida que deseaba ayudarme a crecer económicamente y me dio la oportunidad de invertir en mi futuro. Pedí prestado el dinero que necesitaba para invertir y Tom se aseguró de que estuviera seguro y fuera exitoso. De verdad, creo que nuestra cultura sobreestima el dinero, pero este le da a la persona opciones, y estoy agradecido por ello. La pregunta de Tom y mi disposición de responder rindieron un asombroso beneficio en mi vida.

5. "¿Cómo podemos recibir una capacitación regular continua de usted?" (treinta y un asistentes a una conferencia de liderazgo)

Luego de pasar un día enseñando sobre liderazgo en un hotel Holiday Inn en Jackson, Misisipi, uno de los asistentes a la conferencia me hizo esa pregunta, y los demás lo apoyaron. Ellos deseaban recibir capacitación continua de liderazgo luego de la conferencia. Después de pensar rápidamente, dije: "¿Qué si grabara una lección mensual de liderazgo y se las enviara por cinco dólares al mes?". Las treinta y un personas se inscribieron y me dieron su información de contacto, me fui a casa y averigüé cómo llevarlo a cabo. Le enseñé a mi personal una lección de liderazgo, la grabé y les envié a los suscriptores las cintas por correo. Ese fue el comienzo de lo que ahora es el Maximum Impact Club. Esa lista de suscriptores creció rápidamente hasta ser diez mil personas, y ha continuado capacitando a líderes durante los últimos treinta años. Además, fue el comienzo de mis recursos de capacitación en desarrollo, y de lo que finalmente se convertiría en The John Maxwell Company.

6. "¿Qué podríamos llevar a cabo para hacer una diferencia?" (Larry Maxwell)

Mi hermano ha sido una importante influencia en mi vida desde que éramos niños. Nadie me desafía más que él. Él me hizo esta pregunta en 1995, y se convirtió en el catalizador para fundar EQUIP, la organización de capacitación de liderazgo más grande del mundo. Millones de líderes capacitados en más de 175 países se han beneficiado debido a que Larry hizo esa pregunta.

7. "¿Qué hará en la segunda mitad de su vida?" (Bob Buford)

Bob es un amigo, pero su pregunta me confrontó cuando leí su libro *Medio tiempo*. A continuación un pasaje que me llamó la atención:

> Usted no llegará muy lejos en la segunda mitad sin conocer la misión de su vida. ¿Su misión puede enunciarse en una o dos oraciones? Una buena forma de comenzar a formularla es con algunas preguntas (y respuestas completamente sinceras). ¿Cuál es su pasión? ¿Qué ha logrado? ¿Qué ha realizado extraordinariamente bien? ¿Cómo está conectado? ¿A dónde pertenece? ¿Cuáles son los "hubiera" que lo han perseguido durante la primera mitad? Estas y otras preguntas similares lo dirigirán hacia el ser que su corazón anhela; le ayudarán a descubrir la tarea para la cual fue especialmente hecho.

Durante los últimos veinte años, gracias a la pregunta de Bob, mis esfuerzos se han enfocado en añadirles valor a los líderes que multiplican el valor en los demás.

8. "¿Me llamará cuando necesite ayuda?" (John Bright Cage)

John es un cardiólogo que me dio su tarjeta en 1998 durante un almuerzo. Me escribió su número de celular, diciéndome que yo no estaba sano y que era candidato para un ataque cardiaco. Seis meses después, en la fiesta navideña de nuestra empresa, sufrí un ataque cardiaco que me alertó. Una llamada que mi asistente, Linda Eggers, le hizo a media noche llevó a una serie de acciones que me salvaron la vida. Le doy el mérito por las cosas que he llevado a cabo durante quince años desde entonces a los esfuerzos que él y el resto del equipo médico realizaron.

9. "¿Le gustaría comenzar una empresa de capacitación? (Paul Martinelli y Scott M. Fay)

Yo tenía sesenta y tres años y estaba terminando una exitosa carrera, cuando Scott y Paul se me acercaron diciendo que tenían una idea grandiosa: los tres debíamos comenzar una empresa de capacitación. Yo no necesitaba ni deseaba otra responsabilidad, de manera que inicialmente dije que no. Dichosamente, ellos fueron persistentes y no dejaron de pedírmelo. Luego de muchas conversaciones durante un período de dieciocho meses, finalmente acepté. Ahora estoy agradecido por la pregunta y su persistencia, porque los miles de capacitadores del John Maxwell Team que han sido capacitados y soltados en todo el mundo son una continua fuente de gozo para mí. Estamos experimentando recuerdos transformadores juntos.

10. "¿Me confiarás tu vida?" (Dios)

Sé que posiblemente usted no sea una persona de fe, de manera que esta pregunta puede no parecerle coherente. Pero yo sería negligente si no la compartiera con usted. Siendo un joven de diecisiete años, le entregué mi vida a Dios. ¡Esa fue la mejor decisión de mi vida! Estoy de acuerdo con Ralph Waldo Emerson, quien escribió: "Todo lo que he visto me enseña a confiar en el Creador por todo lo que no he visto". Entre más vivo, más confío en Él. Por cierto, cuando Dios le hace una pregunta, no es para su propio beneficio. Es para el beneficio de usted.

Las preguntas que hice me cambiaron la vida

Esas preguntas importantes que los demás me hicieron definitivamente me marcaron. Sin embargo, igualmente impactantes han sido algunas preguntas importantes que yo les he hecho a los demás, comenzando cuando era niño. Aquí hay diez preguntas—y respuestas—que han ejercido el mayor impacto en mi vida:

1. "Mamá, ¿cuánto me amas?"

De niño le hacía repetidamente esta pregunta a mi mamá. No se debía a que dudara de la respuesta; se debía a que me deleitaba en ella. La respuesta de mamá siempre era la misma: "Con todo mi corazón, incondicionalmente". Y a menudo continuaba explicando que su amor incondicional significaba que siempre me amaría sin importar lo que yo hiciera.

Mamá solía decirme que yo siempre podía hablar con ella y que ella siempre me escucharía y me comprendería. Y era verdad. Ella vivió esas palabras no solamente cuando yo era niño, sino cuando pasé a la adultez. Durante sesenta y tres años viví dentro de la seguridad del amor de mi madre. Ella me conocía bien y me amaba a pesar de mí mismo. Cuando falleció, ella dejó un espacio vacío en mi corazón que ninguna persona podrá llenar. Le atribuyo mucho de mi éxito y de mi disposición a tomar riesgos al amor incondicional que ella siempre me dio.

2. "Margaret, ¿quieres casarte conmigo?".

Un verano en el campamento juvenil, yo estaba saliendo con una chica llamada Marsha. Cuando ella me presentó a una amiga llamada Margaret, me quedé estupefacto. En el momento que vi a Margaret, me dije: "Estoy sosteniendo la mano de la chica equivocada". Inmediatamente comencé a perseguir a Margaret. Salimos en la preparatoria y la universidad, y luego del mejor trabajo de ventas en la historia de la humanidad, ella se casó conmigo.

Margaret es el amor de mi vida y mi consejera más confiable. Ella ha sido una parte vital de cada decisión que hemos tomado durante más de cuarenta años de matrimonio. En nuestros primeros años, ella me ayudó a cargar con la pesada carga de trabajo y me soltó para perseguir mi llamado con total entrega. Ahora, mi más grande gozo es pasar tiempo con ella.

3. "Pastor, ¿cómo construyó una gran iglesia?"

Siendo un pastor joven, los libros de Elmer Towns, quien escribió mucho acerca del crecimiento de la iglesia, influyeron en mí. Él señaló las grandes iglesias estadounidenses y a los pastores que las dirigían, lo cual creó en mí un hambre por hacer crecer una iglesia grande.

Inspirado por las historias que leí acerca de las diez iglesias principales del país, comencé a llamar a sus líderes y a pedirles una cita para poder hacerles preguntas. Ya que ellos no me conocían y yo deseaba hacer que valiera la pena su tiempo, les ofrecía cien dólares por treinta minutos de su tiempo (lo cual era una semana de mi salario anual). Unos cuantos aceptaron.

Durante los siguientes cuatro años visité las iglesias de los líderes que aceptaron reunirse conmigo y les hice preguntas acerca de sus éxitos. Cuando terminé ese proyecto, llegué a esta conclusión: "Todo se levanta y cae en el liderazgo". Esa verdad ha sido el centro de mi viaje de liderazgo, y me ha llevado a enseñarles a los demás a dirigir por el resto de mi vida.

4. "Les, ¿por qué escribes libros?"

Mi intención nunca fue ser autor. Me encantaba leer libros, pero nunca tuve un deseo de escribir —es decir, hasta que le pregunté a un autor amigo mío, Les Parrott, por qué escribía—. Su respuesta me cambió la vida. Él dijo: "Escribo libros para influir en personas que nunca conoceré. Los libros incrementan mi audiencia y mi mensaje".

En el momento que escuché eso decidí que necesitaba escribir. La idea de ejercer un impacto en la gente que nunca conocería alimentó la pasión que ya poseía por lo que enseñaba. Donde no había poseído un deseo por escribir, mi deseo de influir en más personas me hizo desear escribir. Ahora, veinticinco millones de libros después, mi sueño se ha hecho realidad.

5. "Papá, ¿puedo tener tu bendición para dejar esta organización?"

Esta fue la pregunta más difícil que hice jamás. ¿Por qué? Mi padre era un líder de la organización que yo deseaba dejar, y había pasado su vida entera invirtiendo en la gente de ahí. Yo había crecido en ella y era todo lo que conocía. Mis amigos estaban ahí. Mi historia estaba ahí. Era segura.

Pero también comprendí que mi futuro no podía estar ahí. Si deseaba continuar creciendo y perseguir lo que creía que era mi llamado, yo sabía que tendría que trazar un nuevo territorio. Tendría que dejar todo lo que conocía para aprender lo que no sabía. Con lágrimas, mi padre me dio su bendición. Esa pregunta—y su clemente y generosa respuesta—abrieron la puerta y me permitieron caminar hacia un futuro ilimitado.

6. "Líderes, ¿qué se requiere que yo haga que nadie más pueda hacer?"

La entrevista había sido larga y yo había respondido docenas de preguntas de los líderes del comité de búsqueda de la iglesia Skyline. Ellos me estaban invitando a convertirme en el líder de la iglesia wesleyana más influyente del mundo. Era un gran privilegio. Yo estaría siguiendo a Orval Butcher, el pastor fundador que los había dirigido durante veintisiete años. Él había hecho todo para la iglesia y era sumamente honrado y amado. Pero yo también sabía que sería un gran desafío. Sabía que no podría llenar sus zapatos ni las expectativas del comité de búsqueda.

Cuando terminaron de hacerme todas las preguntas que tenían, yo hice la mía. Deseaba saber las responsabilidades que solamente yo podía asumir. Esa pregunta condujo a una conversación de dos horas y proporcionó un fundamento sobre el cual yo podría dirigir.

Le di catorce años de mi vida a la congregación, y Skyline fue nombrada como una de las iglesias más influyentes de Estados Unidos mientras yo estuve ahí. Fue un privilegio fantástico servir ahí y una de las mejores experiencias de mi vida.

7. "Charlie, ¿me ayudarías a escribir libros?"

Aprender a escribir no fue tarea fácil para mí. Mientras escribía mi primer libro, trabajaba durante cuatro horas una noche en una habitación de hotel y había escrito un mediocre párrafo. Pero perseveré. Y luego de muchos meses de esfuerzo, completé *Think on These Things* [Piense en esto]. Contenía treinta y tres capítulos, cada uno de los cuales era de tres o cuatro páginas, pero ese fue un comienzo.

Durante los siguientes catorce años escribí un total de nueve libros, pero deseaba hacer más. Ahí fue donde Charlie Wetzel me ayudó. Comenzamos a escribir juntos en 1994. En los siguientes veinte años hemos escrito más de sesenta y cinco libros juntos y vendido más de 24 millones de copias. De todo mi círculo interno, él ha impactado a más gente que ninguna otra persona.

8. "Kevin, ¿puedo ser tu mentor?".

En 1995 decidí que deseaba orientar a diez personas regularmente. Lo hice, porque sabía que añadirle valor a la gente con gran potencial que estaba hambrienta por crecer es una de las mejores inversiones que un líder puede hacer. Desde entonces he continuado haciéndolo cada año.

Durante los años, la lista de personas que oriento ha continuado cambiando, pero siempre he escogido a las personas en las que invierto. Nadie me ha dado una mejor retribución en el tiempo de inversión que Kevin Myers. La iglesia que él fundó, 12Stone, es ahora una de las congregaciones de más rápido crecimiento y de mayor influencia en Estados Unidos. Lo he visto florecer de ser un buen líder a ser uno fantástico.

Hace algunos años, él me dijo que deseaba construir un centro de liderazgo que capacitara a líderes de alrededor del mundo, y me preguntó si podía ponerle mi nombre. A mí me sorprendió la petición. Una vez había sido mi visión hacer lo que él estaba haciendo, y esto pareció ser como el cumplimiento de un sueño perdido.

—Me sentiría honrado—respondí—. ¿Cuáles serían mis obligaciones?

—Solo utilice estas instalaciones para inspirar y capacitar a líderes —respondió Kevin—. Eso es todo.

La respuesta de Kevin me deslumbró. Ahora, el John Maxwell Leadership Center está estratégicamente ubicado en Atlanta, Georgia, y está capacitando a líderes de todo el mundo. Creo que establecerá un legado de liderazgo que vivirá más que yo. Y todo comenzó porque le hice una pregunta a un joven pastor con un potencial ilimitado.

9. "Jeff, ¿a quién conoces que yo deba conocer?"

Hace muchos años comencé a practicar hacer esta pregunta cuando conocía a alguien por primera vez. En ocasiones no ha producido resultados, pero a menudo conduce a que conozca a alguien útil o interesante. Sin embargo cuando le hice esta pregunta a Jeff Brown, cambió mi vida. ¿Por qué? Porque Jeff me presentó a John Wooden, uno de los más grandes entrenadores y maestros de nuestro tiempo.

A menudo hablo acerca del entrenador Wooden y de la dirección y sabiduría que impartió en mi vida. Luego que Jeff nos presentara, el entrenador Wooden y yo nos volvimos amigos y él se volvió mi mentor. Él me enseñó más que nadie y me inspiró a escribir mis libros *Hoy es importante* y *A veces se gana, a veces se aprende*.

Yo deseo animarlo a usted. Cuando conozca a personas interesantes, es muy probable que ellos conozcan a otras personas interesantes. El viejo dicho es cierto: Dios los cría y ellos se juntan. Haga la pregunta y yo creo que esta le abrirá la puerta hacia algunos asombrosos amigos nuevos y oportunidades interesantes.

10. "Lector, ¿cómo puedo añadirle valor?"

Hace años me desafió otro autor que dijo: "Cuando escribo, siempre hago la pregunta: '¿El lector volteará la página?'". Yo comencé a hacerme la misma pregunta cuando empecé a escribir libros. Creo que la respuesta será sí a medida que en cada página pueda añadirle valor a usted. Este es definitivamente mi deseo con este libro. Para mí, añadir valor es más que solo palabras. Y a medida que yo pueda hacer esa pregunta y creer que la respuesta será sí, continuaré escribiendo libros para intentar ayudarle a usted y a otros lectores potenciales.

El estadista y filántropo, Bernard Baruch, dijo: "Millones vieron caer la manzana, pero Newton fue el único que preguntó por qué". Debido a que Newton se tomó el tiempo de hacer preguntas, el mundo se benefició de su teoría de la gravedad.

> **"Millones vieron caer la manzana, pero Newton fue el único que preguntó por qué".**
> ***—Bernard Baruch***

Las preguntas tienen poder. Cuando miro en retrospectiva al progreso de mi vida, puedo ver que las preguntas han marcado el camino de mi crecimiento, han producido cambios positivos de dirección y me han llevado a muchos éxitos. Aunque muchos de nosotros intentamos lucir inteligentes y dar respuestas inteligentes, seríamos mucho mejores si enfocáramos nuestra atención en hacer preguntas. Si les hacemos buenas preguntas a las personas correctas, tendremos un maravilloso rendimiento en nuestra vida. Nunca olvide: las buenas preguntas informan; ¡las grandes preguntas transforman!

> **Las buenas preguntas informan; ¡las grandes preguntas transforman!**

¿Qué preguntas le han hecho los demás que hayan hecho una diferencia positiva en su vida? ¿Qué preguntas les ha hecho usted a los demás que le están ayudando incluso en la actualidad? Conviértase deliberadamente de ahora en adelante en una persona que pregunta. Incluso debería hacerse preguntas a sí mismo. Yo lo hago. De hecho, ese es el enfoque del siguiente capítulo.

2

¿Qué preguntas me hago como líder?

Siendo un líder joven, al principio de mi carrera, yo siempre estaba de prisa. Lleno de pasión y visión, tenía un plan urgente que perseguir, el cual me llevó a intentar obtener la aprobación de los demás. Debido a esto, daba muchas indicaciones y hacía muy pocas preguntas. Como resultado, a menudo me equivocaba, pero rara vez dudaba.

Mi actitud cambió cuando tomé una decisión equivocada que afectó a varias personas de mi organización. Fue entonces que me di cuenta de que cuando un líder toma una decisión incorrecta, esta le afecta no solamente a él, sino a muchas otras personas. Eso me llevó a hacer una pausa. Aunque la madurez personal pueda significar poder ver *más allá* de sí mismo, la madurez del liderazgo significa considerar a los demás *antes* que a sí mismo. Reconocí que ya no podía ser un llanero solitario, haciendo lo mío y pidiéndoles a los demás que siguieran mis órdenes. Necesitaba pensar de antemano y considerar a los demás.

Aunque la madurez personal pueda significar poder ver *más allá* de sí mismo, la madurez del liderazgo significa considerar a los demás *antes* que a sí mismo.

Yo comencé haciendo preguntas. En el capítulo uno expliqué

cuán importantes son las preguntas. Las preguntas son la base del aprendizaje. Pero también son el fundamento para un mejor liderazgo. Me di cuenta de ello durante una conversación con uno de mis mentores, el entrenador John Wooden, ex entrenador de baloncesto de los Bruins de la UCLA. Estábamos almorzando. Como yo solía hacer para esas sesiones, me había preparado durante horas y tenía una lista de preguntas en un cuaderno de notas tamaño oficio. Lo que él decía ni siquiera era en respuesta a ninguna de mis preguntas. Simplemente lo mencionaba de paso, pero eso me llamó la atención. El entrenador dijo: "John, hay una pregunta que me hago todos los días".

Mi corazón saltó con expectativa mientras esperaba para escuchar una revelación de este altamente exitoso entrenador, conocido por su gran sabiduría. Más adelante en este capítulo, le compartiré cuál fue la pregunta exacta. Aunque tiene valor, la práctica que él estaba compartiendo era mucho más valiosa. En ese momento me di cuenta de que los buenos líderes *se* hacen preguntas.

Luego de mi sesión con el entrenador, yo ansié llegar a casa, pasar tiempo en mi silla de reflexión y escribir qué preguntas debía estarme haciendo todos los días como líder. Las preguntas que descubrí son lo que compartiré con usted en este capítulo.

Lo que usted necesita preguntarse

Si es un líder, usted comprende que las preguntas siempre son parte de la vida del líder. El problema se vuelve, ¿quién está haciendo las preguntas? Como líder, yo puedo permitir que los demás me hagan preguntas difíciles pero importantes, o puedo tomar la responsabilidad, ser proactivo y hacer yo mismo esas preguntas. He llegado a darme cuenta de que al hacerme preguntas difíciles puedo mantener mi integridad, incrementar mi energía y mejorar mi capacidad de liderazgo.

Desde que escribo las preguntas que me hago como líder, las he revisado cientos de veces y he reflexionado sobre ellas. Muchas de estas preguntas son personales, pero creo que también pueden ayudarle tanto como me han ayudado a mí. Se las transmito como una guía, con la sugerencia de que usted desarrolle su propia lista.

1. ¿Estoy invirtiendo en mí mismo? Una pregunta sobre crecimiento personal

La inversión más importante que usted y yo haremos es en nosotros mismos. Esa inversión determinará el rendimiento que obtendremos de la vida. El mentor de Jim Rohn, John Earl Shoaff, le dijo: "Jim, si deseas ser adinerado y feliz, aprende bien esta lección: aprende a trabajar más duro en ti mismo que en tu trabajo". Jim aprendió bien esa lección. Como una vez lo señaló: "El libro que no lees no puede ayudarte; el seminario al que no asistes no puede cambiar tu vida. El negocio mejora cuando tú mejoras. Nunca desees que sea más fácil, desea que tú seas mejor".

Desde 1974, yo he estado invirtiendo intencionalmente en mí mismo, y casi durante todo ese tiempo he estado animando a los demás a hacer lo mismo. Algunos lo hacen, otros no. ¿Por qué? Creo que tres factores entran en juego. Estos determinan si invertirá en sí mismo y cómo lo hará:

Su autoimagen: cómo se ve a sí mismo

¿Cómo se siente consigo mismo como persona? ¿Es usted positivo? ¿Es usted negativo? En una escala del 1 al 10, ¿qué número utilizaría para describir cómo se siente consigo mismo? Tómese un momento y califíquese.

El número que haya elegido para describir su autoimagen, también describe su disposición a invertir en sí mismo. Por ejemplo, si calificó su autoimagen con 5, usted estará dispuesto a invertir en sí mismo a un nivel 5, pero no más. Es por ello que la gente con una autoimagen baja no hace

Nunca logrará jugársela a menos que crea en sí mismo.

grandes inversiones en sí misma. Lo que usted sea no es aquello que evita que invierta en sí mismo; es lo que usted cree ser—o que no es—. Nunca logrará jugársela a menos que crea en sí mismo.

Muchas personas se encuentran pensando como Snoopy, el perro *beagle* de la tira cómica de *Peanuts*, quien piensa: "Ayer era un perro. Hoy soy un perro. Mañana probablemente continuaré siendo un perro. Suspiro. ¡Hay tan poca esperanza de avanzar!". Hacer eso es subestimarse. La gente no está atorada en callejones sin salida con respecto a su potencial. Nosotros tenemos la capacidad de hacer tremendos avances. Pero primero debemos creer en nosotros mismos.

Su sueño: cómo ve su futuro

Cuando me senté a escribir *¡Vive tu sueño!*, mi deseo era ayudar a la gente a dar zancadas hacia sus sueños. Lo que no me di cuenta hasta que había escrito el libro y había comenzado a hablar de él, era que mucha gente no tiene un sueño. Yo me quedé estupefacto. Mi vida había estado llena de esperanzas, sueños y aspiraciones. Debido a ello, asumí que todos tenían al menos un sueño. Me equivoqué. ¿Por qué importa? Porque el tamaño de su sueño determina el tamaño de su inversión. Si su sueño es grande, usted invertirá en sí mismo para llevarlo a cabo. Si no tiene ningún sueño, posiblemente no invierta en sí mismo en absoluto.

Mi comienzo en el liderazgo fue poco impresionante. Dirigía una vieja iglesia rural a la que asistían unos cuantos granjeros. Pero mi pasión por ayudar a la gente era enorme. Me llenaba de energía. Mi sueño era construir una gran iglesia.

En aquellos días ganábamos muy poco dinero. A mí me pagaban ochenta dólares a la semana y Margaret trabajaba medio día como maestra de jardín de infancia. Apenas nos las arreglábamos. Pero debido a que yo tenía grandes sueños, siempre estaba buscando maneras de mejorarme a mí y mi liderazgo. Cuando iba a una librería, me sentía como en Navidad. Regresaba a casa lleno de libros que me ayudarían a crecer. Y siempre estaba buscando congresos que me ayudaran. Margaret se encogía, porque eso ponía en aprietos nuestro presupuesto, pero siempre hizo que funcionara. Ella creyó en mí tanto como yo creía en mí mismo. Los sueños que compartimos para nuestro futuro eran más grandes que nuestro contexto o nuestras circunstancias, y eso alimentó nuestro deseo de crecer.

Sus amigos: cómo lo ven los demás

El conferencista motivacional, Joe Larson, una vez dijo: "Mis amigos no creían que podría convertirme en un exitoso conferencista, de manera que hice algo al respecto. Salí a buscar nuevos amigos". Eso puede sonar duro, pero es lo que se necesita para quien está rodeado de personas que no creen en ellos.

Una de mis decisiones más difíciles de crecimiento era extender mis horizontes y buscar a personas cuya pasión por crecer y ayudar a los demás fuera similar a la mía. En ese tiempo solamente tenía treinta y tres años, y dejé todo lo que me era familiar y a todos los que conocía. Esa decisión requirió de valentía. Sin embargo, si hubiera permanecido donde estaba, nunca habría crecido al siguiente nivel.

La gente necesita a otros que les ayuden a permanecer inspirados y a crecer. El médico misionero, Albert Schweitzer, aseveró: "En nuestra vida, en algún momento, nuestro fuego interno sale. Luego explota en llamas por un encuentro con otro ser humano. Todos debemos estar agradecidos por esas personas que encienden el espíritu interno". Si tiene amigos que encienden su fuego interno, usted es muy afortunado; ellos le harán desear continuar invirtiendo en sí mismo y creciendo. Si no, busque algunos, porque nada es más importante para su potencial como líder que su crecimiento personal diario.

2. ¿Estoy genuinamente interesado en los demás? Una pregunta de motivación

Alguien dijo una vez: "Las personas tienen dos razones para hacer cualquier cosa: una buena razón y una verdadera razón". Para que usted sea un buen líder cuando lidia con la gente, la buena razón debe ser la misma que la razón verdadera. Sus motivos importan.

Si es un buen líder—o desea convertirse en uno—, usted necesita preguntarse por qué. Existe una gran diferencia entre la gente que desea dirigir porque está genuinamente interesada en los demás y desea ayudarlos, y la gente que está en ello solo para ayudarse a sí misma. La gente que dirige por razones egoístas busca...

- **Poder:** Les encanta el control y continuarán añadiéndose valor a sí mismos al reducir el valor de los demás.
- **Posición:** Los títulos son para alimentar su ego. Continuamente se aseguran de que los demás sientan su autoridad y conozcan sus derechos como líder.
- **Dinero:** Utilizarán a la gente y se venderán para obtener ganancia económica.
- **Prestigio:** Su buen aspecto les es más importante que ser buenos y hacer el bien.

Es fácil que un líder pierda el enfoque. Es por ello que yo necesito revisar mis motivos diariamente. No deseo colocar mi liderazgo por encima la gente que dirijo.

Los líderes natos tienen capacidades que pueden utilizar fácilmente para beneficio personal. Ellos ven cosas antes que los demás, y a menudo ven más de lo que ven los demás. Como resultado, ellos disfrutan la ventaja de tener el tiempo adecuado y ver el panorama general. Eso los coloca en una posición ideal para aprovechar al máximo las oportunidades.

Si yo puedo ver algo antes que usted, puedo comenzar antes que usted, y eso a menudo garantiza una victoria. Si yo veo más que usted, mis decisiones probablemente serán mejores que las suyas. ¡Gano otra vez! De manera que la pregunta no es: "¿El líder tiene una ventaja sobre los demás?". La respuesta a esa pregunta es sí. La pregunta es: "¿El líder utilizará esa ventaja para beneficio personal o para beneficio de todo el equipo?". Es por ello que necesito preguntarme si estoy genuinamente interesado en los demás. Eso mantiene mi orgullo natural bajo control y purifica mis motivos.

Los líderes siempre están en peligro de abusar de su poder. Es por ello que cuando me dirigí a los líderes de las Naciones Unidas, hablé acerca de "Tres preguntas que la gente le hace a su líder". Dichas preguntas son:

¿Puede ayudarme? Esa es una pregunta de competencia.
¿Le importo? Esa es una pregunta de compasión.
¿Puedo confiar en usted? Esa es una pregunta de carácter.

Observe que dos de esas preguntas abordan los motivos del líder. Si los seguidores están preocupados por la motivación de los líderes, los líderes mismos deben estarlo también.

Permítame decirle algo más al respecto: cuestionar sus motivos no es lo mismo que cuestionar su carácter. Si usted tiene un carácter deficiente, sus motivos probablemente serán malos. Pero si posee un carácter sólido, usted aun así puede caer presa de los malos motivos. El carácter se basa en los valores. Si usted tiene los motivos equivocados en una situación en particular, pero sus valores son buenos y su carácter es fuerte, probablemente detectará hacia dónde se está dirigiendo y tendrá una oportunidad de corregirlo.

Cuando los líderes aprenden buenos valores y los viven, ellos mismos se hacen más valiosos e incrementan el valor de las demás personas.

Esta es la razón por la que hemos comenzado a enseñarles sobre valores a los líderes en la extensión de mi organización sin fines de lucro, EQUIP.

Cuando los líderes aprenden buenos valores y los viven, ellos mismos se hacen más valiosos e incrementan el valor de las demás personas. Ese es el fundamento de un liderazgo positivo.

3. ¿Estoy afirmado como líder? Una pregunta de estabilidad

Así como los líderes son vulnerables a actuar para su ventaja personal, también son susceptibles a tener una pretensiosa sensación de su propia importancia. Es por ello que necesitan permanecer afirmados. ¿A qué me refiero con ello? Los buenos líderes muestran tres cualidades importantes:

Humildad: comprender su lugar a la luz del panorama general

Una vez leí que en el auge del Imperio romano, algunos generales fueron honrados con un *triunfo*, una procesión de honor a lo largo de la ciudad de Roma, en la que el general era precedido por legiones en marcha, sonido de trompeta y los enemigos que habían conquistado y capturado en la victoria. A medida que el general montaba el carro y era aclamado por virtualmente toda la ciudad, un esclavo sostenía una corona de laurel sobre su cabeza para indicar su victoria. Pero mientras continuaba la procesión, el esclavo tenía una responsabilidad adicional. Él tenía que susurrar las siguientes palabras al oído del general: "Hominem te memento", que significa: "Recuerde que es solo un hombre".

Los líderes pueden comenzar a pensar que todo se trata acerca de ellos—especialmente cuando su equipo o su organización están ganando—. Entre más grande sea el logro, más grande la necesidad de revisar su ego. De ahí la importancia de

> **"La humildad no es negar sus fortalezas. La humildad es ser sincero acerca de sus debilidades".**
> ***—Rick Warren***

permanecer afirmado. La cualidad más importante de una persona bien afirmada es la humildad.

¿Qué es la humildad? Mi amigo Rick Warren dice: "La humildad no es negar sus fortalezas. La humildad es ser sincero acerca de sus debilidades. Todos nosotros somos un bulto de grandes fortalezas y grandes debilidades, y la humildad es poder ser sincero acerca de ambas".[6] Mi creencia es que la humildad es una decisión diaria de darle crédito a Dios por nuestras bendiciones y a otras personas por nuestros éxitos.

Los líderes humildes se sienten cómodos con quienes estén y no sienten necesidad de llamar la atención hacia sí mismos. Ellos se deleitan en los logros de los demás, les dan poder a los demás para sobresalir y les permiten brillar. Eso no significa que un líder necesite desaparecer. Solo significa tener la perspectiva correcta. El autor sobre liderazgo, Patrick Lencioni, dice que los buenos líderes pueden motivar a los demás y ser humildes a la vez. Él escribe: "He definido la humildad como la comprensión de que un líder no es mejor en sí que las personas a las que dirige; y el carisma, como la comprensión de que las acciones del líder son más importantes que aquellas de las personas a quienes dirige. Como líderes, nosotros debemos procurar abrazar la humildad y el carisma".

Recientemente leí acerca de una líder que ejemplifica la humildad carismática: Angela Ahrendts. Durante siete años fue la directora general de Burberry, una lujosa casa de moda con base en Londres. Mientras dirigía la compañía, ella transformó su marca, incrementó su reputación global y triplicó con creces sus ventas anuales y su valor.

Ahrendts es conocida como una innovadora, pero también es conocida por ser la clase de líder que promueve la colaboración, acoge el espíritu de equipo y construye confianza. ¿La clave? Ahrendts dice: "Es compasión. Es humildad. Es decir gracias".[7]

A los cincuenta y tres años, Ahrendts se estableció en Burberry y pudo haber continuado ahí hasta que decidiera retirarse. En cambio, ella hizo algo que sorprendió a muchas personas. Decidió dejar su puesto de directora general en esa compañía para volverse vicepresidenta ejecutiva de Apple. Como preguntó el escritor Jeff Chu: "¿Por qué una directora ejecutiva se convertiría en una subalterna?".[8] Porque un líder afirmado que es humilde está dispuesto a aceptar un nuevo desafío, aunque eso signifique tomar riesgos, entregar el poder y perder un grado de autonomía.

Autenticidad: estar cómodo consigo mismo

La gente a menudo coloca a los líderes exitosos en pedestales. Para permanecer genuinos y afirmados, los líderes necesitan bajarse de ese pedestal y mantenerse con la gente. Lo logran al ser honestos y auténticos. Posiblemente sea por ello que Mark Batterson, autor y pastor principal de la iglesia National Community Church de Washington, D.C., identifique la autenticidad como la nueva autoridad en el liderazgo.

Si usted es un líder, su objetivo es levantar a su gente, no que ellos lo levanten a usted. Si permite que los demás lo coloquen en un pedestal o si minimiza sus fallas y acentúa sus éxitos, usted genera lo que yo llamo la Brecha del éxito. Esa es una distancia percibida entre las personas exitosas y quienes son menos exitosos. Las personas falsas disfrutan esa brecha, protegen su imagen, intentan permanecer por sobre la multitud y, en el mejor de los casos, hacen que la brecha luzca aún mayor.

Un sueño es algo que verdaderamente *desea* hacer, pero un llamado es algo que *tiene* que hacer.

Por el contrario, los líderes auténticos trabajan duro para cerrar esa brecha. ¿Cómo? Ellos se abren acerca de sus fracasos y sus fallas. Se burlan y se ríen de sí mismos. Cuando se les pide hablar, prefieren las presentaciones simples y caminan entre las personas, se conectan con ellas antes y después de su tiempo sobre el estrado. Hacen todo lo que pueden para ser ellos mismos sin pretensiones.

Llamado: tener un propósito más grande que sí mismo

Lo tercero que puede mantener a los líderes afirmados es su llamado. Recientemente, durante una sesión de preguntas y respuestas, me preguntaron la diferencia entre un sueño y un llamado. Mi respuesta fue que el sueño es algo que verdaderamente *desea* hacer, pero un llamado es algo que *tiene* que hacer. Observe la vida de personas como Thomas Edison, Henry Ford, la madre Teresa, Martin Luther King Jr. y Steve Jobs. Ellos fueron personas que se sintieron obligadas a hacer el trabajo de su vida.

Cada día despierto sabiendo que mi llamado es añadirles valor a los líderes, para que ellos puedan multiplicarles el valor a los demás. Esto es lo que he estado haciendo durante los últimos cuarenta años. Es quien yo soy. Es lo que sé. Es lo que deseo y lo que me encanta hacer. No es trabajo. Como reza el antiguo dicho, el trabajo no es trabajo a menos que prefiera estar haciendo algo más. Yo no deseo hacer nada más.

El trabajo no es trabajo a menos que prefiera estar haciendo algo más.

El autor y experto en mercadotecnia, Seth Godin, aconseja: "En lugar de preguntarse dónde serán sus siguientes vacaciones, posiblemente deba planear una vida de la que no necesite escapar". Creo que eso es algo a lo que todos deben aspirar. No hay nada como hacer aquello para lo que fue creado. Yo sé que para mí...

Cuando encontré mi por qué, encontré mi camino.
Cuando encontré mi por qué, encontré mi voluntad.
Cuando encontré mi por qué, encontré mis alas.

No deseo volverme un líder tan lleno de mí mismo que me vuelva incapaz de cumplir mi propósito. Los líderes que lo hacen se vuelven inestables. Es por ello que yo me examino para asegurarme de permanecer afirmado. Si mantengo mi humildad, muestro autenticidad y permanezco fiel a mi llamado, es muy probable que pueda mantener los pies en la tierra.

4. ¿Estoy añadiéndole valor a mi equipo? Una pregunta de trabajo en equipo

Al principio del capítulo, le compartí que John Wooden me dijo en una de nuestras sesiones de orientación: "Hay una pregunta que me hago todos los días". Esto es lo que dijo: "Cada día me pregunto: ¿cómo puedo hacer que mi equipo sea mejor?". Esa pregunta no solamente me inspiró a crear mi propia lista de preguntas qué hacerme como líder, sino fue una muy buena pregunta que también incluí en mi lista.

Como líder, yo necesito averiguar cómo puedo hacer que mi equipo sea mejor, añadirles valor a los jugadores e incentivar el trabajo en equipo. A continuación hay algunas sugerencias para añadir valor, basadas en lo que yo aprendí del entrenador Wooden. Cada día intento hacer lo siguiente:

Estimular un pleno compromiso

La conferencista instructora ejecutiva, Patricia Fripp, dice: "Un equipo es un grupo de personas que pueden no tener la misma experiencia, talento o educación, pero tienen el mismo compromiso". Un equipo cuyos miembros no están comprometidos está condenado a desempeñarse de manera desigual al calor del juego. Ese compromiso debe comenzar con el líder y extenderse a todo el equipo. Cundo el entrenador Wooden observaba que un jugador no estaba dando el cien por ciento en la práctica, él apartaba a la persona y le decía: "Yo sé que piensas que puedes compensar mañana lo que no haces hoy, pero eso es imposible. Si estás dando el cincuenta por ciento ahora, ¡no

> **"Un equipo es un grupo de personas que pueden no tener la misma experiencia, talento o educación, pero tienen el mismo compromiso".**
> ***—Patricia Fripp***

podrás dar el ciento cincuenta por ciento mañana! Jamás puedes dar más del cien por ciento".

Si usted es líder, la verdadera medida de su éxito no es hacer que la gente trabaje. No es hacer que la gente trabaje duro. Es hacer que la gente trabaje duro unida. Eso requiere de compromiso.

Crear un ambiente de aliento y apoyo

Una de las cosas más agradables del trabajo en equipo es que siempre tenemos a los demás de nuestro lado. Estamos aunando esfuerzos, no separándonos. Son muchas voces, un corazón. Pero eso a menudo no sucede, a menos que haya un ambiente de aliento y apoyo. Los líderes necesitan hacerse responsables de trabajar para crearlo.

Una de las maneras en que el entrenador Wooden solía llevarlo a cabo era pidiéndoles a sus jugadores que reconocieran las habilidades y las contribuciones de los demás. Él le decía a cada jugador que si un compañero de equipo hacía un gran pase o se colocaba en una posición que le permitiera hacer puntos, él debía reconocer al compañero de equipo en la cancha. Una vez preguntó un jugador: "Entrenador, al hacerlo, ¿qué si un compañero de equipo que ayudó no está volteando?". El entrenador Wooden respondió: "Él siempre estará viendo". El entrenador sabía que la gente busca reconocimiento y aprobación, y progresa con ello.

Identificar al adversario como una oportunidad para desarrollar carácter

El trabajo en equipo nunca se prueba durante los tiempos buenos. Usted sabe cuán bueno es su equipo cuando la adversidad golpea. Eso le muestra quién es usted y le revela en dónde es fuerte y en dónde es débil. A menudo no nos gusta, pero la realidad es que esas pérdidas pueden ser experiencias aleccionadoras si nuestra actitud es la correcta. El autor y apólogo, C. S. Lewis, llevó esa idea más adelante. Él escribió:

"Dios nos permite experimentar los momentos malos de la vida con el fin de enseñarnos lecciones que no aprenderíamos de otra manera".

El entrenador Wooden me dijo que en los primeros años de ser entrenador, su equipo no tenía una cancha propia de basquetbol, de manera que todos sus juegos se llevaban a cabo en las canchas de los oponentes. Eso definitivamente parece una dificultad. Sin embargo, el entrenador sintió que esta desventaja para su equipo se convertiría en una ventaja durante el torneo NCAA, porque su equipo estaba acostumbrado a jugar de visitante. Nosotros seríamos sabios al buscar la oportunidad en la adversidad y aprender de ella.

Considerar las fortalezas y las debilidades de cada persona

Una noche me encontraba cenando con el ex entrenador de fútbol americano universitario, Lou Holtz; mi amigo y hombre de negocios, Collin Sewell; y otros amigos en Odessa, Texas. A medida que nos sentamos y hablamos sobre liderazgo y trabajo en equipo, Lou dijo algo que me llamó la atención: "La libertad para hacer lo suyo termina cuando se tienen obligaciones y responsabilidades. Si usted desea fallarse a sí mismo, puede hacerlo; pero no puede hacer lo suyo si tiene responsabilidades con los miembros del equipo".

> **"La libertad para hacer lo suyo termina cuando se tienen obligaciones y responsabilidades".**
> ***—Lou Holtz***

Yo creo que eso es verdad. Si usted es parte de un equipo, debe tomar la responsabilidad de ayudar a su equipo a triunfar. Una gran parte de eso es conocer las fortalezas y las debilidades de todos, y utilizar las fortalezas de todos para ayudar al equipo a ganar. Usted puede hacerlo al preguntar: "¿Qué es lo mejor para el resto?".

Mucha gente no piensa en hacer esa pregunta. ¿Por qué? Porque a menudo se enfocan en sí mismos. Aquí tenemos un ejemplo. Cuando se toma una foto de grupo en la que usted aparece, ¿a quién es la primera persona que busca cuando ve la fotografía? A usted mismo.

¿Cómo determina si es una buena fotografía? Normalmente depende de cuán bien luzca en ella. Solamente después de que ha revisado su propia imagen es cuando comienza a ver la de los demás.

El trabajo en equipo demanda que nos enfoquemos un poco menos en nosotros mismos y un poco más en cómo trabaja el equipo. Para triunfar debemos valorar más el completarnos mutuamente que competir mutuamente. Si deseamos que el equipo gane, no podemos ser como el hombre de la tira cómica que le dice a su amigo: "Puede no haber la letra de mi nombre en el equipo, pero hay una "Y" y hay una "O", ¡y eso dice yo!".

Los buenos líderes son buenos entrenadores. Ellos saben cómo sacar lo mejor de la gente de su equipo. Eso es lo que hizo John Wooden. También es lo que hizo el legendario entrenador de la NFL, Vince Lombardi. Cuando se quedó a cargo de los Packers de Green Bay, el equipo había sufrido ocho temporadas seguidas de derrotas. Lombardi cambió al equipo en una temporada. ¿Cómo? Al descubrir las fortalezas y las debilidades de sus jugadores, y ayudarlos a desempeñarse al máximo. En particular sobresalieron Bart Starr, Jim Taylor y Paul Hornung—todos ellos habían estado sentados en la banca bajo el predecesor de Lombardi—. De hecho, los tres terminaron en el Salón de la Fama.

Si usted es el líder y no está añadiéndole valor a su equipo, necesita preguntarse si debe *ser* el líder o no. El liderazgo se trata de añadirles valor a sus compañeros de equipo y ayudarles a ganar.

5. ¿Estoy permaneciendo en mi zona de fortaleza? Una pregunta de efectividad

"Casi todos los hombres desperdician parte de su vida en intentos por mostrar cualidades que no poseen".
—Samuel Johnson

De todas las preguntas que me hago como líder, esta es la que más me ha ayudado a alcanzar mi potencial. Pero yo no sabía hacerla al principio de mi carrera. De hecho, cuando comencé en el liderazgo, ¡ni siquiera sabía que tenía una zona de fortaleza! Además, pasaba demasiado tiempo en las cosas equivocadas y confundí la actividad con el progreso.

El poeta y crítico, Samuel Johnson, escribió: "Casi todos los hombres desperdician parte de su vida en intentos por mostrar cualidades que no poseen". Así era yo. Pero está bien. Al principio de nuestra vida tenemos demasiadas tareas que no van conforme a nuestras fortalezas. De hecho, si no hacemos muchas cosas, no lograremos *encontrar* nuestras fortalezas. Pero es triste si después de varios años en nuestra carrera continuamos sin encontrar nuestras fortalezas. Salomón, el hombre más sabio que ha vivido, dijo: "Con regalos se abren todas las puertas y se llega a la presencia de gente importante".[9] ¿Cómo podemos alcanzar nuestro potencial si no sabemos qué es lo que hacemos bien?

Yo tuve la dicha de tener padres que reconocieron, estimularon y cultivaron mis fortalezas, de manera que tuve un comienzo temprano en la vida en esta área. Pero también trabajé para aprender acerca de ellas. Intenté cosas nuevas. Le pedí realimentación constructiva a la gente. Utilicé herramientas para ayudarme a comprender quién soy. Una que a menudo les recomiendo a los demás es StrengthsFinder. Desarrollada por miembros de la organización Gallup, es una encuesta que casi diez millones de personas han utilizado para descubrir sus cinco fortalezas naturales principales.

Cuando descubrí mis fortalezas, me discipliné a trabajar en el interior y a mejorar aquellas fortalezas. A medida que crecí en ellas, desarrollé mi singularidad y encontré un mayor sentido de propósito. El filósofo poeta, Ralph Waldo Emerson, aseveró: "Cada hombre tiene su propia vocación; su talento es su llamado. Existe una dirección donde todo el espacio está abierto para él". Lo que él está describiendo es moverse hacia el potencial ilimitado que cada uno de nosotros tiene cuando nos encontramos en nuestra propia zona de fortaleza y permanecemos ahí.

Permanecer en nuestras fortalezas nos da una ventaja. En un mundo en que la gente pasa mucho de su tiempo apoyándose en sus debilidades, enfocarse en maximizar sus propias fuerzas lo separará de los demás. Eso es bueno. Sin embargo, su tentación como líder puede ser hacer uso de su ventaja egoístamente para su beneficio personal. Como Daniel Vasella, presidente de Novartis AG, dice: "Cuando obtiene buenos resultados [...] generalmente es vitoreado y comienza a creer que esa figura al centro del brindis de champaña es usted mismo". Debe cuidarse de ello.

Permanecer en sus fortalezas también le brinda oportunidades. Usted no quiere perdérselas. En el prefacio del libro, *El poder de las palabras,* de mi amigo, Kevin Hall, Stephen R. Covey escribe:

> La raíz de la oportunidad es el puerto, es decir, la entrada por el agua a una ciudad o a un lugar de negocios. En la antigüedad, cuando la marea y los vientos eran apropiados y el puerto abría, esto permitía la entrada para comerciar, visitar, o para invadir y conquistar. Pero solo quienes reconocían la entrada podían tomar ventaja del puerto abierto o de la oportunidad.[10]

Entre más se enfoque en sus fortalezas, mejor colocado estará para ver y aprovechar las oportunidades cuando estas surjan.

Si no lo ha hecho todavía, cuando descubra sus talentos, dones y fortalezas, usted se llegará a un punto de decisión. ¿Los utilizará para dejarse llevar? ¿O se dedicará al trabajo duro de desarrollarlos?

Alguien que lo llevó a cabo fue el lanzador de Grandes Ligas, Nolan Ryan. No hay duda de que Ryan tenía talento. Él lanzó su primer juego sin *hits* antes de la preparatoria. Como lanzador de preparatoria, una vez golpeó a veintiún bateadores en un solo juego. Se dice que lanzó tan duro la pelota que fracturó las manos de sus receptores. Pero cuando Ryan llegó a las Grandes Ligas, se dio cuenta de que no podía simplemente confiar en su talento. Tenía que mejorarlo. Ryan explica:

> Todo lo que sabía era lanzar tan fuerte como pudiera, el mayor tiempo posible. Al principio de mi carrera en las

> Grandes Ligas, cuando me metía en problemas, regresaba a esa mentalidad. Finalmente, luego de no tener éxito con esa perspectiva lo comprendí—aprendí que cuando solo lanzaba fuerte estaba lanzando al azar, mandando a los chicos a primera base y perdiendo juegos—. Si no hacía un ajuste o cambiaba, entonces sería uno de esos jugadores muy dotados, pero que no le sacan mucho provecho...Mucha gente llega acá con la habilidad dada por Dios, la habilidad que recibió. Pero permanecer aquí y tener una carrera duradera requiere de compromiso para hacer sacrificios que la mayoría no hará continuamente. El talento puede traerte acá, pero se necesita de trabajo, verdadero trabajo, para permanecer aquí, y eso requiere del desarrollo del lado mental de tu juego para distinguirte en este nivel.[11]

Ryan se distinguió, tanto que terminó en el Salón de la Fama. Él jugó al más alto nivel hasta la edad de cuarenta y seis. Para cuando se retiró había ganado 324 juegos, registrado 5 714 eliminaciones por *strike* (el mayor número de la historia), ponchado a 383 bateadores en una temporada (otro récord), y lanzado siete juegos sin *hit* (igualmente, el mayor número de la historia). ¡Eso es lo que llamamos permanecer en la zona de fortaleza!

6. ¿Me estoy ocupando del presente? Una pregunta de éxito

Los buenos líderes miran al futuro de manera natural. Son conocidos por la visión y por dirigir a los demás a nuevos y más altos destinos. Sin embargo, el futuro no es donde se logran las cosas. Eso sucede *ahora*. Es por ello que usted necesita ocuparse de él.

> **"Yo debo gobernar el reloj, no ser gobernada por él".**
> ***—Golda Meir***

John Wooden decía con frecuencia: "Haz de hoy tu obra de arte". ¿Cómo lo llevamos a cabo? Al hacer que cada día cuente. Necesitamos que las palabras de la ex primera ministra israelí, Golda Meir, estén sonando en nuestros oídos cada día. Ella dijo: "Yo debo gobernar el reloj, no ser gobernada por él".

Ponernos a hacer lo que debemos hacer cada día puede ser difícil. Para utilizar mi tiempo correctamente, hay cinco áreas en que deseo asegurarme de cuidar mi negocio. No puedo hacerlo todo todos los días, pero puedo hacer las cosas más importantes cada día. Esto es lo que se encuentra en mi lista:

Fe

El expresidente, Jimmy Carter, aseveró: "Mi fe demanda que haga lo que pueda hacer, dondequiera que esté, cuando pueda hacerlo, durante el tiempo que pueda, con lo que tenga para intentar hacer una diferencia". Esa es una perspectiva grandiosa. Ya que estoy de acuerdo con ello, debo asegurarme de ejercitar y vivir mi fe todos los días.

Para mí, la fe significa incluir a Dios en el panorama de todos los días. Y esa es una buena noticia. Ver todo con Dios en el panorama me da una sensación de seguridad y resiliencia. Cuando su día esté lleno de estas dos cualidades, usted tendrá un buen día.

Familia

Durante muchos años, mi definición de éxito ha sido que mis más cercanos me amen y me respeten más. ¿Por qué? Porque si quienes *realmente* me conocen no me respetan, eso significa que no estoy viviendo bien ni haciendo lo que debería. El respeto tiene que ganarse. Tener esto en mente para mí es una prueba y me ayuda a recordar hacer lo correcto por mi familia.

Como padres, Margaret y yo intentamos proporcionarles a nuestros hijos raíces y alas. Les dimos raíces al instalar valores que los mantuvieran cimentados. Ahora ellos tienen hermosas familias y están dándoles a sus hijos esas mismas raíces. Además intentamos proporcionarles una buena autoimagen y creímos en ellos para que pudieran volar. Ahora también estamos intentando hacerlo con nuestros nietos.

Esto es lo que sé. No podemos hacer mucho por nuestros ancestros, pero podemos influir asombrosamente en nuestros descendientes.

Relaciones

Una de mis firmes creencias, la cual compartí en mi libro, *Cómo ganarse a la gente,* es: "Cuando todas las cosas son equitativas, la gente hará negocios con la gente que les agrada. Cuando las cosas no son equitativas, ellos continuarán haciendo negocios".

El éxito es un juego de relaciones. El Dr. Thomas W. Harrell, exprofesor emérito de psicología aplicada de la Universidad Stanford, pasó gran parte de su carrera siguiendo a un grupo de personas que habían obtenido su maestría en administración de empresas, luego de la graduación. Descubrió que su promedio escolar tenía poca relación con sus habilidades sociales. Los graduados que terminaron obteniendo los empleos más prestigiosos y los salarios más altos eran comunicativos, extrovertidos y energéticos.[12] Como dice el reclutador ejecutivo con base en Nueva York, John Callen: "La habilidad más buscada, desde director general hasta el menor puesto, es la habilidad de comunicarse con la gente. La persona que pueda hacerlo en los negocios siempre será solicitada".

> **"La habilidad más buscada, desde el director general hasta el menor puesto, es la habilidad de comunicarse con la gente".**
> ***—John Callen***

Las relaciones son importantes en cada área de la vida. Estas ayudan a definir quienes somos y en lo que podemos convertirnos. La mayoría de nosotros debemos nuestro éxito a relaciones cruciales.

Pocas cosas rendirán mejores dividendos en la vida que el tiempo y los problemas que nos toman comprender a la gente y construir relaciones. Como he dicho durante años: "A las personas no les importa cuánto sepa, hasta que sepan cuánto le importan". Cuide sus relaciones hoy y hará mucho por cuidar el éxito de mañana.

Misión

Mi misión, como la suya, es personal. Yo soy responsable de llevar a cabo la mía. Usted es responsable de realizar la suya. Mi misión personal es añadirles valor a los líderes que puedan multiplicar el valor en los demás. Cada día tengo que preguntarme si en realidad lo estoy llevando a cabo. Nunca ha sido mi objetivo intentar construir compañías y organizaciones. Mi pasión ha sido que mi misión y yo dirijamos organizaciones para intentar llevarlo a cabo.

Si le doy atención personal a mi misión todos los días, eso ayudará a evitar que me aleje de ella un día en el futuro. Eso también sucederá con usted.

Salud

La disciplina de cuidar mi salud ha sido una batalla diaria para mí. Comer bien y ejercitarme diariamente son cosas que me resultan muy fáciles de ignorar. Y durante muchos años lo hice. Me parecía que la única manera de volverme sano era seguir el consejo de Mark Twain: "Come lo que no deseas, bebe lo que no te guste y haz lo que preferirías no hacer".

Aunque no tenga mucho deseo natural en esta área, sí poseo un gran deseo de terminar mi vida bien—pero no demasiado pronto—. Mi cardiólogo me dice a menudo: "Usted ayuda a mucha gente y es responsable de permanecer cerca tanto tiempo como pueda". De manera que trabajo diariamente en mi salud. Posiblemente no lo haga a la perfección, pero lo hago.

Cada día es un milagro irrepetible. Hoy nunca volverá a suceder, de manera que debemos hacer que cuente.

Cada día es un milagro irrepetible. Hoy nunca volverá a suceder, de manera que debemos hacer que cuente. Hágalo con el hoy y mañana cuidará de sí mismo.

Santa Clara County Library District
Checkout Receipt

Gilroy Library
10/23/19 08:08PM

24/7 Renewals:
Online at www.sccl.org
Telecirc: 800-471-0991

PATRON: 42960
****

Buenos líderes hacen grandes preguntas :
33305230945747 Due: 11/13/19

¡Puedo superarme! : cómo seguir adelante
33305236761866 Due: 11/13/19

Vayamos adelante : las mujeres, el traba
33305231168711 Due: 11/13/19

TOTAL: 3

****

Thank you for visiting the library!

7. ¿Estoy invirtiendo mi tiempo con las personas correctas? Una pregunta de rentabilidad

El mayor legado que cualquier líder puede dejar son los líderes que levante antes de terminar. Eso significa encontrar a las personas correctas e invertir en ellas continuamente.

La gente a menudo me pregunta cómo encontrar grandes líderes. La respuesta es simple: saber cómo luce un gran líder. Si usted tiene una imagen clara de un buen líder y puede describirlo con palabras, sabe qué está buscando.

Si todavía no tiene una lista propia, échele un vistazo a la mía y vea los factores que usted también desee en los líderes con los que trabaja:

1. **El factor de la influencia:** ¿Influyen en los demás?
2. **El factor de la capacidad:** ¿Tienen el potencial para crecer y desarrollarse?
3. **El factor de la actitud:** ¿Desean crecer y desarrollarse?
4. **El factor de la química:** ¿Nos agradamos mutuamente?
5. **El factor de la pasión:** ¿Son emprendedores?
6. **El factor del carácter:** ¿Están afirmados?
7. **El factor de los valores:** ¿Nuestros valores son compatibles?
8. **El factor del trabajo en equipo:** ¿Trabajan bien con los demás?
9. **El factor del apoyo:** ¿Me añaden valor?
10. **El factor creativo:** ¿Pueden encontrar posibilidades en las imposibilidades?
11. **El factor de la opción:** ¿Su contribución puede darme opciones?
12. **El factor del diez por ciento:** ¿Se encuentran en el diez por ciento de los mejores de nuestro equipo?

Cuando comencé a desarrollar líderes estaba tan emocionado por hacer una diferencia con la gente que no discriminé en quién invertía mi tiempo. Para ser franco, reclutaba a todo mundo. Pero luego descubrí que no todos desean crecer, y relativamente pocas personas de verdad desean hacer una diferencia. Ese es un problema, porque no podemos hacer una diferencia en la gente que no desea hacer una diferencia.

Usted puede hacer una inversión equitativa de tiempo, esfuerzo y recursos en dos personas diferentes y obtendrá una ganancia completamente distinta de cada una de ellas. Cuando me di cuenta de que la gente me daba rendimientos diferentes de lo que invertía en ella, comencé a cambiar la manera de abordar el desarrollo del liderazgo. Empecé a pensar acerca de quién me había dado un buen rendimiento por el tiempo y quién no. Y fue entonces cuando comencé a definir cómo luce un buen líder. Cuando se me aclaró el panorama, mis inversiones se volvieron estratégicas—y mis resultados mejoraron bastante—.

¿Qué hay en su lista?

Dedique un tiempo para revisar mi lista y realizar la suya propia. ¿Qué factores son los más importantes para usted al seleccionar e invertir en los líderes? Recuerde, su capacidad de liderazgo y su legado dependen de los líderes que desarrolle.

El autor Noel M. Tichy dice: "La prueba suprema de un líder no es si toma decisiones inteligentes y actúa con decisión o no, sino si les enseña a los demás a ser líderes y construye una organización que pueda sostener su éxito aunque él no esté cerca". Eso requiere no solamente desear desarrollar líderes, sino también de las personas correctas que estén dispuestas a crecer y a desarrollarse y que sean capaces de hacerlo.

Estas son siete preguntas que me hago como líder todos los días, inspiradas por mi conversación con el entrenador John Wooden. Me ayudaron a ser exitoso al mantenerme en crecimiento, revisar mis motivos, mantener la estabilidad, estimular el trabajo en equipo, hacer uso de mis ventajas, enfocarme en el hoy e invertir en las personas correctas. Espero que mi lista lo inspire y lo anime a dedicar tiempo para pensar acerca de las preguntas que usted necesita hacerse todos los días.

Se dice que Sócrates dijo: "No vale la pena vivir una vida sin examen". Yo añadiría que no vale la pena seguir a un líder sin examen. Es poco probable que los líderes que nunca dedican tiempo para preguntarse qué están haciendo y por qué lo están haciendo se mantengan en el rumbo, dirijan lo mejor posible y alcancen su potencial. Es por ello que continuamente necesitamos hacernos preguntas difíciles.

No vale la pena seguir a un líder sin examen.

3

¿Qué preguntas les hago a los miembros de mi equipo?

Si tuviera que pedirle que se imaginara grandes momentos de liderazgo, ¿qué clase de cosas le vendrían a la mente? ¿Visualizaría a grandes líderes comunicándole a una audiencia mensajes inspiradores tales como estos?

> "Nunca, nunca, nunca se dé por vencido" (Winston Churchill).
>
> "No pregunte lo que su país puede hacer por usted; pregunte lo que usted puede hacer por su país" (John F. Kennedy).
>
> "Sr. Gorbachov, derribe este muro" (Ronald Reagan).

¿O visualiza un líder en un campo de batalla, bajo el fuego y dándoles órdenes a sus tropas, posiblemente a un general como Robert E. Lee, George S. Patton o Bernard Montgomery? Quizá piense en un atleta que toma el control de un juego y dirige a su equipo hacia la victoria, tal como Michael Jordan, Joe Montana o Lionel Messi.

Todas ellas son ideas válidas del liderazgo. Los líderes a menudo inspiran a otros o toman el mando. Pero yo deseo darle otra imagen del liderazgo, una que generalmente no se visualiza. Le corresponde al líder hacerles preguntas a sus miembros y luego escuchar verdaderamente lo que ellos tienen que decir.

Lamentablemente, muchos líderes en realidad no piensan que hacer preguntas y escuchar sean una función del liderazgo. Si lo hicieran, posiblemente el entrenador John Wooden no habría preguntado: "¿Por qué es tan difícil darse cuenta de que los demás están más dispuestos a escucharnos si nosotros los escuchamos a ellos primero?". Esas no fueron tan solo palabras del entrenador Wooden. Estuvieron respaldadas por su comportamiento. Cuando pasaba tiempo con él, yo siempre sentía que él deseaba escucharme más de lo que él deseaba hablar. Él realmente deseaba saber lo que yo pensaba y cómo me sentía. El hombre que fue elegido por *Sports Illustrated* como el mejor entrenador del siglo veintiuno dirigió a otros al escucharlos primero.

Los líderes exitosos no solamente actúan. Los buenos líderes escuchan, aprenden y luego dirigen. Ya que creo en ello tan fuertemente, he trabajado para disciplinarme con el fin de convertirme en un mejor oyente. Aunque a menudo se me dificulte, intento seguir el consejo que compartió Robert Newton Peck: "Nunca pierda la oportunidad de mantener la boca cerrada".

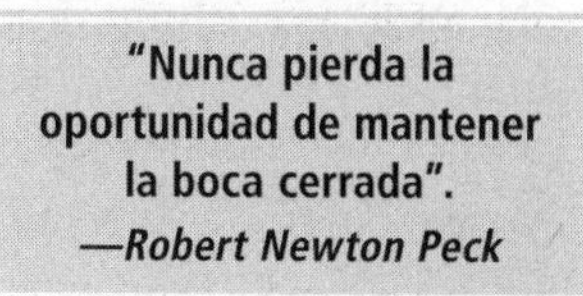
"Nunca pierda la oportunidad de mantener la boca cerrada".
—Robert Newton Peck

¿Qué tan buen oyente es usted?

Si desea convertirse en un mejor líder, usted debe volverse un mejor oyente. Y la manera en que escucha es importante. En su libro, *Coaching Co-Activo*, los autores Henry Kimsey-House, Karen Kimsey-House, Phillip Sandahl y Laura Whitworth aseveran que hay tres niveles de escucha.[13] Aunque su enfoque en el libro se base en la escucha de los entrenadores, sus observaciones son útiles para los líderes. A continuación se encuentran los tres niveles de escucha:

Nivel I: Escucha interna

El menor nivel de la escucha está completamente enfocado en nosotros mismos. Podemos estar escuchando información de los demás, pero solamente prestamos atención en términos de cómo somos afectados por lo que la otra persona dice. Los autores escriben: "En el Nivel I, la atención se centra en 'mí': mis pensamientos, mis juicios, mis sentimientos, mis conclusiones sobre mí y los demás [...] En el Nivel I solamente hay una pregunta: *¿Qué representa esto para mí?*".

Este nivel de escucha evidentemente es muy limitado. Puede ser apropiado mientras escucha direcciones cuando está perdido, mientras escucha a un mesero recitar las especialidades de un restaurante, o al recibir órdenes durante una emergencia. Pero no es especialmente útil para dirigir a los demás. Por ello, no podemos enfocarnos solamente en nosotros mismos y nuestras necesidades.

Nivel II: Escucha enfocada

Si nos involucramos con los demás en el Nivel II, nuestro enfoque deja de estar en nosotros mismos a estar en la gente que está hablando. Nos sintonizamos no solamente con sus palabras, sino también con sus emociones, su entonación, sus expresiones faciales, su postura, entre otras cosas. Los autores le llaman a este el nivel de la empatía, la clarificación y la colaboración. Yo lo llamaría escuchar con inteligencia emocional. Además, los autores también señalan que el oyente está fuertemente consciente del impacto que su respuesta y su interacción está teniendo sobre la persona que está hablando.

Las personas que son capaces de involucrarse en el Nivel II son grandiosos conversadores y buenos amigos. La gente se siente atraída a ellos y los respeta. Este tipo de escucha es una gran habilidad que poseer, no obstante, hay un nivel más alto de escucha.

Nivel III: Escucha global

El nivel más alto de escucha va más allá del mero locutor y el oyente. Toma en cuenta la acción, la inacción y la interacción de las personas involucradas, pero también incluye el ambiente y todo lo que este conlleva. Además, se apoya fuertemente sobre la intuición del oyente.

Los autores señalan: "Los artistas desarrollan un fuerte sentido de la escucha del Nivel III. Los comediantes, los músicos, los actores, los presentadores tienen la habilidad de leer instantáneamente al público e interpretar cómo cambia en respuesta a lo que hacen. Este es un gran ejemplo acerca de observar el impacto que uno ejerce. Una persona que logra influir en la gente es hábil para escuchar en el Nivel III. Estas personas tienen la capacidad de leer su impacto y ajustar su comportamiento en consecuencia".

Yo llamaría al Nivel III el nivel de escucha de los líderes eficaces. Ellos pueden leer a la gente, leer a la audiencia, leer la situación e intuitivamente saber lo que viene. Y si son sabios, ellos dejarán que toda esa información los lleve a hacer preguntas cada vez más penetrantes.

El autor y experto en negociaciones, Herb Cohen, explica: "La escucha eficaz requiere más que escuchar las palabras transmitidas. Demanda que se le encuentre significado y comprensión a lo que está siendo dicho. Después de todo, los significados no están en las palabras, sino en la gente".

El poder de escuchar

En el primer capítulo hablé sobre la importancia de las preguntas. Pero, ¿de qué sirve hacer preguntas si no escucha las respuestas que recibe? De nada. Si desea beneficiarse de hacer buenas preguntas, usted debe convertirse en un mejor escucha. Esto tiene demasiados beneficios positivos, entre los cuales se encuentran:

Escuchar demuestra que valora a los demás

El autor y profesor, David W. Ausburger, dice: "Ser escuchado se asemeja tanto a ser amado, que para la persona promedio, ambos son casi idénticos". Ya que eso es verdad, cuando usted escucha a los demás, les comunica que les importa y los valora.

> **"Ser escuchando se asemeja tanto a ser amado, que para la persona promedio, ambos son casi idénticos".**
> ***—David W. Augsburger***

Audrey Moralez, una de las entrenadoras del John Maxwell Team que yo oriento, recientemente me compartió cómo influyen en ella las preguntas. Ella escribió:

> Una de las cosas que más me conmueve acerca de las preguntas de John es el hecho de que nunca me he sentido más escuchada por un líder. Aunque soy la miembro más nueva del equipo, mis pensamientos importan y mis opiniones cuentan. Las preguntas de John me hacen pensar profundamente acerca de las maneras en que puedo añadirle valor al equipo, pero lo que más valoro es en quién me estoy convirtiendo a través de las preguntas que se hacen.

Mi madre me amó incondicionalmente como ninguna otra persona en mi vida. Cuando reflexiono acerca de cómo me demostraba ese amor, puedo ver que una constante que recorrió mi vida fue su deseo de escucharme. Ya estuviera descargándome sobre ella, ya estuviera llorando por algo que me lastimaba, ya compartiendo mis sueños o contándole una historia graciosa, ella siempre me escuchaba, y eso para mí, se tradujo en amor.

Escuchar tiene un alto valor de influencia

Una de las mejores maneras de persuadir a los demás es con sus oídos. Eso puede parecer ilógico, porque esperamos que la persuasión sea a través del habla. Pero cuando un líder escucha a los miembros del equipo, ese acto le proporciona al líder una mayor credibilidad, y, por lo tanto, influencia. Por otro lado, cuando los miembros del equipo dejan de creer que su líder los escucha, ellos comienzan a buscar alguien que lo haga.

Escuchar conduce al aprendizaje

Es obvio que cuando escucha, aprende. Pero lo menos obvio es que cuando usted escucha, otros aprenden. Mary Kay Ash, fundadora de Mary Kay, aseveró: "Escuche lo suficiente y, generalmente, la persona elaborará la solución adecuada". Eso es verdad, porque a veces la gente necesita explicar algo a detalle para definir el problema y encontrar soluciones.

Una de las mejores maneras de persuadir a los demás es con sus oídos.

No hay nada más satisfactorio para mí como líder que ver a mi equipo encontrar respuestas, no a través de mis palabras, sino a través de mis oídos. Uno de los mejores regalos que puedo darle a una persona es el regalo de la atención.

Mi lista de escucha

Tengo que confesar que no siempre he sido un buen oyente. Mi esposa, Margaret, le dirá que cuando nos casamos, yo hablaba demasiado y escuchaba muy poco. Yo tenía una rápida solución para cada problema y estaba demasiado ansioso por compartirla. Llevé la misma actitud a mi vida profesional. Pero esa actitud me lastimó. Dañé algunas relaciones, porque no escuchaba. Y con frecuencia no lograba beneficiarme del consejo y las ideas de quienes me rodeaban.

Para combatir este defecto tuve que dar pasos para convertirme en un mejor oyente. He mejorado en este aspecto, pero todavía tengo que evitar hablar demasiado y no escuchar suficiente. Si usted también lo necesita, posiblemente le sirva esta lista de preguntas que desarrollé para ayudarme a continuar escuchando.

1. ¿Tiene una política de oídos abiertos?

El presidente de la Universidad High Point, Nido Qubein, cree: "La mayoría de nosotros tendemos a padecer de 'ansiedad de pendientes', la sensación de que lo que deseamos decirles a los demás es más importante que aquello que pensamos que ellos desean decirnos a nosotros". ¿Le parece cierto? A mí sí. Debo admitir que yo padezco una aguda "ansiedad de pendientes". Los miembros de mi equipo pueden atestiguar al hecho de que sé adónde me dirijo, sé cómo llegar allá y tengo un plan acerca de cómo pueden ayudarme. Me ha tomado años suavizar mi inclinación natural por dirigir a los demás. ¿Cómo lo hago? Como líder, trabajo primero en escuchar, luego en dirigir.

2. ¿Interrumpo?

Interrumpir es descortés y es un síntoma de un problema de actitud. ¿Alguna vez ha sentido que la única razón por la que otra persona le está permitiendo hablar es que saben que luego será su turno de hablar?

A un director de ingeniería le preguntaron su definición de trabajo en equipo. Él dijo: "El trabajo en equipo es cuando todo mundo en el departamento está haciendo lo que les digo sin quejarse". Quienes tienen opiniones firmes o una visión clara pueden tener una tendencia a ir al grano, interrumpir y despreciar lo que los demás desean decir. El problema es que interrumpir se traduce en: "Lo que yo deseo decir es más importante que lo que tú estás diciendo".

Interrumpir se traduce en: "Lo que yo deseo decir es más importante que lo que tú estás diciendo".

3. ¿*Deseo* escuchar lo que *necesito* escuchar?

Resulta fácil escuchar lo positivo. A todos nos gustan las buenas noticias. A todos les gustan los cumplidos. Pero, ¿qué hay acerca de escuchar algo negativo? ¿Cómo se responde generalmente a las malas noticias y a la crítica? El periodista Sydney J. Harris, observó: "Es imposible aprender algo importante de alguien hasta que hacemos que difiera con nosotros; el carácter se revela solamente bajo la contradicción. Es por ello que los empleados autocráticos generalmente ignoran la verdadera naturaleza de sus subordinados".

Los líderes eficaces animan a los demás a decirles lo que necesitan escuchar, aunque no sea lo que ellos deseen escuchar. Max De Pree dijo: "La primera responsabilidad de un líder es definir la realidad". Eso solamente puede suceder cuando el líder está dispuesto a escuchar y a enfrentar la verdad.

Durante los últimos treinta años he sido bendecido al tener a dos increíbles asistentes: Barbara Brumagin y Linda Eggers. Coloqué estratégicamente primero a Barbara, y luego a Linda, en el centro de comunicación de mis organizaciones, y las faculté para decirme todo lo que observaran. A menudo ellas eran las personas más conscientes del panorama general de las organizaciones que yo dirigía. Ellas sabían lo que era importante para mí. Muchas veces me escucharon decir: "Dime lo que necesito escuchar frente a una situación, no lo que deseas decirme o lo que creas que yo deseo escuchar". No siempre ha sido agradable recibir noticias o realimentación negativa, pero siempre nos ha ayudado a mí, al equipo y a las organizaciones.

Mis preguntas para el equipo

Escuchar es importante para los líderes, pero si no hacen las preguntas correctas se están perdiendo de mucho. Los buenos líderes hacen grandes preguntas que inspiran a los demás a soñar más, pensar más, aprender más, hacer más y convertirse en más.

Yo le hago preguntas continuamente a mi equipo. En mi liderazgo se ha vuelto una constante que lo haga uno a uno o dentro de grupos. Y mi equipo ha sido moldeado por esas preguntas. Debido a que sé cuán importantes son para mi liderazgo personal, así como para la eficacia de mi organización, Margaret y yo nos reunimos con los miembros de mi equipo y con mi círculo interno una noche recientemente para cenar en un restaurante Buckhead (en el norte de Atlanta). El objetivo era hablar acerca del proceso de hacer preguntas e identificar las preguntas que le hago a mi equipo todo el tiempo. En la mesa se encontraban Linda Eggers, mi asistente ejecutiva; Charlie Wetzel, mi escritor; Stephanie Wetzel, mi gerente de redes sociales; Mark Cole, el director general de mis organizaciones; David Hoyt, mi agente de conferencias y presidente de la compañía; y Audrey Moralez, quien hace investigaciones y proyectos especiales para mí.

Los buenos líderes hacen grandes preguntas que inspiran a los demás a soñar más, pensar más, aprender más, hacer más y convertirse en más.

Disfrutamos una gran cena y una fabulosa discusión. Muchas de las preguntas sobre las que hablamos conllevaban recuerdos especiales para nosotros—momentos de risa y lágrimas, concesiones y convicción, dificultad y cambio—. He capturado lo más destacado y se lo compartiré ahora. Las preguntas no están escritas en orden de importancia, pero cada pregunta es importante, porque han definido a nuestro equipo.

1. ¿Qué piensas?

La pregunta que hago con más frecuencia tiene que ser: "¿Qué piensas?". Estas palabras salen de mi boca docenas de veces al día. Mark Cole dice que recibir esta pregunta hace más para el desarrollo de su liderazgo que otra cosa. Mark explica: "Cuando me pide mis habilidades, obtiene mis fortalezas. Cuando me pide mi pasión, obtiene mi corazón. Cuando me pide mis ideas, obtiene mi mente. Pero cuando me pide respuestas, obtiene mis fortalezas, mi corazón y mi mente".

"¿Qué piensan?", fue la pregunta de apertura que le hice a mi equipo en la cena que tuvimos juntos en Buckhead. Solicité que todos vinieran a la cena con una lista de las preguntas que yo tiendo a hacer. Además, yo llevé mi propia lista. Lo primero que hicimos fue mirar mi lista para que ellos pudieran decirme qué pensaban. Inmediatamente señalaron que una o dos preguntas de mi lista eran preguntas que nadie me había escuchado hacer. Me reí y las taché. A veces en realidad no hacemos lo que pensamos que hacemos. En cambio, nos enfocamos en las preguntas que sí hago.

Cuando le pregunto a la gente qué piensa, en diferentes momentos lo hago por razones distintas. Lo hago para...

Obtener información

A veces la pregunta es tan directa como suena. Simplemente deseo buena información. Con frecuencia recibo eso de parte de mi círculo interno, el cual valoro altamente. Cada persona no solamente es talentosa y capaz, sino también son buenos pensadores. A menudo les pregunto lo que piensan, porque puedo aprender de ellos. Ellos son como una extensión de mí.

Yo creo que los líderes ven más que los demás y ven las cosas antes que los demás. Tener el don de liderazgo a menudo es como tener una ventaja en una carrera. Pero obviamente, los líderes no lo ven *todo*. Al pedirles a las personas de mi equipo que me digan lo que piensan, frecuentemente puedo obtener información adicional que me da una mejor idea de lo que está sucediendo. Uno de mis trabajos como líder es unir estos datos en un panorama completo, de manera que pueda tomar buenas decisiones.

Confirmar mi intuición

A menudo sé firmemente cuando algo es verdad, pero no puedo explicar por qué. Surge de una fuerte sensación de la intuición. Todos somos intuitivos en nuestras áreas de fortaleza; la mía es más aguda en situaciones de liderazgo. Si usted cree saber algo pero no está seguro de por qué, ¿qué puede hacer para validar su creencia? Pregúntele a alguien en quien confíe. Para verificar que lo que estoy sintiendo es correcto, yo les pregunto a los líderes que respeto qué piensan. Sus respuestas a menudo ponen en palabras mis sensaciones y confirman mi intuición, proporcionándome así una mayor certeza al planear o tomar decisiones.

Evaluar el juicio o el liderazgo de alguien

Cuando nuevas personas se unen a mi equipo, con frecuencia les pregunto lo que piensan. Por ejemplo, si estamos en una reunión, les pregunto lo que observaron y obtengo su opinión acerca de lo que sucedió. Eso me ayuda a ver si leyeron bien a la audiencia. O si estamos trazando estrategias, les pregunto cómo creen que debamos proceder. Esta es la manera más rápida de evaluar la manera de pensar de la gente y sus habilidades de observación.

Enseñarle a la gente cómo pienso

Permítame decirle una cosa más acerca de preguntarle a la gente lo que piensan acerca de una idea o un tema. Cuando hago la pregunta, siempre le digo a la gente *por qué* la hice, ya que esa es una de las mejores maneras de enseñarle a la gente. *Por qué* es una gran herramienta para conectar y equipar.

Uno de los mejores miembros del personal que he tenido fue Dan Reiland. Cuando lo conocí, él era becario en la iglesia que yo dirigía. Era tan bueno que lo contraté. Dan no solamente es un buen líder, sino un excepcional desarrollador de líderes. Realizó con excelencia cada trabajo que le di. De hecho, él era tan bueno que lo hice pastor ejecutivo—a grosso modo equivalente al presidente de una compañía, si yo hubiera sido el director general y presidente—.

Cuando le pedí a Dan que sirviera en esa capacidad, lo introduje a muchas de mis decisiones, a menudo preguntándole lo que pensaba. Luego le decía por qué se lo había preguntado y qué estaba pensando. Muchas veces él comprendía los problemas y el proceso de toma de decisiones. Pero otras veces no. Cuando eso sucedía, él regresaba y hacía preguntas, y procesábamos de nuevo la decisión hasta que él la comprendiera y que él mismo fuera capaz de tomar decisiones similares para la organización en el futuro.

Procesar una decisión

En ocasiones la gente necesita varias perspectivas con el fin de descubrir la mejor. Y a veces necesitan tiempo y reflexión para procesar una decisión. Eso nos ha sucedido a mí y a los miembros de mi equipo. A veces han necesitado moverme y convencerme de una decisión en la que ellos creen. A veces sucede al revés, y yo necesito darles tiempo para que se convenzan. La toma y daca es muy saludable.

Mientras hablábamos acerca de la pregunta: "¿Qué piensas?", durante la cena, Charlie Wetzel, quien ha trabajado conmigo en mis libros durante veinte años, me preguntó cómo sé cuándo presionar por lo que creo que es correcto, y cuándo adherirme a lo que piensan miembros de mi equipo. Le expliqué que si presiono por algo con lo que mi equipo no está de acuerdo, lo hago porque estoy sintiendo una oportunidad o porque mi intuición de liderazgo acerca de algo es fuerte. Eso no significa que arrolle a mi equipo o que fuerce el asunto. Normalmente significa que les doy tiempo para procesarlo y que yo reconsidero el asunto múltiples veces, de manera que ellos puedan continuar recibiendo información adicional.

Eso fue lo que sucedió en 2012, cuando Scott M. Fay y Paul Martinelli me propusieron comenzar una nueva organización de entrenamiento. Cuando expusieron su idea la primera vez, yo no estaba seguro, pero no me tomó mucho tiempo ver las oportunidades que presentaba para ayudar a más gente y crear un legado. A mi círculo interno le tomó más tiempo ver aquello. Luego de la primera vez que se reunieron con Paul y conmigo, yo les pregunté: "¿Qué piensan?". Ellos dieron su realimentación, pero yo pude sentir que todavía no veían lo que yo estaba viendo. Estaba bien. Les di algún tiempo y luego hice que se reunieran de nuevo con Paul y conmigo otra vez. Lo hicimos tres o cuatro veces antes de colocarnos en la misma página. Y los resultados han validado mis instintos. Ahora, el John Maxwell Team tiene más de cuatro mil entrenadores y ellos están ayudando a mucha gente.

Por el contrario, hay veces en que retrocedo y sigo la opinión de los miembros de mi círculo interno. Si una persona está más cerca que yo del problema y tiene un historial de éxito, yo defiero. Las decisiones siempre deben tomarse tan cerca del problema como sea posible. Si el miembro del equipo será responsable de llevar adelante la tarea, es muy probable que yo defiera. Y si los miembros del equipo continúan regresando con una idea o una decisión, y lo hacen con una gran pasión, es probable que yo reconsidere mi postura o mi decisión y les conceda autoridad.

Las decisiones siempre deben tomarse tan cerca del problema como sea posible.

Ese fue el caso al nombrar The John Maxwell Company. Cuando decidí comenzar a capacitar, abastecer y desarrollar la compañía, sabía la dirección en que deseaba que se dirigiera la organización. Pero no estaba seguro de cómo debía llamarla. Lo único de lo que estaba seguro era que no deseaba que mi nombre estuviera en ella. Pero Mark Cole, quien ahora es el director ejecutivo de la compañía, se opuso, citando nombres de organizaciones pasadas e iniciativas que yo había dirigido y fundado: INJOY, ISS, Maximum Impact. "La gente vio esos nombres y no tuvo idea de lo que hacían esas organizaciones o de que usted estaba involucrado en ellas—aseveró Mark—. Si desea que la gente conozca qué representa la nueva compañía, tiene que llevar su nombre". Finalmente cedí. Pero insistí en una cosa: la palabra *compañía* necesitaba ser más prominente que mi nombre en el logo.

Sentí algo similar acerca del John C. Maxwell Leadership Center. Cuando Kevin Myers, el líder de la iglesia 12Stone Church, me consultó acerca de asignarle mi nombre al centro de liderazgo, yo estaba reacio a dar mi aprobación. Yo amo a Kevin y he sido su mentor durante quince años. Y me encantaba la idea del centro de liderazgo, y estaba emocionado de darle mi aprobación. Pero no me sentía cómodo con ponerle mi nombre. Sé cuán falible soy. Kevin fue persistente y finalmente me persuadió de que el perfil y la promoción que eso le proporcionaría a la organización debería sobrepasar mi reticencia.

Hacer la pregunta, "¿Qué piensas?", a menudo me ha permitido dirigir mejor mi organización que si hubiera confiado solo en mí mismo. Más de una vez, los miembros de mi equipo me han salvado de tomar una mala o una tonta decisión, porque ellos vieron cosas que yo no vi, se apoyaron en la experiencia que yo no tenía o compartieron la sabiduría que poseían y de la que yo carecía. Su pensamiento ha elevado mi habilidad, y por ello estoy muy agradecido.

2. ¿En qué puedo servirle?

Hace años, cuando invitaba frecuentemente a personas a que fueran a hablarles a los miembros de mi organización, encontré que había dos tipos de conferencistas. El primero consistía en quienes estaban emocionados de estar ahí y de tener una oportunidad de hablar en una plataforma más grande de la que estaban acostumbrados. Ellos lo veían como una oportunidad de estar en la plataforma, brillar y recibir reconocimiento. El otro tipo de persona llegaba con una mentalidad de servirme a mí y a la organización. Antes de bajar de la plataforma, ellos deseaban saber cómo podían ayudarme, y a menudo preguntaban: "¿Hay algo que pueda decir por usted?". Siempre me alegraba invitar de vuelta al segundo tipo de conferencista.

Que los conferencistas me preguntaran cómo podían ayudar dejó una fuerte impresión en mí. Yo ya estaba hablando un poco en ese tiempo, e inmediatamente comencé a expresar mi deseo de ayudar a las personas para las que iba a hablar. Ahora he llevado eso un paso adelante. Antes de hablar para un cliente, hago una teleconferencia para hacerle preguntas. A menudo me otorgan la autoridad, pero yo les recuerdo: "Yo vengo a servirles a ustedes". Y cuando estamos en el camerino antes de salir al estrado, les hago la misma pregunta que los otros conferencistas me hicieron: "¿Hay algo que pueda decir por usted?".

Cuando mi equipo y yo cenamos y hablamos acerca de las preguntas que yo les hago, ellos me hicieron saber cuán a menudo pregunto en qué puedo servirles. Mi asistente, Linda Eggers, quien ha trabajado conmigo más de veinticinco años, dijo: "No puedo recordar un día en que no me haya preguntado si había algo que yo necesitara para ayudarme a avanzar". Eso es verdad. No deseo ser el atasco de mi equipo.

Charlie Wetzel comentó: "Cuando John y yo hablamos o nos reunimos una de las cosas que me pregunta es si hay algo que pueda hacer por mí. Esa no es solo una salida fácil. Él de verdad desea hacer lo que pueda para ayudarme a llevar a cabo mi trabajo rápida y fácilmente. Y haría todo para ayudarme personalmente también si lo necesitara".

Yo creo que el liderazgo es servicio. Mi responsabilidad es asegurarme de que la gente tenga lo que necesita para triunfar y realizar su trabajo. Si usted es un líder, esa también es su responsabilidad. Preguntar: "¿En qué puedo servirle?", no solamente ayuda a los demás, también ayuda a evitar que desarrolle una mentalidad posicional a través de la cual comience a pensar que de alguna manera estoy "por encima" o soy mejor que los demás del equipo.

Existe otro gran beneficio de hacerle esta pregunta a su equipo: ellos se la hacen a los clientes a quienes sirven. Recientemente, David Hoyt, me dijo que le hizo esa pregunta a una cliente llamada Dianna. Ella respondió al preguntar si había manera de que David pudiera presentarla con uno de sus héroes, Joel Osteen. David lo hizo realidad, y Dianna le envió una nota que decía: "Una vez más, estoy asombrada. Usted se vuelve cada vez mejor. Usted me inspira. Me encanta".

¿En qué está deteniendo a su equipo?

Si usted no les está preguntando a los miembros de su equipo en qué puede servirles, posiblemente esté deteniéndolos. Para averiguarlo, vaya con cada miembro de su equipo individualmente y pregúntele: "¿Qué puedo hacer por ti para facilitar tu trabajo, hacerte más exitoso y mejorar al equipo?". Escuche sin interrumpir lo que la gente desea decir, y luego intente averiguar maneras de hacer lo que pueda para servirles.

3. ¿Qué necesito comunicar?

Como líder y conferencista, a menudo me involucro de antemano para comunicarme con una audiencia. Como ya lo he explicado, investigo tanto como puedo en una teleconferencia previa al evento y le pregunto a mi anfitrión si hay algo útil que pueda decirle a su gente. Pero a veces llego en blanco a una situación en la que me piden hablar. En tales ocasiones, le pregunto a alguien de mi círculo interno: "¿Qué necesito comunicar?". ¿Por qué? Porque el éxito en la comunicación proviene de conocer el contexto más que el contenido. Cuando hago esta pregunta, no estoy intentando averiguar qué contenido proporcionar. Estoy intentando averiguar quién es la gente, qué situación es, qué sucedió antes de que yo llegara a hablar y cómo puedo conectarme con ellos y ayudarlos.

Ese fue el caso en enero de 2013, cuando EQUIP lanzó su iniciativa de traer transformación al país de Guatemala. Mi equipo y yo viajamos allá de manera que yo pudiera hablar con los miembros de siete corrientes de influencia: negocios, gobierno, educación, familia, medios, artes y la iglesia. En el trascurso de una semana, me comuniqué con más de veinte grupos diferentes: activistas sociales, reporteros y conductores de televisión; maestros, profesores, administradores escolares y la ministra de educación; sacerdotes, monjas y pastores; líderes de la nación maya; empresarios, gente de negocios y millonarios; empleados de gobierno, funcionarios electos y el presidente de Guatemala. Algunos grupos consistían de miles. Ciertas reuniones eran solo de unas cuantas personas. Fue la semana más agotadora e intensiva de mi vida.

Mi objetivo con cada grupo o persona era el mismo: conectarme. De manera que cuando me marchaba de una reunión o evento y viajaba al siguiente, me acercaba a Mark y le preguntaba: "¿Qué necesito comunicar?". Necesitaba conocer el contexto antes de entrar en el sitio. Mark me decía tres cosas:

- Con quién estaría hablando.
- Qué era lo más importante.
- Cuál era el llamado a la acción.

Sin la ayuda de Mark, yo habría estado en problemas. Conocer esas tres cosas hacían posible que tuviera éxito. Como líder, usted no debe intentar cargar con todo solo. Para ser exitoso, usted debe compartir la carga. Pero debe tener a personas altamente capaces a quienes pueda cederles las cosas.

4. ¿Excedimos las expectativas?

Una de las cosas más importantes que puede hacer como líder es asegurarse que usted y su organización estén llevando a cabo lo que prometieron. La pregunta que a menudo hago para realizar una evaluación es: "¿Excedimos las expectativas?". Esto asegura mi éxito futuro y el de mi organización. El futuro es sombrío en lo profesional para quien no exceda las expectativas de los clientes o compradores.

Para mis equipos y yo, no es suficiente satisfacer las expectativas. En todo lo que hacemos, yo deseo que excedamos lo que se espera. Insisto en esto por dos razones. La primera es que siempre deseo que la gente sienta que obtuvo *más* del valor de su dinero, de mi parte o de las organizaciones que dirijo. En segundo lugar, si presionamos para exceder las expectativas, eso nos ayuda a continuar creciendo y mejorando. Así es como llegamos al siguiente nivel.

Una de las enseñanzas por las que soy conocido es la regla de cinco. Cada día leo, escribo, pienso, hago preguntas y registro lo que aprendo. Estas son cinco disciplinas que practico para continuar mejorando. Recientemente, los líderes de The John Maxwell Company decidieron que deseaban desarrollar una regla de cinco para la organización. Ellos se tomaron un tiempo para crear su lista de cinco disciplinas, y luego me la mostraron para obtener realimentación. Lamentablemente, lo que ellos habían producido solo era algo promedio. No era suficientemente bueno. Les pedí que continuaran trabajando en ello hasta que tuvieran algo de lo que todos pudiéramos estar orgullosos. Yo deseaba que ellos excedieran las expectativas.

Si usted desea ser exitoso, necesita elevar el estándar para sí mismo y para su equipo. No es suficiente con simplemente terminar un trabajo. Usted necesita llevarlo a cabo con excelencia, sin tomar atajos. Cada vez que finalice algo, intente averiguar no solamente si pudo ayudar, sino *cuánto* pudo ayudar. Si hace que su objetivo sea exceder las expectativas, usted puede continuar aprendiendo, creciendo y mejorando.

5. ¿Qué aprendieron?

Cuando nuestros hijos Elizabeth y Joel estaban pequeños, y Margaret y yo los invitábamos a tener una experiencia o viajábamos con ellos, ellos sabían que yo les haría dos preguntas: "¿Qué les encantó?", y: "¿Qué aprendieron?". A veces, cuando yo les preguntaba, ellos se quejaban. Pero averiguar lo que les encantaba nos ayudaba a conectarnos con ellos y a conocerlos mejor, aun cuando eran adolescentes. Y preguntarles lo que aprendían les ayudaba a crecer.

Elizabeth y Joel ahora son adultos. Ellos se han desposado con cónyuges grandiosos y tienen hijos propios. Elizabeth obtuvo una licenciatura en educación y se capacitó para ser maestra de escuela primaria. Joel realiza sofisticadas instalaciones técnicas de sistemas de medios y seguridad para casas y negocios. Su trabajo le exige viajar bastante, lo cual solía alejarlo de su esposa, Liz, y de sus hijos. La solución de Joel fue comprar una caravana y hace que toda la familia viaje junta, mientras que Liz y él educan en casa a sus hijos. Para mi gran alegría, Liz recientemente me dijo que cuando viajan y ven el campo, Joel les pregunta a sus hijos todo el tiempo: "¿Qué les encantó? ¿Qué aprendieron?".

La pregunta, "¿Qué aprendieron?", no solo es para padres con hijos impresionables. Es igualmente valiosa en el campo de trabajo. Yo lo pregunto todo el tiempo, porque mantiene a mi personal avispado y en crecimiento. Lleva a la gente a evaluar su experiencia y a hacer una evaluación. Y, como he dicho con frecuencia, la experiencia no es el mejor maestro; la experiencia *evaluada* sí lo es. Además, a menudo aprendo algo cuando escucho las respuestas de la gente; ¡esta pregunta también me mantiene en crecimiento!

La experiencia no es el mejor maestro; la experiencia *evaluada* sí lo es.

David Hoyt ha sido parte de mi equipo durante más de quince años. Como ya lo mencioné, él es mi agente de conferencias. Durante la cena en Buckhead, mientras hablamos de las preguntas que le hago a mi equipo, David relató la historia de la primera vez que programó una conferencia internacional paren Malasia.

Llegué al lugar y todo parecía grandioso. Sin embargo, cuando pasé al frente de la audiencia y comencé a hablar, supe que algo no andaba bien. La audiencia parecía indiferente y distante. Fue una gran batalla. No me di cuenta de la razón sino hasta que terminé.

Semanas antes, el anfitrión le había pedido mis notas a David. Al ser servicial, él le envió una copia. David supuso que el anfitrión las utilizaría para promover el evento. Pero lo que el anfitrión había hecho fue imprimir mis notas—cada palabra que yo planeaba decir—y se las había distribuido a cada persona en la audiencia. No necesito decir que la audiencia no respondió de la manera que yo esperaba, ¡porque sabía lo que yo iba a decir antes de que lo dijera!

Más adelante, David y yo hablamos. Y una de las preguntas que le hice fue qué había aprendido: "¡Aprendí a nunca volver a hacerlo!". David bromeó a medida que contaba la historia durante la cena. "También aprendí a no asumir nada y a hacer más preguntas".

Una miembro más nueva de mi equipo, Audrey Moralez, habló en la cena acerca de cuánto había aprendido al haber sido invitada a las reuniones de negocios y las conferencias, y que luego le hiciera la pregunta: "¿Qué aprendió?".

"La primera vez que John me preguntó esto, me sentí valorada e incluida—dijo Audrey—. Pero eso también me hizo responsable. La siguiente ocasión en que John me invitó a algo, yo comencé a pensar de antemano qué aprendería antes de la reunión. Y comencé a evaluar y a volver a pensar lo que aprendí más tarde. Esa es una gran manera de desarrollar a la gente".

Cuando hace una pregunta no concluyente como esta, usted no sabe lo que escuchará. Las personas que no están inclinadas a aprender y a crecer, posiblemente no tengan mucho que decir; pero las personas agudas brillan. Y le enseñan algo.

6. ¿Añadimos valor?

Mi objetivo diario es añadirles valor a otras personas. Deseo no solamente hacer que la vida sea mejor para mi familia, sino también animar y recompensar al mesero del restaurante donde almuerzo. Deseo que los miembros de mi equipo sientan que la compañía y yo hacemos todo lo posible por ayudarles a triunfar y a mejorar cada día. Además deseo que nuestros clientes y compradores sientan que mejoramos su situación y les ayudamos a triunfar cada vez que estamos en contacto con ellos. Mi deseo en la vida es añadirles valor a los líderes que multiplican el valor de los demás. Es por ello que hago esta pregunta. Eso no significa que siempre cumpla este deseo. No hace mucho tiempo en un evento, me encontraba firmando libros luego de hablar. Lo hago todo el tiempo, y mi objetivo es firmar cada libro para la persona que espera en la fila para verme. Les doy la mano, sonrío para las fotografías con la gente y firmo cientos—a veces miles—de libros.

Este evento en particular no me pareció inusual. Sin embargo, días más tarde, Linda me informó de un correo electrónico que ella había recibido. Era de un hombre que había esperado en la fila en un evento y se frustró por la manera en que lo traté. Él dijo que yo había sido áspero y rudo. ¡Caramba! No solamente no le había añadido valor, sino que en realidad lo había devaluado. Me sentí terrible. De manera que le pedí a Linda que me consiguiera su número telefónico y lo llamé para disculparme.

Aprendí de esa experiencia. Me ha ayudado a hacer mejor mi trabajo cuando conozco a la gente y firmo libros en conferencias. Y cuando voy demasiado a prisa y le estoy dando muy poco a la gente, Linda me recuerda amablemente que me detenga y me conecte con la gente, por lo cual estoy agradecido.

7. ¿Cómo maximizar esta experiencia?

Una de mis metas en la vida es maximizar cada experiencia que tengo. De hecho, "maximizar" es una de mis cinco fortalezas principales, de acuerdo con StrengthsFinder. Cuando me preparo para un almuerzo de aprendizaje, paso semanas haciendo investigación y formulando preguntas. Cuando voy de vacaciones a otro país, deseo hospedarme en la mejor ubicación, comer en los mejores restaurantes, encontrar al mejor guía, visitar las mejores atracciones y aprender tanto como pueda. Cuando la compañía crea un producto o servicio, yo deseo hacerlo lo mejor posible y luego ayudar con ello a tanta gente como sea posible. Cuando veo una oportunidad de negocios, deseo sacarle el mejor provecho posible. Y deseo que los miembros de mi equipo hagan lo mismo.

En nuestra cena en Buckhead, Margaret contó la historia de cómo saqué el mejor provecho de mis experiencias cuando cumplí sesenta, hace varios años. Varios meses antes de mi cumpleaños, Margaret me dijo que sería difícil hacerme la fiesta que sabía que yo deseaba. Sería casi imposible reunir a toda la gente que yo deseaba invitar en el mismo lugar a la vez. "Además—ella insistió—, es difícil sorprenderte". Justo cuando estaba a punto de darle cinco razones convincentes de por qué debía hacerlo de todas formas, ella dijo: "Pero tengo una solución. Hacer fiestas todo el año".

¡Qué grandiosa idea! Entonces eso fue lo que hice. Aproveché al máximo mi experiencia de cumplir sesenta años. Me llevé de caza a un grupo de personas. Me llevé a otro grupo a navegar. A otro grupo lo llevé a ver el Derby de Kentucky. Cada mes tuve una minifiesta para celebrar con la gente que amo.

Cuando hablamos acerca de mis celebraciones de sesenta años, Mark y David recordaron el viaje que hicimos juntos a Irlanda para jugar golf en Old Head Golf Links. Hicimos muchas cosas increíbles en ese viaje además de jugar golf, entre ellas abordar un helicóptero. Pero mi favorito fue cenar en el K Club, donde el equipo American Ryder Cup había cenado el año anterior. En esa cena le dije a cada miembro de mi equipo lo que significaba para mí y cómo le añadían valor a mi vida. Para el final, todos estábamos llorando. Mark dijo que esa cena había sido una de las tres mejores experiencias de su vida. Él explicó:

Mientras me encontraba en la mesa con un increíble y dotado grupo de líderes, comprendí qué privilegio y honor era estar sentado ahí. Acabábamos de terminar de jugar golf en uno de los campos más importantes del mundo y había mucho por lo cual estar agradecido. Luego John hizo algo que nunca había experimentado. Nos sentamos durante tres horas, mientras John hacía preguntas profundas y consideradas. A medida que se desarrollaba la noche, la profundidad de la relación creció entre nosotros. El tiempo se detuvo a medida que John exponía una manera diferente y auténtica de influir en los líderes de alto nivel, al pedirles que se desaceleraran y reflexionaran. Las profundas preguntas de John nos ayudaron a derribar las típicas barreras masculinas y la postura de líder. Luego rodeó la mesa y nos explicó a cada uno de nosotros por qué nos había invitado a ese viaje. Él describió la influencia y el impacto que cada persona de la mesa había ejercido sobre él, y explicó lo que cada uno significaba para él personal, profesional y relacionalmente. Eso llevó la profundidad y la autenticidad a un nivel completamente nuevo. Yo no había visto a John ser tan vulnerable y agradecido antes, y yo lo vinculo con las preguntas que permitieron que cada persona hablara de sí misma cuando respondía.

Al preguntar cómo podemos maximizar nuestras experiencias, les sacamos el mayor provecho.

Creo que con bastante frecuencia subestimamos las oportunidades y las experiencias, y no las aprovechamos al máximo. Eso es una pena, porque todo lo que hacemos por los demás y cada experiencia que tenemos tiene igual potencial. Al preguntar cómo podemos maximizar nuestras experiencias, les sacamos el mayor provecho. De no ser así, en realidad estamos desperdiciando parte de nuestra vida.

8. ¿Qué necesito saber?

Durante gran parte de mi vida como líder he mantenido un ritmo muy acelerado. Ahora que estoy llegando a los setenta años de edad, cuando los demás esperan que me desacelere, estoy presionando para sacar el mayor provecho de mi vida mientras mi mente continúa aguda y tengo mucha energía. Deseo terminar bien.

Una de las maneras en que aprovecho al máximo mi tiempo es preguntarles a las personas clave: "¿Qué necesito saber?". Lo he hecho durante años con Linda Eggers. Yo viajo mucho y deseo averiguar desde la perspectiva de la gente qué sucede en la oficina. Linda siempre está al tanto de todo lo que sucede en la compañía. Ella conoce los problemas, sabe cómo se está sintiendo la gente y puede decirme cuál es la atmósfera de la oficina.

A menudo pregunto: "¿Qué necesito saber?", cuando estoy a punto de entrar en una reunión o de hacer una llamada telefónica. Eso invita al miembro del equipo a darme una visión de la situación, proporcionarme información vital y priorizar lo que la persona cree que es más importante. A veces les hago esta pregunta a diferentes personas antes de una reunión importante. Por ejemplo, antes de una reunión con mi editorial, posiblemente le pida a Mark Cole que escuche las prioridades de la compañía, a mis agentes Sealy y Matt Yates que sepan lo que está sucediendo en la industria, a Charlie Wetzel que obtenga ideas sobre el contenido del libro, y a Linda Eggers que esté al tanto de la comunicación y de otra información. La pericia de cada persona, los años de experiencia y las horas de trabajo en su área, me ayudan a estar en la mejor condición por el bien de todo el equipo. Yo siempre asumo que los demás saben algo importante que yo no sé, y que me ayudará a dirigir y a tomar decisiones con mayor eficacia.

La persona a la que más le hago esta pregunta en esta temporada de la vida es a Mark Cole. De hecho, luego de nuestra reunión en la cena, Mark fue tan impactado por esta pregunta que nos escribió un correo electrónico al respecto. Él escribió:

John me hace esta pregunta a menudo cuando no hemos hablado durante algunos días. Además, él la hace luego de un trato de negocios significativo o de una decisión que ha sido tomada. Él desea que le dé una perspectiva panorámica de todas sus compañías, y profundiza solamente donde él desea más información. Esta petición de información le permite a John mantener su enfoque en hacer las cosas que solo él puede hacer, no obstante obtener una perspectiva o recapitulación de lo que está sucediendo en todas sus compañías y organizaciones en una forma rápidamente sintetizada. Además, le hace saber que estoy vigilando lo que realmente importa.

Cuando John hace esta pregunta y yo respondo, eso le ayuda a él, pero también hace mucho por mí:

- ➢ Me hace siempre estar preparado al examinar las cosas importantes que John desea y necesita saber.
- ➢ Me hace ser sucinto y específico acerca de lo que me importa a mí.
- ➢ Me da una perspectiva con el tiempo de lo que más le importa a John. Cuando él pregunta acerca de algo sobre lo cual no le di alguna actualización, aprendo más acerca de lo que le importa a él.
- ➢ Me proporciona la oportunidad de expresar mis desafíos y obtener su aportación y su perspectiva, a menudo permitiéndome ver el panorama general.
- ➢ Me asegura que tengo acceso a mi líder y que él está respaldándome.

Recientemente, John me llamó y me preguntó: "¿Qué necesito saber?". Él estaba viajando y estaba desconectado, de manera que le informé, pero también le dije acerca de uno de los desafíos de operación que estaba teniendo una de las compañías. Yo no deseaba decírselo, pero lo hice. Él se frustró, me lo dijo, y me comunicó que yo necesitaba resolverlo. Pero también me agradeció por decírselo y me aseguró que prefería escuchar al respecto de mí primero, para estar preparado cuando otras personas se lo informaran.

La conclusión es que esta pregunta me fortalece más que otra cosa que John haga por mí o conmigo. ¡Me anima, me da perspectiva y me hace un mejor líder!

Las preguntas correctas que se le hacen a la gente correcta no solo le ayudan a usted, sino a ellos también. Mark es un líder muy seguro, y por tal razón siempre me dice la verdad. Él no teme darme malas noticias o decirme que no comprende algo. Y por estas razones, él continúa creciendo y a mí me encanta trabajar con él.

9. ¿Cómo le sacamos el mayor provecho a esta oportunidad?

Yo soy un empresario nato. Me gustan las opciones. Busco oportunidades. Y cuando las encuentro, siempre deseo sacarles el mayor provecho. ¿Por qué? Como ya he dicho, yo maximizo. Pero hay algo más. La puerta hacia una oportunidad a menudo viene de alguien más. Si usted persigue una oportunidad, casi siempre conduce a otras oportunidades. La gente que espera *una* gran oportunidad a menudo se queda esperando. La manera de encontrar las mejores oportunidades es perseguir la que se tiene a la mano.

Ya he mencionado cómo surgió el John Maxwell Team y cómo creamos The John Maxwell Company. Yo podía ver que emprender estas dos organizaciones crearía muchas oportunidades, pero ha llevado a más de lo que había imaginado. Paul Martinelli, presidente del John Maxwell Team, es una de las mejores las personas para sacarle provecho a las oportunidades. Él está continuamente buscando maneras de encontrar y capacitar a más entrenadores, y continuamente descubre formas de mejorar su proceso de preparación. Por ejemplo, recientemente mencioné ante una audiencia cuántas lecciones de liderazgo he visto en la película *Lincoln*, de Steven Spielberg, y cuánto me encanta enseñarles esas lecciones a los demás, utilizando la película. Cuando descendí de la plataforma, Paul ya tenía un plan para que yo se lo enseñara a los entrenadores que decidieran asistir al evento de capacitación de nuevo. Y cuando lo hice, fue una fabulosa experiencia para los entrenadores.

Mi experiencia al capacitar a los entrenadores me condujo a encontrar otras maneras de maximizar las oportunidades. Recientemente escogí a tres entrenadores en quienes invertir, con el fin de que pudieran unirse a The John Maxwell Company para perseguir otras oportunidades. Y creo que otros entrenadores pueden hacer lo mismo en el futuro. Y mi experiencia en las llamadas de capacitación con los cuatro mil entrenadores del John Maxwell Team me hicieron desear hacer capacitación selecta con los otros dos grupos pequeños de líderes, los cuales llamamos el *Círculo* y la *Mesa*.

Si usted es líder, no puede permitirse *no* hacer la pregunta: "¿Cómo le sacamos el mayor provecho a esta oportunidad?". Esta puede llevarlo a sus mejores caminos hacia una mayor influencia, innovación y rentabilidad para su equipo y su organización.

10. ¿Cómo están los números?

La mayoría no sabe esto de mí, pero me encantan los números y las estadísticas. Me gusta revisarlos y analizarlos. Soy competitivo por naturaleza y las estadísticas son como un marcador para mí. De manera que constantemente les pregunto a los miembros de mi círculo interno: "¿Cómo están los números?".

Deseo saber cuánta gente se inscribió para asistir a un evento que realizará nuestra compañía. Deseo saber cuánta gente estará asistiendo a un evento al cual estoy invitado para hablar. Quiero saber las ventas de la compañía cada mes. Quiero saber a cuántos líderes está capacitando EQUIP y en qué países están. Deseo saber cuántos de cada uno de mis libros se han vendido cada mes y cuál ha sido la venta total de cada uno. Aunque posiblemente no me gustarán las cantidades, deseo conocerlas. Eso me ayuda a juzgar cómo me está yendo y a hacer estrategias para el futuro.

Siempre ha sido así. Cuando comencé mi carrera solía leer

cuidadosamente los reportes anuales que mi organización publicaba. Pero tengo que admitir que no siempre he disfrutado mirar las cifras financieras. Mi hermano, Larry, una vez me llamó la atención, porque un líder que tiene una visión y un equipo pero no puede pagarlo, no podrá ser exitoso. Yo soy un mejor líder por ello.

Mark Cole es la persona a la que con más frecuencia le pregunto por los números. Él puede decirme lo que está sucediendo en The John Maxwell Company y en EQUIP. Él conoce las nuevas transacciones en las que estamos trabajando. Cuando pido números, él los conoce. Y Mark dice que en realidad eso también le ayuda a él. Esto es lo que él dice al respecto:

> Cuando John me pide números, en realidad primero me ayuda bastante a mí. Para empezar, mantiene mi mente en el juego y me mantiene responsable. Constantemente estoy actualizado en los detalles para estar preparado para hablar de números con él.
>
> El hecho de que él pregunte por los números también me demuestra que no importa el papel que uno tenga en la compañía —desde el director general hasta el empleado en el frente de batalla—, todos necesitan vigilar los indicadores de desempeño.
>
> Finalmente, eso me lleva todos los días a desempeñarme mejor y a fortalecer al equipo para que trabaje mejor, de manera que todos sean victoriosos y podamos darle un buen reporte a nuestro jefe.

Los números cuentan. Narran una historia. Nos hacen saber cuál es el marcador. Nos muestran en dónde estamos ganando y en donde estamos fracasando para poder hacer ajustes. Nos muestran las tendencias. Nos revelan las debilidades. Son una evidencia tangible acerca de cómo nos está yendo.

¿Qué números necesita conocer?

Si es un líder, hay números importantes para el éxito de su equipo y su organización. ¿Los ha identificado? Hable con los miembros del equipo. Si usted trabaja para otros, pregúnteles. Averigüe qué números importan y con qué frecuencia necesita estar actualizado al respecto. Luego, haga parte de su disciplina diaria…

Revisar los números.

Evaluar en qué está triunfando y en qué está fracasando.

Hacer cambios para mejorarse a sí mismo, mejorar a su equipo y a su organización.

Si no lo hace todavía, eso mejorará drásticamente su liderazgo.

11. ¿De qué me estoy perdiendo?

Hay una pregunta que hago con frecuencia: "¿De qué me estoy perdiendo?". De hecho, es la pregunta que hago con más frecuencia luego de: "¿Qué piensas?". ¿Por qué? Porque estoy consciente de que no siempre comprendo todo lo que me están explicando o lo que está sucediendo a mi alrededor. A veces puedo sentir que todos los que están sosteniendo una conversación parecen comprender algo que se dijo, pero yo todavía no lo entiendo. Otros están dispuestos a ayudarme a colocarme en la misma página si estoy dispuesto a preguntar.

Dos de las maneras más rápidas para conectarse con otra persona son hacer preguntas y pedir ayuda. La mayoría desea genuinamente ayudar a los demás. Y la mayoría disfruta ser experto en su campo y compartir su sabiduría y experiencia. La única vez en que estas cosas parecen no

Dos de las maneras más rápidas para conectarse con otra persona son hacer preguntas y pedir ayuda.

suceder es en un ambiente que no anima a hacer preguntas genuinas y a escuchar respuestas sinceras.

Cómo crear un ambiente que valore las preguntas

Crear un ambiente en el que la gente esté dispuesta a hacer y responder preguntas conduce a una moral más elevada y a resultados positivos. Así es como puede llevarlo a cabo:

- **Valore a cada miembro del equipo:** cuando los líderes hacen preguntas y escuchan de verdad, ellos demuestran que valoran a los demás. Sam Walton dijo: "Preguntar y escuchar las opiniones de la gente tiene un mayor efecto en ellos que decirles: 'Buen trabajo'".
- **Valore las preguntas más que las respuestas:** El ensayista, Joseph Joubert, aseveró: "Es mejor debatir una pregunta sin resolverla, que resolver una pregunta sin debatirla". Las preguntas conducen a la reflexión y la discusión. El proceso a menudo es más valioso que la respuesta.
- **Valore el potencial de su equipo:** Cuando me siento con mi equipo, lo primero que hago es eliminar la autoridad posicional y las divisiones. Valoro mucho más la contribución que el título o el puesto.
- **Valore el perfeccionamiento de una buena idea:** Las grandes ideas son el resultado de varias buenas ideas unidas. Deje que todos en la mesa sepan que la mejor idea será la cual todos acojamos.

El autor C. S. Lewis dijo: "Lo mejor que sigue de ser sabio es vivir en un círculo de sabios". Podemos hacer todo al crear un ambiente positivo para las preguntas.

Uno de mis mayores gozos es que los miembros de mi círculo interno hayan adquirido esta práctica de hacer preguntas y comenzado a utilizarla con su familia. David Hoyt me dijo que recientemente llevó a su hija, Gracie, a un viaje a España cuando él estaba dando una conferencia para EQUIP. No solamente David hizo todo lo que pudo para maximizar la experiencia de ella al llevarla a catedrales, visitar lugares, ir a museos, llevarla a una representación de flamenco y pasear por la ciudad con ella, sino también le hizo algunas preguntas profundas cuando cenaban juntos.

Y Mark Cole me dijo que él utiliza la mesa familiar como un lugar donde le hace preguntas a su familia regularmente. Él dice que a veces las preguntas que su esposa y él hacen son desquiciadas e irrelevantes, a veces estratégicas e intencionales. Mark dice: "Las preguntas permiten que nuestras hijas descubran las verdades de la vida y los valores personales. Nosotros hacemos preguntas que nos hacen soñar y preguntas que nos hacen reflexionar". Cuando Mark recientemente preguntó: "¿Qué es aquello que más disfrutan que hagamos como familia?", su hija de siete años, Macy, respondió: "¡Hacer preguntas en la mesa familiar!".

> **"Preguntar y escuchar las opiniones de la gente tiene un mayor efecto en ellos que decirles: 'Buen trabajo'".**
> ***Sam Walton***

Dé a luz grandes preguntas

La noche que pasé haciéndole preguntas a mi equipo en la cena no fue inusual para mí. No hay nada que disfrute más que una grandiosa comida junto con una conversación. Deme una tarde con amigos hablando de temas interesantes y estoy en el cielo. La clave para esas noches mágicas son las buenas preguntas. Mis amigos saben que cuando los invito a cenar, habrá dos menús: uno para la comida y uno para nuestra conversación, en forma de preguntas. A menudo, cuando nos dirigimos a cenar, mis invitados me preguntan: "John, ¿cuáles son las preguntas de esta noche?". Yo intento nunca decepcionarlos.

Recientemente, Audrey Moralez me envió un correo electrónico en el que escribió:

> Se dice que Sócrates fue la comadrona de los pensamientos del hombre. La suposición, desde luego, es que la gente está encinta de ideas y que simplemente no pueden darlas a luz solos. Necesitan un poco de ayuda de la comadrona. De manera interesante, creo que esto es exactamente lo que los buenos pensadores deben lograr hacer. Lamentablemente, mucha gente inteligente es más académica que práctica, y está más preocupada por el valor interno que por el valor externo. Parece que creen que si se aferran a los pensamientos valiosos, eso los hace más valiosos a ellos. Su autoestima parece estar ligada a saber más que los demás.
>
> Lo que aprecio de usted y de los demás miembros de la John Maxwell Company es el hecho de que no importa cuán buena sea la idea, si no nace y comienza a correr por sí sola, entonces no era una buena idea en absoluto. Las buenas ideas deben ser compartidas, mejoradas con la ayuda de otros buenos pensadores, y luego deben ser implementadas y puestas en marcha. John, yo lo veo a usted como una comadrona.

Lo que Audrey está describiendo es un ambiente en que las preguntas son valoradas y las respuestas del equipo hacen una diferencia. Creo que eso es lo que todo buen líder desea si está dispuesto a soltar su ego, superar sus inseguridades y darse cuenta de que solo un equipo que trabaja unido gana algo de valor.

Si usted dirige a un equipo, comience a hacer preguntas y a escuchar *de verdad*. Empiece a valorar las contribuciones de sus compañeros de equipo por sobre las suyas. Y recuerde que cuando la mejor idea gana, todo el equipo gana igualmente.

PARTE II

Preguntas que me hacen los líderes

Grandes preguntas

Confío en que esté comenzando a obtener un sentir acerca de lo importantes que son las preguntas para los buenos líderes. Todavía no he conocido un gran líder que no hiciera preguntas perspicaces e inquisitivas. Los mejores líderes saben que las preguntas le abren puertas al buen liderazgo, promueven excelente colaboración y hacen suceder un sólido trabajo en equipo.

Si su meta es ser el mejor líder que usted puede ser, espero que ya se esté preguntando las preguntas difíciles que los líderes deben hacer para tener éxito. Y espero que continuamente le esté haciendo preguntas estratégicas a cada miembro de su equipo. Recuerde, usted obtiene respuestas solamente a las preguntas que hace.

Cuando mi equipo y yo comenzamos a hablar sobre *Los buenos líderes hacen grandes preguntas*, supe que quería ayudarlo a usted a convertirse en un mejor líder, no solamente a través de enseñarle cómo hacer mejores preguntas, sino también respondiendo algunas de las preguntas más comunes y apremiantes que me hacen con mayor frecuencia.

Como mencioné en la apertura del capítulo uno, la gente en los congresos y eventos me hace preguntas todo el tiempo. Pero quería abrir la puerta a las preguntas todavía más ancha. Así que le pedí a Stephanie Wetzel, mi gerente de redes sociales, que le pidiera a la gente que nos enviara sus preguntas a través de Twitter, Facebook y mi blog. También invitamos a mis cuatro mil entrenadores certificados del John Maxwell Team a que hicieran preguntas.

En solamente unos días recibimos cientos y cientos de grandes preguntas, que iban de lo básico a lo sofisticado. El equipo pasó semanas leyéndolas, clasificándolas y seleccionando las que serían de más ayuda para los líderes. Entonces me enfoqué a escribir los capítulos a través de responder cada pregunta. Usted encontrará que cada uno de los capítulos siguiente comienza con una lista de preguntas que nos hicieron sobre el tema, en el orden en el que fueron respondidas.

A medida que vaya leyendo, creo que encontrará el consejo más práctico y útil que he dado. Algunas de las respuestas que doy afirmarán sus instintos de liderazgo. Espero que muchas otras le brinden nuevas perspectivas y estimulen su pensamiento. Posiblemente lo impulsen a comenzar a hacer más preguntas de liderazgo usted mismo y a explorar nuevas áreas de crecimiento. Mi meta es hacer despertar sus habilidades de liderazgo y ayudarlo a desarrollar su potencial de liderazgo.

Un agradecimiento especial

Quiero agradecer a las cientos de personas que hicieron preguntas para este libro y especialmente a los siguientes individuos cuyas excelentes preguntas aparecen en los capítulos siguientes. Las respuestas dadas solamente son tan buenas como las preguntas planteadas. Si este libro le sirve bien a la gente, es gracias a la calidad de sus preguntas.

Farshad Asl*
Andrew Axon
Rudolf Bakkara
John Barrett*
Art Barter
Betsi Bixby*
David Cipura
Beckie Cisler
Brandon Cockrell
Suvasish Ghosh
George Gomes
Ralph Govea
Mark Cole
José Cordova
Anthony Coyoy
John Dewalle
David Emmanuel
Andre Finley
Aaron Frizzelle
Arnulfo José Suárez Gaeke
Brittany Gardner
Dan Reiland
Roberts Lynsey Robinson
Monika Patricia Rohr

Deja Green
Virginia Gronley*
Charles Grubb
Penny Guinnette
Dean Haberlock
Peter Harding
Nathan Hellman
Eric Herrick
David Igbanoi
Loh Jen-Li Jenline
Osia Jerry
Laura Lambert
Rick Lester*
Lynette Little
Trudy Menke*
Benedick Naceno
Lusanda Ncapayi
Cyril Okeke
Rick Olson
Jenny Pace
Marc Pope
Lister Rayner
Diane Runge
Amine Sahel
Vanessa Sánchez*
Eileen Schwartz*
Israel Silva*
Barry Smith*
David Specht
Sarah Stanley
David Stone
Timothy Teasdale*
Elías Tona
Jason Viergutz
Mike Walt
Misty Wes
Jeff Williams
Dale Witherington
Fernando Zambrano*

* Uno de los entrenadores del John Maxwell Team

Preguntas relacionadas con la manera en que las personas pueden liderarse con éxito

1. ¿Por qué liderarme parece más difícil que liderar a otros?
2. ¿Qué le da sostenibilidad al líder?
3. ¿Cuáles son los valores más importantes para un líder?
4. ¿Cuál es el hábito diario más eficaz que cualquier líder puede desarrollar?
5. ¿Cómo puede uno cambiar su corazón para incrementar el deseo de agregar valor y servir a los demás?
6. Si estoy alcanzando metas y logrando éxito, ¿por qué me debe importar desarrollarme como líder?
7. ¿Cómo puede uno liderar con humildad cuando en el difícil mundo corporativo es visto como una debilidad?
8. ¿Qué tan transparente debe ser un líder? ¿Está bien que el equipo conozca sus desafíos personales, como el cáncer?
9. El proceso de liderazgo es una larga travesía que dura toda una vida. ¿Cómo puedo vencer la soledad que siento algunas veces?
10. ¿Cómo pueden los líderes desarrollar la habilidad de "filtrar" sus emociones para tomar buenas decisiones de liderazgo?

4

¿Qué debo hacer para liderarme con éxito?

Cuando comenzamos a hablar con mis seguidores de Twitter, mis fans de Facebook y mis entrenadores del John Maxwell Team acerca de la importancia de las preguntas, y les pedimos que nos dieran preguntas que quisieran ver respondidas, fuimos inundados con preguntas relacionadas con liderarse a sí mismos. Recibimos más sobre este tema que cualquier otro. La siguiente mayor categoría tenía menos de la mitad de preguntas. ¿Por qué tantas? Creo que muchas personas entienden intuitivamente que si no se pueden liderar efectivamente a sí mismas, todo lo demás en su vida será una batalla.

El liderazgo de uno mismo viene primero. Hace que todo otro tipo de liderazgo sea posible. En Los 5 niveles de liderazgo, explico que el Nivel 1 es la Posición, el nivel más bajo de liderazgo, el nivel de entrada. La gente en ese nivel de liderazgo trata de usar su puesto y sus derechos para hacer que otros la sigan, más que tratar de desarrollar influencia genuina. Pero para que incluso esos niveles más bajos de liderazgo permanezcan válidos, deben ser desarrollados sobre un fundamento sólido de liderazgo propio. Allí es donde la credibilidad personal se establece.

A medida que lea a través de este capítulo, lo animo a pensar en qué tan bien se lidera a usted mismo, aun y cuando sea un líder experimentado de alto nivel. Algunos de los desafíos que enfrente quizá provengan de la manera en que se lidera a sí mismo. Usted quizá los atribuya a alguien o a algo más, cuando en realidad necesita mirarse a usted mismo como la fuente. Y como verá a partir de la primera pregunta, nadie es inmune a este problema.

1. ¿Por qué liderarme parece más difícil que liderar a otros?

Una de las razones por las que tenemos tantas dificultades en liderarnos es que tenemos puntos ciegos que evitan que veamos dónde tenemos problemas y nos quedamos cortos. Mi amigo Larry Stephens recientemente me envión un correo electrónico sobre este tema. Me escribió:

> Es mi percepción que casi todos tienen un punto ciego. Viendo las noticias y leyendo el WSJ en particular [he notado] que han habido muchos líderes en años recientes que han sido derribados por lo que podría haber sido su punto ciego. De alguna manera no lo vieron venir [...] Es mi percepción que el PC [punto ciego] desafía una sola definición o categoría. Un defecto de carácter podría ser un punto ciego, pero no necesariamente. Podría ser una adicción, una debilidad, ego, inocencia, falta de atención a los detalles, pero al mismo tiempo podría no ser para nada ninguno de ellos.

¿Qué son los puntos ciegos? Son áreas en las que la gente continuamente no puede verse a sí misma o a su situación de una manera realista. Todos tienen algunos; pocas personas

> **¿Qué son los puntos ciegos? Son áreas en las que la gente continuamente no puede verse a sí misma o a su situación de una manera realista.**

reconocen los propios. De hecho, esa fue la primera lección que nos enseñaron en un curso de consejería que tomé en la universidad. Vemos a los demás más claramente que a nosotros mismos. ¿Por qué? Porque nos vemos a nosotros mismos por nuestras intenciones. Eso a menudo nos da una falsa impresión de quiénes somos o lo que hacemos. Nos damos a nosotros mismos el beneficio de la duda porque ponemos las cosas en contexto. Por otro lado, vemos a los demás a la luz de sus acciones. Por esa razón parecemos ser más objetivos al juzgarlos.

Aunque los puntos ciegos le generan problemas a toda la gente, pueden ser especialmente dañinos en los líderes. Como los líderes influencian a otros y sus acciones afectan los resultados de un equipo, departamento u organización, los problemas que provienen de sus puntos ciegos son exagerados. Sus puntos ciegos tienen un efecto multiplicador en las personas de su esfera de influencia.

Para liderarse a usted mismo con éxito, debe identificar sus puntos ciegos y tratar con ellos eficazmente. Para ayudarlo a hacer eso, quiero hablarle sobre los cuatro puntos ciegos más comunes y destructivos entre los líderes:

1. Una perspectiva singular

Debo admitir que este era uno de mis puntos ciegos a principios de mi carrera. Mi actitud podría haberse resumido por el lema: "Ahorra tiempo: ¡velo a mi manera!". Mis opiniones eran fuertes y siempre pensaba que tenía la razón. De lo que no me daba cuenta era que no estaba practicando buen liderazgo cuando trataba de forzar a la gente a ver las cosas a mi manera, porque enajenaba a la gente. Igualmente malo era que me estaba perdiendo de la opinión valiosa de otros que tenían algo que aportar. Como dice Larry Stephens: "Si la única herramienta que usted tiene es un martillo, tiende a ver cada problema como un clavo". Yo era el martillo y todos los demás eran un clavo.

Tener una perspectiva demasiado singular podría ser un problema para usted si…

• **Sin importar cómo comience una conversación, usted termina hablando de su tema favorito.** La gente con un enfoque singular tiende a llevar la conversación a su tema favorito y puede ser muy creativa para llegar allí, aun y cuando los demás no vean una conexión lógica.

• **Usted sigue dando el mismo discurso, cátedra o consejo una y otra vez.** Si usted está enfocándose demasiado en una sola preocupación, probablemente siga volviendo sobre su consejo favorito y sin siquiera estar al tanto de ello.

• **Usted siempre tiene la razón.** Nadie tiene la razón todo el tiempo, en ningún tema. Si usted piensa que es así, su enfoque es demasiado estrecho y ni siquiera se ha dado cuenta de ello.

En lugar de ver todo desde una perspectiva tan singular, los líderes eficaces hacen un esfuerzo por ver las cosas desde diferentes puntos de vista. Son como Art Modell, quien señaló: "Me encanta jugar ajedrez. Siempre que estoy perdiendo al ajedrez, consistentemente me levanto y me pongo detrás de mi oponente para ver el tablero de su lado. Entonces comienzo a descubrir los movimientos tontos que he hecho porque puedo verlo desde su punto de vista. El desafío del vendedor es ver el mundo desde el punto de vista del prospecto".14 Ese también es el desafío del líder.

Una de mis historias favoritas acerca de la perspectiva tiene que ver con un general y un joven teniente que iban en un tren en Inglaterra después de la Segunda Guerra Mundial. Los únicos asientos disponibles para ellos eran del otro lado de una hermosa mujer y su abuela. Después de haber andado un largo trecho, el tren pasó por un largo túnel donde todos quedaron en oscuridad total durante unos diez segundos. En el silencio los cuatro pasajeros escucharon dos cosas: un beso y una bofetada.

Todos tenían sus propias percepciones de lo que había sucedido.

La joven pensó para sí misma: "Me halaga que el teniente me haya besado, ¡pero estoy terriblemente avergonzada de que mi abuelita le haya pegado!".

La abuela pensó: "Estoy agraviada de que haya besado a mi nieta, ¡pero estoy orgullosa de que ella haya tenido la valentía de defender su honor!".

El general pensó: "Mi teniente mostró muchas agallas al besar a esa joven, pero ¿por qué ella me abofeteó por error?".

El teniente fue el único en el tren que realmente supo lo que había sucedido. En esos momentos de oscuridad tuvo la oportunidad de besar a una muchacha hermosa y de abofetear a un general.

2. Inseguridad

Los líderes inseguros continuamente piensan en sí mismos primero. Se preocupan de lo que los demás piensan de ellos. Temen verse débiles o ridículos o insignificantes. Los líderes inseguros toman más de la gente que lo que le dan. Como sienten que son menos, más buscan validación. Como resultado, sus equipos y organizaciones sufren porque la conveniencia de los demás es ignorada a favor de la conveniencia del líder inseguro.

Los líderes inseguros también limitan a su mejor gente. Se les dificulta ver a los demás levantarse porque los amenaza. Y no pueden celebrar las victorias ganadas por otros genuinamente porque a menudo están celosos. Darle a los demás lo que les corresponde los hace sentir menos.

Como la inseguridad con frecuencia es un punto ciego escondido, los líderes a menudo no lo reconocen en sí mismos. ¿Sabe si la inseguridad es un problema para usted? Responda las preguntas siguientes:

• **¿Se le dificulta darle el crédito a otros?** Las personas inseguras *necesitan* el crédito, así que les molesta compartirlo. El industrial Andrew Carnegie señaló: "Ningún hombre será un gran líder si quiere hacerlo todo él mismo u obtener el crédito por hacerlo".

• **¿Le esconde información a su personal?** Retener información es retener la confianza. Es proteger su posición. En contraste, cuando le da información a los demás, los empodera. Usted les comunica su confianza y su fe en ellos.

• **¿Trata de alejar a su personal de buenos líderes?** Si le preocupa que un buen líder le "robe" a su gente, esa es señal de inseguridad.

• ¿Se siente amenazado por el crecimiento de otros? Si le molesta que otros crezcan en conocimiento y posición, es probable que sea un líder inseguro.

• ¿A menudo microadministra a los demás? Lo líderes inseguros quieren tener riendas tensas sobre todos y todo. Quizá digan que lo hacen para asegurar el resultado, pero en el fondo también desean llevarse el crédito por todo.

Al final los líderes inseguros limitan a su gente y a su organización. Como señaló el novelita francés Honoré de Balzac: "Nada es un mayor impedimento para estar en buenos términos con los demás que no sentirse tranquilo con uno mismo".

> **"Nada es un mayor impedimento para estar en buenos términos con los demás que no sentirse tranquilo con uno mismo".**
> ***—Honoré de Balzac***

3. Un ego fuera de control

Otra importante área ciega para los líderes es el ego. El artista inglés y crítico John Ruskin dijo: "El orgullo se encuentra en el fondo de todos los

> **"El orgullo se encuentra en el fondo de todos los grandes errores".**
> ***—John Ruskin***

grandes errores". No sé si de todos, pero con toda seguridad genera muchos problemas. Los líderes egoístas creen que lo saben todo. Creen que los demás son inferiores a ellos. Y a menudo creen que las reglas no se les aplican.

Los líderes egoístas suelen ser rígidos y de mente cerrada. Están fuera de contacto con sus clientes y empleados, culpan a los demás cuando cualquier cosa sale mal y viven en un estado de negación. Su única cualidad positiva es que no hablan de los demás, porque nunca piensan en nadie más que sí mismos.

Estas son algunas señales de advertencia de que usted quizá sea un líder egoísta:

- **¿Cree que nadie más puede hacer un trabajo tan bien como usted?** Los líderes egoístas piensan que son indispensables.
- **¿Los demás siempre tienen la culpa cuando las cosas van mal?** Los líderes que tienen problemas con el ego se rehúsan a aceptar la responsabilidad de haber hecho algo mal y culpan a los demás.
- **¿Descarta usted las ideas de los demás?** Los líderes egoístas descartan las ideas de los demás como inferiores a las suyas.
- **¿Los demás se sienten a menudo criticados por usted?** La actitud de superioridad y la insensibilidad de los líderes egoístas con frecuencia hace que las demás personas se sientan insultadas o hechas a un lado.

Los líderes egoístas no buscan opinión o respuestas de nadie más que sí mismos.

4. Carácter débil

Cuando le pregunta a la mayoría de la gente lo que se requiere para ser exitoso mencionan talento, oportunidad y trabajo duro como los ingredientes principales. Mientras que esas cosas son esenciales, también lo es el carácter, ¿por qué? El carácter protege su talento. Con carácter, todos esos otros atributos ayudan a un líder a ser exitoso. Una falta de carácter es lo que rompe con los convenios cuando se trata de liderarse a sí mismo o a otros. El carácter es la suma total de todas sus decisiones diarias. Es poner los valores correctos en acción cada día. Es consistencia en los valores, ideales, pensamientos, palabras y acciones.

Si sospecha que una debilidad de carácter es lo que lo está obstaculizando, observe sus respuestas a estas preguntas:

- **¿A menudo incumple con las fechas de entrega?**
- **¿Hace votos, propósitos o decisiones para cambiar y después vuelve a su antigua conducta?**
- **¿Le da más importancia a agradar a los demás que a mantener los valores que defiende?**
- **¿Está dispuesto a rasurar u oscurecer la verdad con el fin de salir de un punto difícil?**
- **¿Hace lo que es más fácil, incluso cuando sabe que no es lo mejor?**
- **¿Los demás muestran reticencia para confiar en usted?**

Si responde que sí a cualquiera de estas preguntas, podrían haber áreas de su carácter que necesitan un poco de trabajo.

Cómo vencer sus puntos ciegos

1. **Asuma que tiene puntos ciegos.** Si usted no cree tener puntos ciegos, ¡*ese* es su punto ciego!
2. **Pregúnteles a los que lo conocen mejor que identifiquen sus puntos ciegos.** Si son honestos, ellos le dirán lo que usted no está viendo acerca de sí mismo.
3. **Asuma que sus puntos ciegos no los puede remover usted solo.** Todos necesitan ayuda para ver y tratar los puntos ciegos. No piense que puede tratar con los suyos por sí mismo.

4. **Discuta abiertamente sus puntos ciegos con su círculo íntimo.** Sea abierto con las personas que se preocupan por usted y quieren ayudarlo.
5. **Desarrolle y empodere a un equipo para cubrir sus puntos ciegos.** Quizá eventualmente sea capaz de vencer muchos de sus puntos ciegos. Hasta entonces, asegúrese de que su equipo evite que lo descarrilen a usted o al equipo.

En su libro *American Scandal* [Escándalo estadounidense], Pat Williams nos cuenta la historia del viaje de Mahatma Gandhi para hablar a favor de la independencia de la India delante del parlamento inglés. Gandhi frecuentemente había sido amenazado, arrestado y encarcelado por su franqueza, pero eso no lo silenció. Delante del parlamento, Gandhi habló elocuente y apasionadamente durante casi dos horas, después de las que la sala llena le dio una ovación de pie.

Después de ello un reportero le preguntó al asistente de Gandhi, Mahadev Desai, como el estadista había podido dar tal discurso sin notas.

"Usted no comprende a Gandhi" respondió Desai. "Mire, lo que él piensa es lo que siente. Lo que siente es lo que dice. Lo que dice es lo que hace. Lo que Gandhi siente, lo que piensa, lo que dice y lo que hace todo es lo mismo. Él no lee notas".

Cuando los valores, los pensamientos, los sentimientos y las acciones están alineados, la persona se enfoca y su carácter es fortalecido. Eso le permite al líder liderarse con éxito.

2. ¿Qué le da sostenibilidad al líder?

La pregunta misma implica que los líderes no siempre duran. Se cansan. Se descarrilan. Se desaniman. Pierden impulso. Todas esas cosas son ciertas porque el liderazgo no es fácil.

Cada día, los líderes deben despertar y liderarse a sí mismos antes de liderar a nadie más. Como otras personas dependen de ellos, deben mantener el fuego ardiendo dentro de sí. Deben saber adónde van, deben saber por qué van y ayudar a otros a llegar allá. Para mantenerse llenos de energía y en curso, los líderes pueden sostenerse a sí mismos a través de conectarse con cuatro áreas:

1. Pasión

La pasión le da dos características vitales del liderazgo: energía y credibilidad. El pionero de la aviación, Charles Lindbergh dijo: "Hacer lo que uno ha deseado tanto es la mayor dosis de adrenalina. Uno casi siente que puede volar sin el avión". Cuando uno ama lo que hace y hace lo que ama, otros lo encuentran inspirador. ¿Cuántas personas conoce que se hayan vuelto exitosas en algo que odian?

El columnista Whit Hobbs escribió: "El éxito es despertarse en la mañana, quien quiera que usted sea, dondequiera que este, sin importar viejo o joven, y saltar de la cama porque hay algo allá afuera que a usted le encanta hacer, en lo que cree, en lo que usted es bueno; algo que es mayor que usted y que apenas puede esperar llegar a hacerlo hoy". Eso es lo que la pasión hace por un líder.

2. Principios

Los líderes exitosos se mantienen fieles a sus principios: a sus creencias, dones y personalidad. No tratan de liderar en un estilo que no se ajuste a quiénes son. Si se preguntan a sí mismos: "¿Mi estilo de liderazgo es cómodo y refleja quién soy verdaderamente?". ¡Pueden responder con un "sí" atronador!

Se requiere tiempo para que los líderes se conozcan a sí mismos. La gente con frecuencia me pregunta acerca de mi estilo de comunicación, y les dejo saber que me tomó ocho años encontrar mi camino y ser yo mismo en el escenario. También me ha tomado tiempo desarrollar mi estilo de liderazgo. Pero solamente puedo estar al máximo cuando estoy siendo fiel conmigo mismo. Entre mejor se conozca a sí mismo y más fiel sea consigo mismo, mayor será su potencial para un éxito sostenible.

3. Prácticas

Casi cualquier persona puede lograr éxito temporal instantáneo. Todos somos afortunados de vez en vez. Pero si queremos sostener el éxito "como individuo o como líder" necesitamos implementar prácticas correctas y regulares que nos ayuden a hacer los correcto día tras día.

La gente exitosa hace diariamente lo que la gente sin éxito hace ocasionalmente. Practican disciplinas diariamente. Implementan sistemas para su crecimiento personal. Hacen el hábito de mantener una actitud positiva. En su mínima expresión, estas cosas mantienen su impulso personal en marcha. En su máxima expresión, hacen de cada día una obra maestra.

Identifique e implemente sus propias prácticas diarias

Los líderes necesitan identificar sus propias prácticas basadas en principios que los ayuden a permanecer apasionados, fieles a sí mismos y comprometidos con su equipo. Esta es mi lista, que yo llamo mi docena diaria:

Solo por hoy...
Voy a escoger y a exhibir las actitudes correctas.
Voy a determinar prioridades importantes y a actuar sobre ellas.
Voy a conocer y a seguir lineamientos saludables.
Me voy a comunicar con mi familia y a interesarme por ella.
Voy a practicar y desarrollar buen raciocinio.
Voy a hacer y cumplir compromisos adecuados.
Voy a obtener y administrar finanzas apropiadamente.

Voy a profundizar y vivir mi fe.
Voy a aceptar y mostrar responsabilidad.
Voy a iniciar e invertir en relaciones sólidas.
Voy a planear para dar y ser un ejemplo de generosidad.
Voy a abrazar y practicar buenos valores.
Voy a buscar y a experimentar mejoras.

Tomado de *Hoy es importante*

4. Gente

El factor final en sostenibilidad para los líderes es el equipo. Las personas a su alrededor le van a dar impulso o lo van a agotar. Idealmente todos deberían liderar un gran equipo, tener amigos fantásticos, mantener un fuerte círculo interno y poseer una familia amorosa. Muchos líderes no tienen todo esto. Si ese es el caso para usted, no se desanime. Aun y cuando usted solo tenga a una persona que lo anime, usted todavía puede liderar con éxito.

Las personas a su alrededor le van a dar impulso o lo van a agotar.

Mientras tanto, esfuércese por traer a personas que lo apoyen a su alrededor. Busque

- **Creyentes:** Personas que crean en usted y en su visión.
- **Quienes tengan logros:** Personas que aporten al equipo con excelencia.
- **Quienes conciban:** Personas que traigan buenas ideas a la mesa.
- **Quienes alivien:** Personas que complementen sus capacidades y habilidades.

Creo que ningún líder tiene por qué agotarse. Han habido muchas veces en mi vida en las que me he cansado o frustrado o desanimado.

Pero tengo sesenta y seis años, he estado liderando por más de cuarenta años, y todavía me emociono cada día por las posibilidades infinitas de la vida. Usted puede hacerlo también. Solamente recuerde conectarse con su pasión, mantenerse fiel a sus principios, implementar las prácticas correctas y rodearse de las personas apropiadas.

3. ¿Cuáles son los valores más importantes para un líder?

Todos los individuos tienen que decidir qué valores van a abrazar, por qué van a vivir, por qué morirían. Esos valores provienen de sus creencias básicas y su fe. No voy a hablar de ello aquí, porque creo que usted debe buscarlos personalmente. Más bien, le voy a hablar de los valores de liderazgo que creo que son los más importantes.

Servicio: Liderar bien significa servir a otro

Las personas quieren liderar por muchas razones. Algunos quieren poder. Otros buscan riquezas. Muchos son impulsados por una ideología o un deseo por cambiar el mundo. Creo que la única motivación digna para el liderazgo es un deseo de servicio. Me encanta lo que Eugene B. Habecker escribe en The Other Side of Leadership [El otro lado del liderazgo]:

> El verdadero líder sirve. Sirve a la gente. Sirve a sus mejores intereses, y al hacerlo no siempre será popular, no siempre impresionará. Pero como los líderes verdaderos están motivados por una preocupación amorosa, más que por un deseo de gloria personal, están dispuestos a pagar el precio.[15]

Si usted quiere liderar a otros pero no está dispuesto a servir a la gente, creo que necesita revisar sus motivos. Si está dispuesto a abrazar el servicio, no solamente se convertirá en un mejor líder, ayudará a su equipo, ayudará a la gente a la que sirve su equipo y hará del mundo un mejor lugar.

Propósito: Deje que su *por qué* dirija su *qué*

Creo que el éxito proviene de conocer su propósito en la vida, crecer a su máximo potencial y sembrar semillas que beneficiarán a los demás. Si a usted le falta una de esas tres cosas, no creo que pueda ser exitoso genuinamente. También creo que no puede lograr la segunda y la tercera parte sin primero descubrir plenamente la primera. No puede crecer a su potencial si no conoce su propósito. Y si no sabe por qué está en esta Tierra no podrá mejorar ese propósito a lo mejor de su habilidad, usted estará bastante limitado en las maneras en que puede ayudar a los demás.

Respondo preguntas acerca de descubrir su propósito en el capítulo nueve, así que no voy a meterme en ello aquí. Solo voy a decir que una vez que comprenda su propósito, necesita priorizar su vida de acuerdo con ese propósito. Si no, continuamente se va a descarrilar y quizá jamás tenga una verdadera sensación de plenitud y cumplimiento.

Integridad: Viva la vida antes de liderar a otros

Demasiados líderes son como los padres malos. Hacen lo que se les antoja y le dicen a la gente que se supone deben estar liderando: "Hagan lo que digo, no lo que hago". Eso no funciona en la crianza de los hijos ni en el liderazgo. ¿Por qué? ¡Porque la gente hace lo que ve!

Cuando llegue a ser un líder, debe enfocarse más en sus responsabilidades que en sus derechos.

Los equipos excelentes están compuestos de personas con diversas habilidades. Pero cuando hablamos de valores, hábitos, disciplinas y actitudes, tiene que haber unidad. Eso comienza con el ejemplo establecido por los líderes. Si los líderes son indisciplinados, la gente hace lo mismo. Si llegan tarde al trabajo, no se mantienen en presupuesto, hacen trabajo descuidado, desperdician tiempo y tratan a la gente pobremente, ¿qué cree que su gente hará?

Cuando llegue a ser un líder, debe enfocarse más en sus responsabilidades que en sus derechos. Usted debe elevar sus estándares. Usted debe hacer más de lo que espera de los demás. Si vive la vida primero y lidera bien, otros lo respetarán. Y hay buenas probabilidades de que estén dispuestos a seguirlo.

Relaciones: Camine lentamente entre la multitud

El impacto del liderazgo se obtiene no de la posición o título sino de relaciones auténticas. ¿Cómo puede desarrollar relaciones auténticas? Viva con autenticidad. Trate a la gente con amabilidad y respeto. Y vaya a donde están para conectarse con ellos.

Muchos líderes esperan que su gente venga a ellos. Asumen que la gente va a venir a ellos si necesitan o quieren algo. Pero los buenos líderes no piensan así. Los líderes eficaces inician. Comunican visión. Buscan oportunidades. Comienzan iniciativas que beneficiarán a la organización. E inician con la gente también. Saben que nunca poseerán lo que no están dispuestos a perseguir. Quieren buenas relaciones con las personas que trabajan con ellos, así que buscan a esas personas. Les hacen preguntas personales. Conocen quiénes son. Ofrecen ayuda. Encuentran maneras para que tengan éxito. Si usted quiere llegar a ser un mejor líder, vuélvase altamente relacional.

Renovación: Refrésquese diariamente

La vida es exigente. La gente es exigente. Entre más lidere y entre más tenga éxito, más esperarán los demás de usted. Si no hace un esfuerzo por repostar su energía, alimentar su alma y renovar su mente, se le va a acabar el combustible. Reponerse requiere su atención. Tiene que hacerlo a propósito.

Stephen R. Covey, autor de Los 7 hábitos de la gente altamente efectiva, lo llamaba "afilar la sierra" y lo describía como "preservar y mejorar el mayor activo que tiene: usted. Significa tener un programa equilibrado de autorrenovación en las cuatro áreas de su vida: física, social/emocional, mental y espiritual".[16]

> **¿Qué lo renueva?**
>
> ¿Cómo hace para renovarse diaria, semanal, mensual y anualmente? ¿Qué renueva su energía? ¿Qué alimenta su alma? ¿Qué le da fuerza emocional? ¿Qué renueva y mejora su mente? Identifique esas cosas.
>
> ¿Qué ritmos de vida ha desarrollado para usted? ¿Cómo fluctúa su energía? ¿Cuándo necesita renovación? Aprenda esos ritmos y programe actividades para ayudarlo a permanecer afilado. La fatiga puede ser costosa.

Ciertamente hay otros valores importantes para los líderes, pero esos son los que pongo como primeros en mi lista. Lo aliento a examinar sus propias creencias básicas y decidir qué valores son más importantes para usted.

4. ¿Cuál es el hábito diario más eficaz que cualquier líder puede desarrollar?

Si usted pudiera cultivar solamente un hábito que practicar todos los días de su vida, creo que debería ser este: dar más de lo que recibe. Lo digo porque tener una mentalidad generosa tiene muchos beneficios:

Dar reconoce que otros nos han ayudado

Nadie tiene éxito en la vida por sí solo. Todos hemos sido ayudados a lo largo del camino por otras personas. Cuando le damos a otros, lo reconocemos al pagarlo por adelantado.

> **Cuando su mentalidad es dar más de lo que toma, lo fuerza a pensar más en los demás que en usted mismo.**

Dar requiere que vayamos más allá de nosotros mismos

Cuando su mentalidad es dar más de lo que toma, lo fuerza a pensar más en los demás que en usted mismo. Tiene que ponerle atención a los demás y lo que quieren. Tiene que dilucidar cómo dárselos. Estas cosas cambian su enfoque de usted mismo a los demás. Ese solo hecho lo hace menos egoísta.

Dar es intencional por naturaleza

La gente rara vez da por accidente. Deben hacer un esfuerzo para dar. Es un acto de la voluntad. Esa intencionalidad nos hace crecer y nos vuelve más proactivos, las cuales son cualidades importantes para los líderes.

Dar cambia al mundo, una persona a la vez

¿Cómo sería el mundo si todos trataran de dar más de lo que reciben? La gente cambiaría. Es difícil para una persona saludable seguir recibiendo de los demás sin dar algo a cambio. De la abundancia viene la generosidad. Dé generosamente a los demás sin esperar nada a cambio, y la persona que recibe es cambiada y quiere pasarlo a los demás. Una vez que tenga la mentalidad de dar, entre más reciba, más querrá dar. Se vuelve un círculo positivo. A medida que esto se extiende, no solo cambian los individuos, sino también las comunidades.

¿Qué tiene que ver esto con liderazgo? ¿Cómo responde a la gente que da? ¿Cómo responde a los líderes generosos? ¿Sus acciones no le hacen querer dar, trabajar más duro, hacer su mejor esfuerzo? Sé que eso es lo que hicieron por mí. Si usted se vuelve un líder generoso que siempre busca dar más de lo que recibe, generará un equipo positivo y una organización de la que los demás siempre querrán formar parte.

Tres preguntas que hacerse antes de poder dar más de manera eficaz

1. **¿Qué es lo que se me ha dado?** Vea hacia atrás en su vida y piense en lo que le ha sido dado. Incluso la gente con un trasfondo con menos ventajas tienen experiencias positivas de las cuales tomar.
2. **¿Qué tengo?** Mire dentro para descubrir los talentos, habilidades y pasiones que residen en usted que le pueda pasar a los demás. Usted tiene valor. Otros se pueden beneficiar de su tiempo y pericia.
3. **¿Qué puedo hacer?** Existe la probabilidad de que haya cosas que puede hacer por otros en este momento. Vea a su alrededor. ¿Qué oportunidades ve actualmente para añadirle valor a los demás?

5. ¿Cómo puede uno cambiar su corazón para incrementar el deseo de agregar valor y servir a los demás?

Entiendo que no todos son buenos para relacionarse con las personas. Soy una persona extrovertida y siempre he disfrutado estar alrededor de la gente. Así que entré al liderazgo amando a la gente, pero era bastante ingenuo. Cuando contraté a mi primer miembro del personal, lo amé, fui su mentor, y me derramé en él. Todo parecía excelente y me figuré que cabalgaríamos hacia la puesta de sol juntos como el Llanero Solitario y Toro. Pero entonces violó algunos asuntos importantes de confianza en el liderazgo y tuve que despedirlo.

Eso fue realmente difícil para mí. Y para ser bastante francos, verdaderamente me dolió y sentí compasión de mí mismo. Recuerdo haber pensado, ¿Cómo pudo haber sucedido esto? ¿Cómo pudo hacerme esto?

Fue en ese momento en que tomé la decisión: la próxima vez que contrate gente, no les voy a permitir acercarse a mí. Les daré un empleo, les dejaré saber lo que espero y mantendré mi distancia. Les voy a decir: "Haz tu trabajo, y yo voy a hacer el mío. Nos vemos en diciembre en la fiesta de Navidad". Y eso fue lo que hice. La siguiente vez en que contraté a un miembro del personal, le presenté mis expectativas en un lenguaje frío y claro y lo deje libre. Lo dejé solo durante seis meses. Y las buenas noticias fueron que jamás me lastimó. Pero las malas noticias fueron que nunca me ayudó realmente.

No puedes ser un líder eficaz manteniendo a la gente a distancia. No puede ser su mentor si no está cerca de ellos. No les puede añadir valor si no saben lo que ellos valoran. Y no van a andar la segunda milla por un líder que no se interesa en ellos.

Eso lo aprendí a los veinticinco años. Y fue en ese momento que tomé una decisión diferente: voy a abrirle mi corazón a las personas y a tratar de amarlas incondicionalmente. Eso me ha causado las mayores heridas de mi vida. También ha generado algunas de mi mayores alegrías.

Así que la respuesta final a la pregunta sobre cambiar su corazón hacia la gente es que es una decisión. Usted debe *decidir* amar a la gente y ser auténtico y vulnerable con ellos. Usted debe decidir permitirles entrar a su vida para que usted les pueda añadir valor y ellos puedan agregarle valor a usted.

Creo que tal decisión lo va a llevar a muchas más ganancias que pérdidas, tanto personal como profesionalmente. Una vez que usted ha sido parte de un equipo en el que la gente no solo da su mente, sino también su corazón, ya no querrá regresar. Usted siempre querrá ser abierto con la gente.

6. Si estoy alcanzando metas y logrando éxito, ¿por qué me debe importar desarrollarme como líder?

El crecimiento es el gran separador entre los que tienen éxito a largo plazo de los que no. A medida que pasa el tiempo, el espacio que separa a los que crecen con intención de los que no, se ensancha. Si usted es joven ahora, quizá no vea diferencia. A medida que envejezca la verá.

El crecimiento es el gran separador entre los que tienen éxito a largo plazo de los que no.

Warren Bennis y Burt Nanus señalaron: "Es la capacidad de desarrollar y mejorar sus habilidades lo que distingue a los líderes de los seguidores". Así que la respuesta corta a si usted quiere ser un líder es que necesita seguir creciendo. Lo que lo trajo aquí hoy no lo llevará adónde quiere ir mañana. Usted debe crecer hacia su mañana. La decisión de hacerlo o no es suya.

Me encanta la manera en que Chuck Swindoll expresa esta idea. Él escribe:

> Hay un piano en una habitación, juntando polvo. Está lleno de la música de los maestros, pero para que esas melodías fluyan de él, se necesita que haya dedos que golpeen sus teclas...dedos entrenados, representando interminables horas de dedicación disciplinada. Usted no tiene que practicar. El piano no lo requiere ni lo exige. Pero, no obstante, si usted quiere sacar hermosa música del piano, se requiere esa disciplina...
>
> Usted no tiene que pagar el precio de crecer y expandirse intelectualmente. La mente no lo requiere ni lo exige. Pero, no obstante, si usted quiere experimentar el gozo del descubrimiento y el placer de arar tierra nueva y fértil, se requiere ese esfuerzo.
>
> La luz no brilla automáticamente sobre usted ni la verdad penetrará silentemente en su cabeza por medio de la osmosis de la silla mecedora.
>
> Depende de usted. Es su juego.[17]

¿Quiere estar listo para la siguiente oportunidad cuando venga? Cuando llegue, será demasiado tarde para prepararse. El tiempo de alistarse es ahora.

Mi amigo Dan Reiland entendió esto. Cuando comenzó a trabajar en la iglesia Skyline Church de San Diego, estaba en sus veintitantos. Aunque Dan estaba dedicado a crecer, podía ver que muchos de sus amigos y colegas en sus veintitantos no estaban creciendo. Podía ver que eso finalmente los alcanzaría cuando llegaran a sus treinta y tantos. Si no cambiaban, muchos experimentarían la crisis de la mediana edad cuando llegaran a los cuarentas y cincuentas. Así que Dan hizo algo al respecto. Comenzó un proceso de liderazgo y tutoría llamado Joshua's Men [Los hombres de Josué]. Ha invertido en líderes y los ha ayudado a aprender a crecer durante más de treinta años. Literalmente cientos de personas han aprendido de él.

Usted no sabe lo que la vida le arrojará. Usted enfrentará tragedias y oportunidades. ¿Cómo sabe que estará listo para ellas? Crezca hoy.

Un plan de crecimiento requiere...

El crecimiento no solamente sucede por sí solo. Tiene que hacerlo a propósito. Si quiere crecer, planee crecer. Esto es lo que necesita hacer:

1. Aparte tiempo para crecer.
2. Determine sus áreas de crecimiento.
3. Encuentre recursos en sus áreas de crecimiento.
4. Aplique lo que aprenda diariamente.

7. ¿Cómo puede uno liderar con humildad cuando en el difícil mundo corporativo es visto como una debilidad?

Creo que esta pregunta revela un mal concepto del mundo corporativo. La gente de negocios no ve automáticamente la humildad como debilidad. Ven la debilidad como debilidad: debilidad en la preparación, en las habilidades, en la ética de trabajo, etcétera. La gente que logra en un alto nivel de excelencia puede oler la debilidad.

Eso hace surgir la pregunta de qué es humildad. La humildad no significa ser débil. Solamente significa pensar menos en uno mismo. Significa ser realista y con los pies en la tierra. Significa valorar a los demás y sus aportaciones. A la gente le gusta trabajar con un líder con estas características. Creo que la investigación de Jim Collins en Empresas que sobresalen lo confirma. Collins escribe:

La humildad no significa ser débil. Solamente significa pensar menos en uno mismo.

> Los líderes de nivel 5 son un estudio en dualidad: modestos y deliberados, humildes y temerarios. Para abrazar rápidamente este concepto, piense en el presidente de los Estados Unidos, Abraham Lincoln [...] quien nunca permitió que su ego se interpusiera en su ambición principal por la causa mayor de una nación perdurable. No obstante los que erróneamente tomaron la modestia personal del sr. Lincoln [...] como [una señal] de debilidad se encontraron terriblemente equivocados.[18]

El orgullo es una debilidad, pero la humildad no lo es. El orgullo es un obstáculo para el progreso personal, el buen liderazgo y el desarrollo positivo de equipos. Aquí hay algunas razones de por qué:

ORGULLO	HUMILDAD
Descarta el desarrollo de equipos	Alienta el desarrollo de equipos
Nos vuelve poco enseñables	Valora ser enseñables
Cierra nuestra mente a la realimentación	Nos abre a la realimentación
Evita que reconozcamos nuestros errores	Nos permite reconocer nuestros errores

Distorsiona nuestra percepción de la realidad	Nos faculta para enfrentar la realidad
Impulsa decisiones deficientes de carácter	Promueve el desarrollo del carácter
Limita nuestro potencial	Ensancha nuestro potencial

El antiguo escritor de Proverbios señaló: "Los que aceptan la disciplina van por el camino que lleva a la vida, pero los que no hacen caso a la corrección se descarriarán".[19] Si usted une la excelencia con la humildad, la gente no solamente no lo atropellará, sino que lo respetará.

8. ¿Qué tan transparente debe ser un líder? ¿Está bien que el equipo conozca sus desafíos personales, como el cáncer?

Como líder, usted no debería esconder las malas noticias. Las personas intuitivas pueden percibir que hay malas noticias, aun y cuando no las dé a conocer. Y en esta época de transparencia, la gente siempre lo descubre. Así que le corresponde al liderazgo ser sincero.

Por supuesto, hay veces en las que no debemos ser totalmente abiertos con la gente. Por ejemplo, si usted tiene un familiar cuya privacidad necesita ser protegida, usted necesita honrar eso. Pero en general, la gente agradece la transparencia. Les permite conectarse. Y los puede inspirar. Ese fue ciertamente el caso de Inglaterra durante la Segunda Guerra Mundial. Winston Churchill no rehuyó decirle al pueblo británico lo malas que eran las probabilidades en mayo de 1940, cuando Gran Bretaña se encontraba resistiendo sola contra la máquina de guerra Nazi. La gente no entró en pánico. Su determinación incrementó y se mantuvo firme.

Cuando sopese si decirle o no malas noticias a la gente, la pregunta que necesita hacerse es por qué se los está diciendo. ¿Lo está haciendo por el bien del equipo? ¿Se está comunicando para conectarse con su gente y animarla? ¿O lo está haciendo por que espera que la gente lo levante? Si es la última, esa no es una buena razón. Y si está atravesando un crisis personal, está bien dejarle saber a la gente que es probable que no sea usted mismo en este momento, pero que solamente será durante una temporada. Y luego seguir adelante. Usted no quiere agotar a su gente con sus desafíos personales.

9. El proceso de liderazgo es una larga travesía que dura toda una vida. ¿Cómo puedo vencer la soledad que siento algunas veces?

Primero que nada, déjeme señalar que hay una diferencia entre estar solo y soledad. Algunas veces yo anhelo estar solo; para pensar, crear y escuchar a Dios. A menudo he escrito acerca de mi sillón de pensar: el lugar en mi oficina donde tomo tiempo para pensar y reflexionar. Disfruto ese tiempo. He hablado con menos frecuencia acerca de las veces en las que he despertado en medio de la noche. Cuando estaba entrando a los treinta, comencé a levantarme a las tres o tres y media a.m. Sucedía una vez a la semana. Percibí que era un momento excelente para pensar, reflexionar, orar y meditar, así que hice el compromiso de que si me despertaba sin una razón aparente, me levantaría, tomaría mi bloc de notas y pasaría tiempo a solas pensando y escuchando. Algunas veces me he quedado despierto una hora o dos. Otras veces toda la noche. Ha sido un hábito regular para mí. Estimo que 80% de las ideas que he tenido a lo largo de los años han venido durante esos momentos.

El tiempo a solas me llena. Lo abordo con un sentir de expectativa. La soledad es un asunto completamente distinto. Los líderes con frecuencia tienen que ir primero. Eso puede ser solitario. Hay pesos que los líderes necesitan llevar. Hay mensajes que deben ser ellos quienes los comuniquen. Hay decisiones críticas que deben tomar. En una organización bien dirigida, 90% de las decisiones son tomadas por las personas cercanas a los problemas; en el nivel de su implementación. El otro 10% son decisiones difíciles que deben ser tomadas por un líder.

Encuentro que la soledad es agotadora. Por un lado, es uno de los precios que uno paga por el liderazgo. Pero hay cosas que usted puede hacer para ayudarlo con la soledad. Lo mejor es tener a alguien en su vida que lo ame incondicionalmente, alguien que escuche y con quien se conecte emocionalmente. Esa persona no necesita ser un líder o comprender la complejidad de su mundo. Él o ella solamente necesita compartir la travesía. Para mí, esa persona era mi mamá. Yo podía decirle cualquier cosa. Cuando murió hace tres años, fue una pérdida inmensa para mí. Afortunadamente, hay otros en mi vida con los que puedo hablar. Cuando tengo que tomar una decisión difícil, la comparto con personas de mi círculo íntimo. Eso ayuda grandemente, pero nadie más es mi mamá.

Permita que la soledad lo lleve a estar a solas. Cuando esté sintiendo el peso del liderazgo, encuentre maneras de estar solo y pensar bien las cosas.

Otra cosa que puede hacer es permitir que la soledad lo lleve a estar a solas. Cuando esté sintiendo el peso del liderazgo, encuentre maneras de estar solo y pensar bien las cosas.

10. ¿Cómo pueden los líderes desarrollar la habilidad de "filtrar" sus emociones para tomar buenas decisiones de liderazgo?

Uno de los principios más importantes para la toma decisiones de los líderes es no tomar decisiones en un punto bajo emocionalmente hablando. Cuando usted se encuentra en un valle emocional, su perspectiva no es buena. Todo parece difícil. Las montañas a su alrededor parecen inmensas. Usted no puede saber qué tan altas están o qué tan lejos se encuentra de alcanzar una meta. En contraste, cuando está en la cima, puede ver casi todo. Puede ver qué tan profundos son realmente los valles. Puede ver qué tan alto se encuentra, y puede escrutar las demás montañas, tanto las grandes como las pequeñas a su alrededor.

Habiendo dicho lo anterior, reconozco que hay momentos en los que usted debe tomar decisiones de liderazgo durante tiempos emocionalmente difíciles. Para ayudarlo en tales circunstancias, esto es lo que le aconsejo:

1. Haga su tarea

La primera defensa en contra de que las emociones no filtradas afecten negativamente su toma de decisiones es considerar los hechos y la información. Defina el problema. Póngalo por escrito si es necesario. Entonces reúna la información, considere la credibilidad de sus fuentes. Entre más sólida sea la información que tenga, mejor podrá pelear contra emociones irracionales.

2. Haga una lista con sus opciones y hacia dónde podrían llevar.

Otra parte del proceso para recabar información es pensar en los resultados. Haga una lluvia de ideas sobre cada opción que se le pueda ocurrir y cuáles podrían ser los resultados potenciales. Esto le ayudará a desarraigar ideas que se sientan bien emocionalmente pero que no sean fuertes racionalmente.

3. Busque consejo de las personas adecuadas

Hay dos tipos de personas que necesita consultar. El primer grupo incluye a la gente necesaria para hacer que la decisión suceda. Si ellos no están a bordo, usted estará en problemas si toma la decisión.

El segundo consiste en personas con éxito en esa misma área que aboguen por sus intereses. Ellos le pueden dar buenos consejos.

4. Escuche a sus instintos

Usted no quiere que sus emociones lo traicionen cuando esté tomando decisiones, pero tampoco quiere ignorar sus instintos. El profesor y consultor en administración Weston H. Agor le llama intuición a "lo que sabemos con seguridad sin saberlo con certeza". A menudo sus instintos le advierten en una manera que va más allá de los hechos. La psicóloga Joyce Brothers aconsejaba: "Confíe en sus corazonadas. Suelen estar basadas en hechos archivados justo bajo el nivel consciente".

> **"Intuición es lo que sabemos con seguridad sin saberlo con certeza".**
> ***—Weston H. Agor***

Juzgue su historial intuitivo

¿Cuándo sabe si escuchar a su intuición es una buena idea? Hágase estas preguntas:

¿Soy un líder intuitivo?
¿Suelen ser correctas mis corazonadas?
¿Sé mucho acerca del área en la que voy a tomar la decisión?
¿Tengo una experiencia de mucho éxito en esta área?
¿Soy talentoso en esta área?

5. Tome decisiones con base en los principios y valores en los que cree

Cuando todo sea dicho y hecho, usted debe poder ser capaz de vivir con las decisiones que toma. Cuando tengo un tiempo difícil o emocional, soy inspirado por Abraham Lincoln, quien dijo: "Deseo conducir los asuntos de esta administración de tal manera que si al final, cuando llegue a soltar las riendas del poder, y haya perdido a todos los amigos que tenga en la Tierra, me quede por lo menos un amigo, y que ese amigo se encuentre dentro de mí".

Liderarse a usted mismo es probablemente el aspecto de liderazgo del que menos se habla y al mismo tiempo es el más importante. ¿Qué sucede cuando los líderes fallan en hacer lo correcto internamente, día tras día? Se meten en problemas. Las noticias se encuentran plagadas de nombres de personas con gran talento y oportunidades inmensas quienes hicieron cosas malas y cultivaron malos hábitos cuando los demás no estaba mirando.

Si usted y yo queremos tener éxito en la vida, ser exitosos en el liderazgo y tener éxito en terminar bien, debemos aprender a liderarnos con éxito.

Preguntas relacionadas con la manera en que funciona el liderazgo

1. ¿Todos tienen el potencial de ser un líder eficaz?
2. ¿Cómo uno puede ser un líder justo donde está, incluso cuando se encuentra hasta el fondo?
3. ¿Cuál es el propósito final del liderazgo?
4. ¿Cuál es la diferencia entre delegar y abdicar a la responsabilidad?
5. ¿Cuál es el mayor desafío para responder el llamado al liderazgo?
6. ¿Puede un líder de hecho liderar y servir al mismo tiempo?
7. ¿Cuáles son las principales habilidades requeridas para liderar a la gente a través de un largo periodo de tiempos difíciles?
8. ¿Es posible ser un líder en todas las áreas de su vida?
9. ¿Cuáles son los ritmos del liderazgo a medida que pasa de sus veintes a sus treintas a sus cuarentas y más allá? ¿Qué debería desarrollar, cambiar, asirse de, o soltar a medida que crece en cada etapa?

5

¿Cómo funciona el liderazgo?

Cuando comencé mi carrera, el liderazgo no era algo en lo que yo pensaba. Había cosas que yo pensaba que eran importantes como la actitud. Cuando estaba en mi segundo año de la escuela superior, mi entrenador me hizo capitán porque decía que mi actitud era buena, así que eso se volvió importante para mí. Se me había enseñado que una fuerte ética de trabajo era crucial para el éxito, así que trabajaba duro. Tomé mi primer puesto pensando que mi título me hacía un líder, pero rápidamente descubrí que la gente en la organización seguían a otros en lugar de a mí.

En esos primeros años, mi meta era hacer que se hicieran las cosas. Quería ayudar a la gente y hacer crecer a la organización. Intenté diferentes cosas. Algunas funcionaron, otras no. Luego leí el libro de J. Oswald Sanders *Liderazgo espiritual*. En él encontré esto:

> El liderazgo es influencia, la habilidad de una persona de influenciar a otros para que sigan su dirección. Los líderes famosos siempre han sabido esto.[20]

Estas palabras cambiaron mi vida. Me quedó claro por qué mi puesto y mi título habían hecho poco para ayudarme. Necesitaba ser un mejor líder. Necesitaba aprender cómo influenciar a la gente. El liderazgo se convirtió en el enfoque de mi crecimiento personal.

Todo depende del liderazgo. Armado con el conocimiento de que el liderazgo era la clave para desarrollar equipos, hacer crecer organizaciones y cumplir visiones, me propuse enseñar liderazgo. Organicé mi primer congreso de liderazgo y: nadie vino. Bueno, eso no es exactamente cierto. Se presentaron diecisiete personas, pero yo había esperado y planeado para diez veces esa cantidad. El siguiente congreso también tuvo poca asistencia. Y el siguiente. Cuando comencé a hablar con la gente al respecto, descubrí que la gente pensaba: *Yo ya soy un líder. ¿Para qué iría a un congreso sobre liderazgo?* Creían que sus puestos los hacían líderes, al igual que yo. Allí fue cuando comencé a decirle a todos los que pudieran escuchar: "El liderazgo es influencia". Con el tiempo, la gente comenzó a venir a los congresos porque querían tener más influencia sobre otros. A medida que desarrollaban más influencia, se volvían más eficaces y también sus organizaciones.

El liderazgo es un tema complejo. Tengo sesenta y siete años y todavía estoy aprendiendo. Tengo el propósito de ser un estudiante de liderazgo hasta el día que muera. Pero jamás perderé de vista la verdad de que el liderazgo comienza con influencia y que se desarrolla a partir de allí. Por favor tenga eso en mente a medida que lee este capítulo.

1. ¿Todos tienen el potencial de ser un líder eficaz?

Creo que lo que verdaderamente está preguntando es si el liderazgo es un club exclusivo solamente para los que nacieron con la habilidad. Mi respuesta a eso es no. Todos tienen el potencial de liderar en cierto nivel, y cualquiera puede ser mejor liderando. Aunque es verdad que algunas personas nacen con rasgos que los ayudan a volverse mejores líderes que otros, esos rasgos naturales solamente son el inicio.

El autor británico Leonard Ravenhill contó la historia de un grupo de turistas que estaban visitando una aldea pintoresca donde vieron a un anciano sentado junto a una cerca. Con un aire más bien de superioridad, uno de los visitantes preguntó: "¿Nació algún gran hombre en esta aldea?".

Sin voltear hacia arriba, el anciano respondió: "No, solamente bebés".[21]

Los grandes líderes no comienzan grandes. Como todas las personas comienzan como bebés y crecen para volverse líderes adecuados, luego buenos y entonces grandes. El liderazgo se desarrolla no se descubre. Es un proceso. Tres componentes principales entran en juego en el desarrollo de un líder.

Ambiente: Encarnación del liderazgo

El ambiente de una persona tiene un impacto tremendo en ella. El liderazgo es más captado que enseñado. Aprendí esto en casa de niño porque crecí en el hogar de un líder fantástico: mi padre. No solamente fue ejemplo de buen liderazgo, también hizo lo mejor que pudo para sacar lo mejor de nosotros. Identificó en los primeros años nuestros talentos y nos alentó a seguir nuestras fortalezas en nuestro desarrollo. Y nos alababa y nos recompensaba cuando demostrábamos carácter fuerte y buen liderazgo.

El liderazgo se desarrolla no se descubre.

Si usted hubiera crecido en un ambiente de liderazgo, probablemente hubiera reconocido su propia habilidad para el liderazgo pronto, como yo. Su ambiente y los líderes que lo generaron pusieron liderazgo en usted. Se volvió parte de usted y probablemente cuando ni siquiera estaba al tanto de que estaba sucediendo

Si usted se encuentra en un ambiente de liderazgo positivo ahora, probablemente se están alentando cualidades de liderazgo en usted y probablemente estén comenzando a salir. El ambiente adecuado siempre hace que el aprendizaje sea más fácil. Si vive en un ambiente artístico, la creatividad a menudo se vuelve natural para usted. Si vive en un ambiente deportivo, usted será atraído por los deportes. Si vive en un ambiente de liderazgo, usted se volverá un mejor líder.

Si usted no se encuentra en este momento en un ambiente de liderazgo y jamás ha pasado tiempo en uno, es probable que esté teniendo dificultades para saber lo que significa liderar. Si ese es el caso, usted necesitará encontrar un ambiente de liderazgo positivo para ayudarlo en su desarrollo de liderazgo. ¿Es posible aprender liderazgo sin un ambiente conducente? Sí, pero es difícil, y su desarrollo será lento. William Bernbach, cofundador de la agencia de publicidad Doyle Dane Bernbach, estaba indicando esto cuando dijo: "Me divierte cuando otras agencias tratan de llevarse a mi gente. Tendrían que 'contratar' a todo el ambiente. Para que florezca una flor, se necesita el sustrato correcto así como la semilla correcta".

¿Cómo es un Ambiente de Crecimiento?

Otros están *Adelante* de mí.
Soy continuamente *Desafiado.* Mi enfoque es *Hacia Adelante.*
La atmósfera es *Afirmante.*
Con frecuencia estoy fuera de mi *Zona de Comodidad.* Despierto *Emocionado.*
El fracaso no es mi *Enemigo.*
Otros están *Creciendo.* La gente desea *Cambiar.*
El crecimiento es *Ejemplificado* y *Esperado.*

Exposición: Inspiración para el liderazgo

Una de las cosas que encuentro más inspiradora es la exposición a los grandes líderes. Mi padre es quien se lleva el crédito de presentarme a los grandes líderes por primera vez. Cuando estaba en la escuela media-superior me llevó a ver a Norman Vincent Peale y a E. Stanley Jones. Me pidió que leyera libros que me introdujeron a conceptos de liderazgo. Después de graduarme de la universidad, seguí buscando a los líderes y a los oradores para aprender de ellos, gente como Zig Ziglar, Elmer Towns, Peter Drucker y John Wooden. He aprendido mucho de ellos y he sido inspirado a procurar visiones mayores por ellos.

Me encanta escuchar hablar a los grandes líderes. Obtengo ideas de leer sus libros. Disfruto haciéndoles preguntas. Me enciende verlos liderar. Incluso me inspira al visitar sus espacios de trabajo. Particularmente disfruté visitar la oficina de Adolph Rupp en la Universidad de Kentucky y sentarme en el vestidor original desde donde entrenaba. Me encantaba jugar baloncesto de niño, así que me imaginaba como uno de sus jugadores, escuchando a uno de sus discursos encendidos antes de un juego o sus ajustes de medio tiempo antes de saltar a la cancha.

También he visitado cada biblioteca presidencial, desde la de Washington a la de Clinton (mientras escribo esto, las bibliotecas de George W. Bush y Barack Obama todavía no se han abierto). Cuando Margaret y yo visitamos una biblioteca, pasamos todo un día simplemente empapándonos en liderazgo y siendo inspirados por él.

¿Adónde va a ir usted para obtener inspiración de liderazgo?

¿A quiénes admira como líderes? Planee ir a escuchar hablar a alguien que usted admire. Haga el viaje a una biblioteca presidencial o a un museo. Haga una cita para entrevistar a un líder de impacto. ¡Inspírese!

Equipamiento: Intención de liderazgo

El liderazgo es influencia, y por esa razón se puede enseñar. Usted puede aprender a conectarse con la gente. Puede aprender cómo comunicarse. Puede aprender a planear y hacer estrategias. Puede aprender a establecer prioridades. Puede aprender cómo hacer que las personas trabajen juntas. Puede aprender cómo entrenar y equipar personas. Puede aprender a inspirar y motivar a otros. La mayoría de las habilidades de liderazgo se le pueden enseñar a la gente; las personas pueden ser equipadas para liderar.

Esta es la razón por la que he pasado los últimos treinta años de mi vida enfocado en escribir libros y desarrollar recursos para ayudar a la gente a crecer y aprender. Creo que cada persona puede ser equipada para liderar. Encuentro altamente gratificante cuando las personas me hacen saber que las he ayudado en alguna manera para crecer como líderes.

Recientemente, recibí un correo electrónico de J. M. Hardy en el que decía:

> Hoy le escribo para agradecerle el impacto que ha producido en mi vida. He recolectado cientos de sus cintas y cada libro o CD que haya producido. A través de su tutoría a larga distancia he vencido los desafíos de mi juventud. Hoy tengo cosas con las que muchos otros solamente sueñan. Tengo una licenciatura y una maestría en estudios de liderazgo. Ahora me estoy preparando para mi doctorado. Trabajo para una empresa de la lista de las 100 de la

revista *Fortune* en la que soy responsable de $120 millones de dólares en ventas y 500 empleados. Tengo una hermosa esposa y tres hijos en la universidad.

Desde mi familia a la suya, que Dios lo bendiga y gracias. Estaré esperando su siguiente lección y el siguiente libro que escriba. Nunca podré agradecerle lo suficiente. Es probable que nunca lo conozca o llegue a estrechar su mano, pero quiero que sepa lo mucho que lo aprecio y todo lo que ha hecho, incluso cuando no sabía que lo estaba haciendo.

¡Cuando leo un mensaje como ese, puedo enseñar y escribir durante otros treinta años!

Lo que usted puede hacer para tener el mayor impacto en su potencial de liderazgo es ser intencional cada día con respecto a estar equipado para liderar. Cada libro que lea, cada lección que absorba, cada principio que aplique lo ayuda a convertirse en un mejor líder y lo lleva otro paso hacia adelante en su potencial de liderazgo.

Algo que usted puede hacer para tener el mayor impacto en su potencial de liderazgo es ser intencional cada día con respecto a estar equipado para liderar.

¿Cuál es su plan de crecimiento de liderazgo?

Si no tiene un plan, las probabilidades están en contra de que usted crezca como líder. Establezca algunas metas y desarrolle una estrategia personal para crecer en el año que viene. Entonces divida el plan en disciplinas diarias y semanales.

2. ¿Cómo uno puede ser un líder justo donde está, incluso cuando se encuentra en el fondo?

Las buenas noticias son que usted puede ser un líder sin importar donde esté. No necesita un título. No necesita un puesto. No necesita educación formal. Todo lo que necesita para comenzar es el deseo de liderar y la disposición para aprender. La clave es influencia.

El liderazgo es influencia

Como ya lo he dicho, el liderazgo comienza con influencia. Su habilidad para influenciar en los demás será el mayor factor por sí solo en su éxito como líder. El autor y profesor Harry Allen Overstreet afirmó: "La misma esencia de todo el poder para influir yace en hacer que la otra persona participe". La influencia es una invitación que cualquiera le puede hacer a otra persona.

Me encanta la oración del líder escrita por Pauline H. Peters: "Dios, cuando esté equivocado, hazme estar dispuesto a cambiar. Cuando tenga la razón, hazme agradable. Fortaléceme de tal manera que el poder de mi ejemplo exceda por mucho la autoridad de mi rango".

Influenciar a los demás es una decisión

Recientemente cené con Jim Collins, autor de Empresas que sobresalen. Hablamos de muchas cosas, incluyendo el liderazgo. Una de las cosas que Jim me dijo fue: "No eres la primera persona en decir que el liderazgo es influencia, pero has probado que es verdad".

Al principio de este capítulo, le conté la historia de porqué comencé a decirle a la gente que el liderazgo es influencia. La realidad es que esa influencia es una decisión. Podemos ser indiferentes a la gente, perseguir nuestras propias agendas, tener malas actitudes y rehusarnos a trabajar con un equipo. O podemos interesarnos en la gente, ser incluyentes, trabajar para ser positivos, cooperar con los demás y tratar de influenciarlos positivamente. Cada día es su decisión. Si decidimos tratar de influir en las personas, podemos liderar desde cualquier parte.

Nuestra influencia no es igual en todas la áreas

Solo porque usted influya en alguien no significa que influya en todos. Debe desarrollar influencia con cada individuo. ¡Si no me cree, trate de darle órdenes al perro de alguien más! Una vez me encontré un poema llamado "A Born Leader" [Un líder nato] que describe esto bien:

Se me paga para ser capataz.
Mi trabajo es liderar hombres.
Mi jefe piensa que soy un líder nato,
Pero si lo soy, entonces por qué,
Desearía que alguien me dijera
Por qué remuevo solo la nieve de la entrada,
Cuando en la casa están sentados dos hijos ya crecidos
Que fueron aceptados en el equipo de fútbol
americano.[22]

Hablo sobre el proceso de desarrollar influencia en los demás en Los 5 niveles de liderazgo. En resumen, comienza con la Posición, crece a Permiso a medida que desarrolla una relación con su gente, crece a Producción a medida que ayuda a otros a hacer las cosas, se fortalece a medida que se involucra en el Desarrollo de Personas y culmina en el Pináculo cuando levanta a otros líderes que desarrollan personas. Los líderes más eficaces son intencionales con respecto a tratar de influenciar a otros positivamente. Y entienden que tienen que trabajar para incrementar su influencia en personas individuales.

Con la influencia viene responsabilidad

En nuestra cultura, la gente tiende a enfocarse en sus derechos. Ya que buena parte de la historia de la humanidad trata de cómo los líderes han pisoteado a los que lideran, los fundadores de los Estados Unidos tenían la fuerte convicción de que debían proteger ciertos derechos inalienables que el Creador les ha otorgado. Lo cual ha llevado a una libertad sin precedentes en nuestra nación, lo cual es una cosa extraordinaria. Lamentablemente, se han sobreenfatizado los derechos para el detrimento de nuestra cultura.

La gente que desea liderar con frecuencia busca posiciones de liderazgo por las prerrogativas y privilegios. No obstante, como líderes siempre debemos estar al tanto de que el liderazgo conlleva responsabilidad, que lo que hacemos afecta a las personas cuyos sentimientos y bienestar se encuentran dentro de nuestra influencia. La influencia que tengamos sobre otros será positiva o negativa. Nosotros escogemos cuál será.

La gente de influencia positiva le añade valor a los demás

El jugador de béisbol de Grandes Ligas que abrió brecha, Jackie Robinson, observó: "Una vida no es significativa excepto por su impacto sobre otras vidas". Si usted decide influenciar a otros y volverse un mejor líder, espero que usted lo haga para añadirle a otros.

> **"Una vida no es significativa excepto por su impacto sobre otras vidas".**
> ***—Jackie Robinson***

3. ¿Cuál es el propósito final del liderazgo?

Primero y sobre todo, el liderazgo se trata de añadir valor a las personas. El autor Norman Vincent Peale dijo: "Ser exitoso es ser servicial, afectuoso y constructivo, para hacer que todo y todos los que toca sean un poco mejores. Lo mejor que tiene que dar es a usted mismo". Si quiere ser exitoso como líder, necesita hacer que los demás sean mejores. Necesita ayudarlos a remover las limitaciones autoimpuestas y alentarlos a alcanzar su potencial. Usted puede hacer eso a través de hacer lo siguiente:

Escuchar su historia y hacer preguntas

Usted no entiende realmente a la gente hasta que escucha la historia de su vida. Si usted conoce sus anécdotas, abrazará su historia, sus heridas, sus esperanzas y aspiraciones. Usted se pone en sus zapatos. Y solo por virtud de escuchar y recordar lo que es importante para ellos, usted comunica que se preocupa y que desea agregarles valor.

Haga de sus agendas su prioridad

Demasiados líderes piensan que el liderazgo se trata solo de ellos mismos. Los buenos líderes se enfocan en las necesidades y deseos de su gente, y en tanto esté dentro de su poder hacen de las esperanzas y sueños de su gente una prioridad. Hay gran poder cuando la visión de la organización y los sueños de su gente se alinean y todos ganan.

Crea en ellos

Si usted quiere ayudar a la gente, crea en ella. Cuando las personas creen en sí mismas, se desempeñan mejor. Por eso es que digo que es maravilloso cuando la gente cree en el líder, pero es todavía más maravilloso cuando el líder cree en la gente.

¿Cómo incrementa la fe de la gente en sí misma? Exprese su fe en ella. En general, las personas crecen al nivel de sus expectativas. Yo le llamo a esto ponerle un "10" a la cabeza de las personas, significando con ello que usted ve a todos como un ganador o un ganador potencial. Si usted ve el valor en todos y les deja saber que los valora, con ello los ayuda, ayuda a la organización y le ayuda como líder.

Hable de maneras para lograr la visión de su gente y genere planes que se ajusten a ello

Cuando usted sabe lo que mueve a su gente y entiende sus esperanzas y sueños, usted tiene el potencial de agregarles valor en una manera poderosa. Hable con ellos sobre maneras que les ayuden a lograr su visión al mismo tiempo de que hacen su trabajo y ayudan a la organización. Luego, juntos, formulen un plan para ayudarlos a hacerlo.

Ayúdeles hasta que la visión se logre

Una cosa es decir que quiere ayudar a la gente de su equipo. Otra es de hecho hacerlo y asistirlos a lo largo del camino. Cuando les da seguimiento, no solo los ayuda, también desarrolla la credibilidad de su liderazgo y su influencia, no solo con ellos, sino con todos en el equipo.

No hay un aspecto negativo a agregarle valor a las personas. Sí, le va a costar tiempo y esfuerzo. Pero cuando le agrega valor a las personas, los ayuda y los hace más valiosos. Si usted es un líder, cuando su gente está cumpliendo su propósito y está satisfecha, usted ayuda a su equipo. Cuando su equipo es más eficaz, usted ayuda a su organización porque se vuelve mejor. Y todo el proceso le traerá un profundo sentido de satisfacción.

No hay un aspecto negativo a agregarle valor a las personas.

4. ¿Cuál es la diferencia entre delegar y abdicar a la responsabilidad?

Cuando los líderes les entregan tareas a otros, suelen hacerlo en dos maneras: les delegan las tareas o se las botan encima.

La gente que abdica a la responsabilidad descuida el liderazgo cuando le botan tareas encima a otras personas. Los buenos líderes siempre toman en consideración las aptitudes, habilidades e intereses de la persona que va a hacer el trabajo. Botar una tarea siempre sucede de improviso. Ignora la necesidad de la persona por más información o capacitación. Botar las tareas suele suceder cuando las personas en autoridad se quieren deshacer de un problema o remover una tarea desagradable de su agenda.

En contraste, la buena delegación incluye seleccionar cuidadosamente a la persona correcta para la tarea. Los buenos líderes toman en consideración las aptitudes y habilidades más apropiadas para completar la tarea a la mano. Los líderes que delegan bien, establecen cuáles son las metas, otorgan la autoridad de realizar el trabajo y de suplir los recursos necesarios para el trabajo, y al mismo tiempo alientan la acción independiente de parte de la persona que hace el trabajo. Pero son partidarios de la filosofía expresada por el General George S. Patton, quien dijo: "Nunca le diga a la gente cómo hacer las cosas. Dígales qué hacer y ellos lo sorprenderán con su ingenio".

Al final, el líder que delega el trabajo sigue siendo responsable por ver que el trabajo se haga. Byron Dorgan observó: "Usted puede delegar autoridad, pero no puede delegar responsabilidad". Si la tarea no se lleva a cabo, si usted es el líder, usted es el responsable.

5. ¿Cuál es el desafío mayor para responder el llamado al liderazgo?

El mayor desafío en liderazgo es tomar decisiones que afecten a otras personas. Es difícil tomar buenas decisiones todos los días por otras personas. Por eso es que algunos líderes preferirían actuar como el revolucionario francés quien dijo: "Allí va mi pueblo. Debo descubrir hacia dónde va, para poder liderarlo".

El mayor desafío del liderazgo es tomar decisiones que afectan a otras personas.

El lugar más solitario en liderazgo está reservado para la persona que toma la primera decisión. Lo que los líderes hacen y por qué lo hacen con frecuencia es mal entendido. Pero el hecho de que la toma de decisiones pueda ser difícil y dolorosa no excusa a los líderes. Todavía necesitan tomar decisiones oportunas y difíciles, porque los líderes que declinan tomar decisiones generan inseguridad entre los seguidores y socavan su propio liderazgo. Si usted quiere convertirse en un mejor líder, esté dispuesto a tomar decisiones difíciles e incómodas que pueden incluir las siguientes:

Decisiones valientes: Lo que se debe hacer

Peter Drucker, quien ha sido llamado el padre de la administración moderna, señaló: "Cada vez que vea un negocio exitoso, es porque alguien en una ocasión tomó una decisión valiente". El progreso ganado con duro esfuerzo con frecuencia viene como resultado de decisiones difíciles que pueden ser atemorizantes. Algunas veces, la organización está en riesgo y las únicas personas en posición de tomar decisiones valientes son los líderes.

Decisiones de prioridades: Lo que se debe hacer primero

Es responsabilidad de los líderes ver hacia adelante, ver el panorama, comprender la visión mayor y tomar decisiones con base en las prioridades de todo el equipo y de la organización. El economista italiano Vilfredo Pareto dijo: "Si usted es Noé, y su arca está a punto de hundirse, busque primero a los elefantes, porque puede arrojar por la borda un montón de gatos, perros y ardillas y todos los demás animales pequeños, y su arca seguirá hundiéndose. Pero si puede encontrar un elefante que arrojar por la borda, está en una mucho mejor condición".

Decisiones de cambio: Lo que se debe hacer en una manera distinta

Uno de los papeles más difíciles y al mismo tiempo vitales de los líderes es ser agentes de cambio por causa del equipo y la organización. A la mayoría de la gente no le gusta el cambio. Les da miedo y lo resisten. Jim Rohn aseveró: "Si alguien está yendo por el mal camino, no necesita que lo motiven a acelerar. Lo que necesita es ser educado para cambiar de dirección". Los líderes con frecuencia proporcionan la educación y el ímpetu para hacer cambios.

Decisiones creativas: Lo que podría ser posible

Alguien dijo que noventa y cinco por ciento de las decisiones que toman los líderes las puede tomar un muchacho razonablemente inteligente que esté en su segundo año de la escuela media-superior. A los líderes se les paga por el otro cinco por ciento. Algunas veces esas decisiones difíciles requieren experiencia. Pero a menudo, lo que es realmente beneficioso es la creatividad. Los buenos líderes piensan fuera de la caja y ayudan al equipo a romper barreras y a cubrir nuevo territorio.

Decisiones de personal: Quién debería "y quién no debería" estar involucrado.

Las decisiones más difíciles de todas con frecuencia tienen que ver con personas. No siempre es fácil encontrar a la persona adecuada para un trabajo dado. Es todavía más difícil decidir si alguien ya no es apropiado para el equipo. De hecho, es un proceso tan importante y complicado que he dedicado todo un capítulo a resolver los conflictos y liderar personas desafiantes.

Aunque tomar decisiones es difícil, es vital para el buen liderazgo. H. W. Andrews aseveró: "El fracaso en tomar una decisión después de la debida consideración de toda la información rápidamente marcará al hombre como inadecuado para una posición de responsabilidad. No todas sus decisiones serán correctas. Ninguno de nosotros es perfecto. Pero si usted se hace el hábito de tomar decisiones, la experiencia desarrollará su juicio al punto en el que más y más de sus decisiones serán correctas". Y como resultado, se volverá un mejor líder.

6. ¿Puede un líder de hecho liderar y servir al mismo tiempo?

Es un mal concepto que sea el papel de los seguidores servir y de los líderes ser servidos. Esa es una visión defectuosa de un buen liderazgo. Cuando Ed Zore, presidente y ex director general de Northwestern Mutual estaba subiendo la escalera corporativa de su empresa pensó que cuando alcanzara la cima estaría en control completo de su vida y organización, el capitán de su propio barco, alguien que pudiera hacer lo que quisiera. Lo que descubrió fue que el liderazgo es de hecho servicio.

La mayoría de los líderes potenciales sobrestiman los privilegios y subestiman el precio del liderazgo. Cuando se enfocan en los beneficios del liderazgo, se vuelven egoístas. Esta es la diferencia entre los dos tipos de líderes:

> Los líderes que se sirven a sí mismos preguntan: "¿Qué es lo que los demás están haciendo por mí?".
>
> Los líderes que sirven preguntan: "¿Qué estoy haciendo por los demás?".
>
> Los líderes que se sirven a sí mismos ven a la gente como trabajadores de su propiedad.
>
> Los líderes que sirven ven a la gente como compañeros de equipo prestados.
>
> Los líderes que se sirven a sí mismos ponen sus propios intereses por sobre los del equipo.
>
> Los líderes que sirven ponen los intereses del equipo antes que los propios.
>
> Los líderes que se sirven a sí mismos manipulan a la gente para su propia ventaja.
>
> Los líderes que sirven motivan a la gente para ventaja mutua.

Si usted quiere ser el mejor líder que pueda posiblemente ser, no importa cuanto o cuán poco talento natural para el liderazgo posea, usted necesita convertirse en un líder que sirva. Y estas son las buenas noticias: Es una decisión. Lo que se necesita para servir a los demás está dentro de su control:

1. Servir a los demás es un asunto de actitud

Leon A. Gorman de L. L. Bean señaló: "El servicio es un tipo de actividad cotidiana, continua, sin fin, incesante, perseverante, compasiva". Primero y sobre todo, es un asunto de actitud. Y es contagioso.

He sido bendecido a lo largo de veinticinco años por la fantástica actitud de uno de los miembros de mi equipo: Linda Eggers. Ella tiene un corazón para servir, y cuando los demás la ven servir, los hace querer servir. Linda dice: "Uno de los mayores regalos que Dios me ha dado es la oportunidad de trabajar como asistente de John. Como uno de mis dones es el servicio, hacer tareas para él es relativamente sencillo. Así que siempre estoy buscando maneras de andar la segunda milla y hacer más de lo que se espera para él, para su familia y para las personas con las que interacciono de parte suya. Tengo una mentalidad que dice: 'Lo que se necesite y dondequiera que lo necesite', sabiendo que participo en su ministerio tras bambalinas".

Yo también soy una mejor persona porque Linda me sirve tan bien, y me motiva a servirla y a otras personas de mi equipo.

2. Servir a otros es un asunto de motivos

Robert K. Greenleaf, fundador del centro de liderazgo Robert K. Greenleaf Center for Servant Leadership, observó: "El líder-siervo es primero siervo [...] comienza con el sentimiento natural de que uno quiere servir, servir primero. Luego, la decisión consciente lo lleva a uno a aspirar a liderar [...] la diferencia se manifiesta en el cuidado tomado por el que es primero siervo de asegurarse de que las necesidades prioritarias más altas de otras personas sean suplidas".

Si usted entra al liderazgo con el motivo de servir a los demás, el equipo y la organización, será difícil que usted se vaya por un camino equivocado.

3. Servir a otros es un asunto de valores

Si usted valora a la gente, querrá añadirle valor y servirla. Sé que les puede sonar idealista a algunos líderes, No obstante, también hay un valor sumamente pragmático en servir a otros. Todo lo que logrará como líder finalmente gira sobre la gente con la que trabaja. Sin ellos, su éxito como líder será grandemente limitado. Todos los días, las organizaciones son responsables por el mayor desperdicio en los negocios: el del potencial humano. Si usted puede desarrollar a la gente y ayudarla a descubrir sus zonas de fortaleza, todos ganan.

Si usted valora a la gente, querrá añadirle valor y servirla.

Creo que no hay división entre servir y liderar. El fundamento del liderazgo eficaz es de hecho el servicio. En el nivel personal, no me puedo imaginar sirviendo sin liderazgo, y no puedo imaginar el liderazgo sin servir. Y la gente puede ver cuál es su actitud. Se muestra en todo lo que hace. Por ejemplo, cada vez que una de mis organizaciones organiza un evento, les pido que no pongan una mesa presidencial. En la mayoría de los grandes eventos se pone a todos los dignatarios juntos en una mesa al frente de la habitación. Lo cual genera una separación entre ellos y los demás. Esa no es la actitud correcta para un líder que sirve, y envía un mensaje negativo.

Los buenos líderes sirven. Ven su papel como el de un siervo que facilita, que agrega valor, que atrae éxito; pero esto lo hacen en silencio, sin fanfarria. Su mentalidad es como la descrita por el tenista estrella Arthur Ashe, quien dijo: “El verdadero heroísmo es notablemente sobrio, sumamente poco dramático. No es el impulso por sobrepasar a los demás sin importar el costo, sino el impulso de servir a los demás sin importar el costo”.

Preguntas que deben hacerse los líderes acerca de servir

¿Es usted un líder que sirve? Para descubrirlo, hágase estas preguntas:

1. ¿Por qué quiero liderar a otros?
2. ¿Qué tan importante es el estatus para mí?
3. ¿Los demás trabajan *para* mí, o *conmigo*?
4. ¿Estoy contento de servir a otros y de hacerlo alegremente?
5. ¿Es mi equipo mejor porque yo estoy en él?
6. ¿Exactamente en que es mejor?

Si usted encuentra que servir es difícil o "por debajo de usted", es probable que su corazón no esté bien. Para ganarse el derecho de liderar en cosas mayores, primero aprenda a servir en las menores.

7. ¿Cuáles son las principales habilidades requeridas para liderar a la gente a través de un largo periodo de tiempos difíciles?

Una de las tareas más desafiantes que cualquier líder enfrenta es ser un agente de cambio y liderar a las personas a través de tiempos difíciles. Pero también puede ser uno de los más gratificantes. El economista John Kenneth Galbraith aseveró: "Todos los grandes líderes han tenido una característica en común: era la disposición de confrontar inequívocamente la mayor ansiedad de su gente en su época".

Los tiempos difíciles revelan quiénes somos. Las personas que lideran descubren quiénes son. Como líderes, también descubrimos de qué estamos hechos. Como dice el autor Jack Kinder: "Usted no se hace en una crisis; allí es donde es revelado. Cuando aprieta una naranja, obtiene jugo de naranja. Cuando exprime un limón, obtiene jugo de limón. Cuando se exprime a un ser humano, usted obtiene lo que estaba dentro, sea positivo o negativo".

La mejor manera de abordar los tiempos difíciles es tratar de verlos como oportunidades. La mayoría de la gente quiere que sus problemas se arreglen sin que ellos tengan que enfrentarlos, pero es imposible. Como líder, como entrenador, como catalizador de cambio, usted necesita ayudar a la gente a resolver problemas, asumir la responsabilidad y trabajar para mejorar las cosas. La mayor parte del tiempo, la gente necesita ser rescatada de sus dificultades; sin importar si ellos son la causa de ellas o no. Ellos necesitan ayuda, la cual se puede dar en forma de consejo, aliento y refuerzo positivo. Pero todos necesitan hacer su parte y trabajar juntos. Con ese contexto en mente, esto es cómo le recomendaría que usted lidere y sirva a la gente durante tiempos difíciles.

1. Defina la realidad

La reacción de la mayoría a los tiempos difíciles o a una crisis es decir: "Olvidemos todo el asunto". Quizá por eso es que Peter Drucker dijo: "Un tiempo de turbulencia es un tiempo peligroso, pero su mayor peligro es la tentación de negar la realidad". Entonces, ¿qué debe hacer el líder? Defínale a la gente la realidad. Eso es los que aconsejó Max De Pree. Dijo que era la primera responsabilidad del líder.

La Ley del Marcador en mi libro Las 17 leyes incuestionables del trabajo en equipo dice que el equipo puede hacer ajustes cuando sabe dónde se encuentra. Como líder de un equipo, usted necesita ayudarle a la gente a definir las cosas que la están frenando. Y entonces necesita definir lo que la va a liberar. La gente no puede tomar buenas decisiones si no sabe cuáles son estas cosas, y a muchos se les ha hecho difícil descubrirlas por sí mismos. Usted está allí para ayudarlos.

2. Recuérdeles el panorama completo

Winifred E. Newman, profesor asociado del Departamento de Arquitectura de la Universidad Internacional de Florida, observó:

"La necesidad más desesperada del mundo es la visión. No hay situaciones sin esperanza, solamente personas que piensan en una manera desesperanzadora". Los líderes son los que guardan y comunican la visión. Llevan la responsabilidad de siempre ver el panorama general y ayudar a su gente a verlo. La gente necesita que le recuerden por qué están haciendo lo que hacen, y los beneficios que les esperan como recompensa de su duro trabajo.

Eso no significa que la visión sea cien por ciento clara para el líder, especialmente durante tiempos difíciles. Pero eso está bien. El autor y amigo mío, Andy Stanley, dice: "La incertidumbre no es un indicativo de liderazgo pobre: subraya la necesidad de liderazgo [...] La naturaleza del liderazgo exige que siempre haya un elemento de incertidumbre. La tentación es pensar: 'Si yo fuera un buen líder, sabría exactamente qué hacer'. El incremento en la responsabilidad significa manejar más intangibles y, por lo tanto, más incertidumbre compleja. Los líderes se pueden dar el lujo de tener incertidumbre, pero no se pueden dar el lujo de no ser claros. La gente no seguirá liderazgo difuso".

Cuando estoy liderando gente a través de una situación difícil, a menudo no conozco todas las respuestas. Pero sé que hay respuestas, y voy a hacer todo lo que pueda para asegurarme de que descubramos cuáles son. Eso le da seguridad a la gente.

3. Ayúdelos a desarrollar un plan

Antes de que pueda desarrollar una estrategia para salir de una situación difícil, usted debe saber dónde está y adónde quiere ir. Si usted ha ayudado a la gente a través de definirles la realidad y mostrándoles el panorama general, la siguiente tarea es identificar los pasos requeridos para ir de aquí allá. Hacer eso no es fácil para todos. Como líder, usted necesita venir a su lado y ayudarlos a dilucidarlo.

4. Ayúdelos a tomar buenas decisiones

Uno de mis dichos favoritos es: "Hay una decisión que usted tiene que tomar en todo lo que haga. Así que tenga en mente que, al final, la decisión que tome lo hace a usted".[23] Las decisiones de la gente definen quiénes son y determinan hacia dónde van. Es verdad que no escogemos todo lo que obtenemos en la vida, pero mucho de lo que obtenemos proviene de lo que hemos escogido.

Como líder, entre más decisiones buenas haya tomado a lo largo de su vida, estará en una mejor posición para ayudar a otros, no solamente porque ha obtenido experiencia y desarrollado sabiduría, sino también porque las decisiones buenas repetidas, a menudo llevan al éxito personal y opciones mayores. Si así son estas cosas en su caso, póngalas a buen uso a través de ayudarle a otros a navegar aguas difíciles.

5. Valore y promueva el trabajo en equipo

Dos náufragos en ropas andrajosas estaban matando el tiempo juntos en un extremo del barco salvavidas. Estaban observando despreocupadamente como tres personas en el otro extremo del barco estaban achicando furiosamente, tratando de mantener la nave a flote. Un hombre le dice al otro: "¡Gracias a Dios que el agujero no está en nuestro extremo del barco!". Cuando los tiempos se vuelven difíciles, todos necesitan trabajar juntos si quieren sacar al equipo de los problemas.

La Ley del Monte Everest en Las 17 leyes incuestionables del trabajo en equipo afirma: "A medida que el desafío incrementa, la necesidad de trabajar en equipo aumenta". Ningún equipo puede ganar y mantenerse ganando a menos que todos trabajen juntos. Es responsabilidad de los líderes promover el trabajo en equipo y hacer que los miembros del equipo cooperen y trabajen juntos.

6. Déles esperanza

John W. Gardner, ex secretario de salud, educación y bienestar dijo: "La primera y la última tarea de un líder es mantener viva la esperanza 'la esperanza de que finalmente encontraremos nuestro camino a un mundo mejor' a pesar de las acciones del día, a pesar de nuestra propia inercia, superficialidad y fluctuante determinación". La esperanza es el fundamento del cambio. Si seguimos manteniendo alta la esperanza, y ayudamos a otros a hacer lo mismo, siempre habrá la oportunidad de avanzar y tener éxito.

La crisis guarda la oportunidad de renacer. Los tiempos difíciles pueden disciplinarnos para ser más fuertes. El conflicto puede de hecho renovar nuestras oportunidades de desarrollar mejores relaciones. No siempre es fácil recordar estas cosas. Como líderes, nuestro trabajo es recordarle a la gente las posibilidades y ayudarlos a tener éxito.

8. ¿Es posible ser un líder en todas las áreas de su vida?

La respuesta breve a esta pregunta es "no". Y esta es la razón: Usted no puede desarrollar influencia sobre todos. No hay suficiente tiempo en un día, o suficientes días en un año. Desarrollar influencia es un proceso. Esto lo describo en Los 5 niveles de liderazgo. La gente inicia su travesía de influencia en el Nivel 1: Posición. Usted no necesita tener una posición o puesto para comenzar a desarrollar influencia con otros, pero si tiene la posición, usted debe reconocer que es solamente un punto de inicio.

Para comenzar a verdaderamente influenciar a la gente, usted debe desarrollar relaciones. Esto se logra en el Nivel 2: Permiso. Para desarrollar eso y obtener mayor influencia usted debe ayudar a la gente a ser eficaz y trabajar con otros en un equipo. Esto ocurre en el Nivel 3: Producción. Todas estas cosas toman tiempo. Usted no puede desarrollar relaciones suficientemente profundas en cada área de su vida. No puede ayudar a todos los que conoce para ser productivos. Es imposible.

¿Entonces qué puede hacer? Escoja donde quiere invertirse para desarrollar influencia y convertirse en un líder eficaz. Las habilidades que usted desarrolle lo ayudarán en todas las áreas de la vida, pero no puede esperar liderar en todas las áreas de la vida. Eso simplemente no es realista.

9. ¿Cuáles son los ritmos del liderazgo a medida que pasa de sus veintes a sus treintas a sus cuarentas y más allá? ¿Qué debería desarrollar, cambiar, asirse de, o soltar a medida que crece en cada etapa?

Las décadas de la vida no son las mismas para todos. Todos lo sabemos. Y para cada edad hay aspectos positivos y negativos. Por ejemplo, cuando somos jóvenes tenemos tremenda energía, pero no sabemos qué hacer con ella; pero cuando somos viejos, sabemos qué hacer, pero nuestros cuerpos se desgastan y nuestra energía comienza a decaer.

Uno puede observar las décadas de la vida de un líder y hacer algunas generalizaciones acerca de ellas:

- **Veintes, alineación:** desarrollamos nuestro fundamento y nos preparamos para éxito futuro.
- **Treintas, ajuste:** Intentamos diferentes cosas y descubrimos lo que funciona y lo que no.
- **Cuarentas, avance:** nos enfocamos en nuestra zona de fortaleza y aprovechamos al máximo lo que funciona.
- **Cincuentas, evaluación:** Reevaluamos nuestras prioridades y esperamos hacer un cambio de éxito a significado.

- **Sesentas, ascenso:** Alcanzamos la cima de lo que hacemos y la mayor altura de nuestra influencia.

Por supuesto, la vida de todos no siempre resulta de esta manera. Por eso es que creo que es más útil pensar en nuestra vida en términos de estaciones.

Aprendí acerca de las estaciones en mi primera posición de liderazgo, en la Indiana rural. La mayoría de las personas que lideraba eran agricultores y todo lo que hacían se relacionaba con las estaciones del año. Como líderes, tenemos temporadas que no son de la misma duración a diferencia de los agricultores. Y solemos experimentar solamente un ciclo en nuestra vida, no ciclos que se repiten de continuo anualmente. Pero todavía podemos aprender mucho de algunas verdades que los agricultores entendían.

Por ejemplo, cada estación tiene un inicio y un final. Nuestra vida no es estática. Incluso si una persona decide no crecer, la vida no permanece igual (la gente que se rehúsa a crecer profesionalmente, declina). Mientras estamos en una estación de la vida, debemos hacer todo lo que podamos. Con demasiada frecuencia la gente da menos de su mejor esfuerzo, pensando que podrán compensarlo después. Lo que no entienden es que una vez que una temporada ha terminado, a menudo no pueden volver. No obtienen otra oportunidad. Cuando la nueva temporada viene, necesitamos estar listos para hacer los cambios apropiados para entrar en ella.

Otra verdad es que las estaciones siempre vienen en secuencia. La primavera siempre sigue al invierno. El otoño siempre viene después del verano. No tenemos control sobre el orden en el que suceden. Lo mismo es verdad de las temporadas del éxito. No puede cosechar las recompensas de la vida sin primero plantar semillas. No obstante, muchas personas quieren pasar su vida entera en la temporada de cosecha. Eso simplemente no sucede.

Cada uno de nosotros es responsable de manejar las estaciones de nuestra propia vida. A todos se nos han dado semillas. Todos tenemos que capotear tormentas y sequía. Y depende de nosotros plantar y cultivar varios "cultivos" para la vida simultáneamente. Los agricultores saben que los frijoles, las papas, los tomates, el maíz y el algodón se pueden sembrar lado a lado. Sin embargo, se cosechan en diferentes épocas. Del mismo modo, debemos reconocer que quizá estemos en una estación en la vida familiar, una temporada distinta en la vida espiritual y, no obstante, otra en la vida de liderazgo. Debemos hacer lo correcto para la estación en la que estemos en cada área, y hacer las cosas en orden, si finalmente queremos ver cosechas en la vida.

Eclesiastés dice: "Todo tiene su momento oportuno; hay un tiempo para todo lo que se hace bajo el cielo".[24] Muchas personas fracasan porque están fuera de sincronía con el tiempo y el lugar en sus estaciones de la vida. Algunas veces su fracaso no tiene nada que ver con la determinación o la disposición, sino viene de sus esfuerzos por estar fuera de la secuencia correcta. Cuando esto sucede se frustran y es posible que comiencen a creer que es imposible para ellos lograr algo de importancia, y eso los lleva al desánimo. Creo que es posible para todas las personas recoger una cosecha gratificante conforme a su habilidad, pero deben aprender el secreto de dominar cada una de las cuatro estaciones:

El invierno es la estación para planear

Para las personas que no entienden el éxito y las temporadas de la vida, el invierno es un tiempo sombrío. La tierra está fría. La tierra es improductiva. Los árboles no tienen hojas y parecen sin vida. Para las personas poco exitosas el invierno es un tiempo de hibernación, monotonía y bajas expectativas.

Para las personas exitosas el invierno es un tiempo de comienzos. Es el tiempo para la visión y los sueños. Es el tiempo de la expectación. Las metas y los planes se realizan durante el invierno, y sin ellos la oportunidad de una cosecha exitosa es pequeña.

Identifique sus "cultivos" y sus estaciones

¿Qué áreas de la vida son importantes para usted? Estos son los campos donde usted planta los "cultivos" de su vida. ¿Ya los identificó? Si no, haga una lista.

Una vez que haya identificado las áreas de su vida que son importantes para usted, determine en que estación se encuentra para cada uno. Esto lo ayudará a abrirse paso a través de cada una de las estaciones. Recuerde, usted no estará en la misma temporada en cada área.

En cualquier área individual de la vida en la que esté experimentando un invierno, pase un poco de tiempo pensando en la cosecha que espera cosechar algún día. El invierno es la temporada de soñar y de los detalles. Usted debe pensar en grande y planear en pequeño. Piense qué tan grande podría ser. Y luego planee cómo va a llegar allí (si no está seguro cómo pasar por ese proceso, quizá quiera considerar mi libro Vive tu sueño).

La primavera es la temporada para plantar

La gente que no entiende las estaciones de la vida le da la fiebre primaveral. Continúan soñando cuando necesitan estar trabajando. La gente con éxito tiene fervor primaveral. Entiende que la primavera es el momento para tomar los planes e ideas del invierno y ponerlas en acción. Es un tiempo para la actividad entusiasta: conseguir las semillas, preparar la tierra y plantar. Requiere energía. Requiere perseverancia. Requiere sacrificio. Y requiere el momento adecuado.

Cualquiera que haya plantado un huerto sabe que uno quiere que las plantas broten lo más pronto posible después de la última fecha de helada. Eso asegura la mayor estación de crecimiento y la cosecha más grande. Algunas veces eso significa sacrificar el sueño para hacer que suceda. ¿Es posible plantar más tarde? Por supuesto. Pero entre más tiempo espere, más reducirá la cosecha.

En el plano del liderazgo, esta es la razón por la que las personas que llevan la delantera en la vida algunas veces son capaces de producir un impacto tan grande. Personas como Bill Gates comenzaron su temporada de planeación de adolescentes. Y estaban plantando temprano. Así que si perdió oportunidades de plantar en el pasado, no siga esperando. ¡Comience a moverse! Entre más pronto barbeche y plante, mejor será su oportunidad de ver una buena cosecha.

El verano es la temporada de sudar

Cuando se le menciona el verano a la mayoría de la gente, piensan en las vacaciones. Es el tiempo en el que los niños salen de la escuela, y que los adultos tratan de pedir tiempo de descanso. Eso no es así con los agricultores, ni con las personas exitosas. Para ellos el verano es el momento de cultivo. Si usted descuida en verano lo que plantó en primavera, no verá cosecha en otoño. Para la persona exitosa, el verano es el momento de cultivo continuo y regular, de regar y fertilizar. Es un momento de gran crecimiento.

¿Qué significa el verano para alguien que no está cultivando alimentos para vivir? Significa seguir adelante con su plan de crecimiento personal. En el invierno muchas personas sueñan con el éxito. Algunos se dan cuenta de que necesitan aprender y crecer para lograr sus metas y vivir sus sueños. Estas personas plantan en primavera al tomar un paso tangible hacia el crecimiento: compran un libro, se suscriben a ciertos *podcasts*, consiguen un mentor, identifican un congreso que les pueda ayudar. Pero para muchas personas, el esfuerzo se termina allí. No leen el libro. Dejan de tomarse el tiempo de escuchar los podcasts. No ponen en práctica los consejos de su mentor. No asisten al congreso, o van pero no aplican lo que aprenden. Dejan de esforzarse en el duro, tedioso y, algunas veces, doloroso, pero siempre productivo trabajo que el verano requiere.

Los buenos líderes se cultivan a sí mismos a través del crecimiento personal. También cultivan relaciones y hacen crecer equipos. Eso también puede ser un trabajo lento y difícil. Suele ser más largo de lo que esperamos y más difícil de lo que esperamos. Pero no hay nada como un éxito solitario. Nada de importancia se ha logrado alguna vez sin gente trabajando junta.

El verano puede ser una estación extremadamente exigente. Los días son largos y hay más trabajo que es necesario hacer que las horas que hay en el día. Pero la gente exitosa sigue adelante. Hace el esfuerzo, aunque no puedan ver realmente que esté dando fruto. Y así es como sucede con frecuencia cuando está cultivando. Uno tiene que seguir trabajando y confiar en que los planes que hizo en invierno y el duro trabajo que está haciendo ahora van a producir resultados si sigue adelante y se mantiene en ellos.

El otoño es la estación de producción

Para la gente que no ha entendido las estaciones y que descuidó planear en invierno, plantar en primavera y sudar en verano el otoño le trae pesar. Así como ver a los árboles perder sus hojas puede traerle a algunas personas sentimientos de pérdida, algunos de dan cuenta, solo cuando es demasiado tarde que deberían haber hecho paja mientras el sol brillaba. No obstante, para las personas exitosas que han aprovechado al máximo cada temporada, el otoño es un tiempo de cosecha. Es el momento en el que reciben los resultados de su trabajo. Trae sentimientos de logro. No hay mejor estación en la vida. Su meta final como líder debería ser trabajar suficientemente duro y suficientemente de manera estratégica que tenga más que suficiente para dar y compartir con otros. A medida que me acerco a los setenta, entiendo esto en una manera que

Su meta final como líder debería ser trabajar lo suficientemente duro y lo suficientemente estratégico que tenga más que suficiente para dar y compartir con otros.

nunca lo había hecho antes. Creo que Dios me dio un buen tramo de delantera en la vida. Comencé temprano y he pasado mi vida planeando, plantando y sudando. Y ahora estoy cosechando en maneras que jamás esperé. Tengo influencia más allá de lo que pudiera merecer o alguna vez haber imaginado tener, y en el tiempo que me queda en esta Tierra mi meta es derramar cada pedazo de ello para agregarle valor a líderes que multipliquen valor en otros. Mi esperanza es que para el día en que muera, podré haber dado todo lo que me ha sido dado.

Quizá usted no inició tan temprano como yo. Eso no importa. Dondequiera que se encuentre, haga lo que es correcto para la temporada. Dé todo lo que tenga, y no se preocupe demasiado por el resultado. Con el tiempo, si usted entiende las estaciones y trabaja con ellas, la cosecha vendrá.

Preguntas relacionadas con cómo iniciarse en el liderazgo

1. ¿Cómo puede un líder joven establecer su visión y obtener apoyo cuando no tiene todavía un historial de éxito?
2. ¿Cómo determina su potencial de liderazgo?
3. ¿Cómo puedo descubrir mi propósito único como líder?
4. Se dice que para ser un buen líder uno debe ser primero un buen seguidor. ¿Esta máxima es cierta en todo momento? Si así es, ¿en qué punto se convierte el seguidor en líder?
5. Soy un poco introvertido, y creo que ser más extrovertido podría ayudarme a ser un líder. ¿Cómo puedo aceptar mi personalidad, y al mismo tiempo florecer al conectarme con otros?
6. ¿Qué consejo le daría a un líder aspirante que está tratando de tomar los primeros pasos en el liderazgo?
7. ¿Qué es lo primero que debe hacer un líder cuando es traído de fuera para hacerse responsable de un grupo o departamento?
8. ¿Cómo encuentra el equilibrio entre liderar a otros y producir?
9. Siempre estoy preocupado de ofender a otras personas o preocupado de lo que pensarán de mí. ¿Qué puedo hacer para vencer esto y convertirme en un líder fuerte?
10. ¿Cómo es que un líder emergente establece confianza en su liderazgo sin recibir afirmación?

6

¿Cómo inicio en el liderazgo?

Algunas personas tienen una visión clara para el liderazgo. Hay una organización que desean crear; una tarea de quieren lograr. Ven algo y tratan de atraparlo. Comienzan a desempeñar un servicio o a elaborar un producto, y si tienen éxito, pronto necesitarán ayuda. Cuando contratan a su primer empleado, comienzan a liderar.

No obstante, la mayoría de la gente entra al liderazgo en una manera distinta. Se encuentran en una situación en la que alguien les pide que lideren algo "en el trabajo, en su comunidad o en la iglesia" y ellos aceptan tomar la responsabilidad. O ayudan a darle dirección a un proyecto o tarea porque nadie más lo está haciendo, o porque la persona a cargo está haciéndolo tan pobremente que se preocupan de que fracasará. Así que se encargan y lo organizan ellos mismos, esperando verlo tener éxito.

La manera en que entre en un papel de liderazgo importa menos que la forma en que lo maneje. Y la pregunta clave que necesita hacerse es: "¿Por qué quiero liderar?". Yo le hago esta pregunta a cualquier persona que diga que quiere entrar en el liderazgo. Si usted quiere ayudar a otras personas, a su equipo o a su organización, está comenzando con el pie derecho. Si su deseo es cumplir una visión digna, una que ayude a la gente y haga del mundo un mejor lugar se dirige en la dirección correcta. Si lo está haciendo para agregarle valor a los demás y no solo a usted mismo, usted está buscando ser un líder por la razón correcta. Y es su deber convertirse en el mejor líder que pueda posiblemente ser.

1. ¿Cómo puede un líder joven establecer su visión y obtener apoyo cuando no tiene todavía un historial de éxito?

He conocido a muchos líderes jóvenes que están muy entusiasmados por compartir su visión y quieren saber porque no todos se les unen de inmediato para ayudarlos a cumplirla. De hecho, yo era uno de esos líderes cuando comencé. Llegué a mi primera posición con grandes sueños y cero experiencia. Quería que la gente me siguiera instantáneamente y cumpliera la visión. A menudo me preguntaba: "¿Por qué la gente no está apropiándose la visión?". En lugar de ello, debería haber estado preguntando: "¿Cómo puedo desarrollar credibilidad?".

Hasta que usted no tenga credibilidad, ni siquiera intente obtener apoyo para su visión. No lo obtendrá. Usted necesita ganarse la confianza antes de que la gente se apropie de la visión, y usted debe ganárselo a través de carácter y competencia.

Cuando asuma una nueva posición de liderazgo, qué tanta confianza temporal reciba dependerá de muchas cosas. De la cultura de la organización. De la credibilidad de su predecesor. De la influencia de las personas que lo pusieron en el cargo. Si el ambiente y la cultura son negativas, la gente supondrá que usted no será un buen líder y le dará muy poca gracia. En un ambiente más positivo, la gente estará abierta a usted y dispuesta a darle el beneficio de la duda hasta un periodo de seis meses. Durante ese tiempo, lo que diga tendrá más peso que quien sea usted. Pero todos estarán vigilando para ver si lo que dice y lo que hace se alinean. Si ha demostrado carácter y competencia, su credibilidad seguirá obteniendo más peso hasta que quién es usted tendrá más influencia que lo que dice.

A medida que la confianza de la gente en usted crece, también lo hará la influencia que usted ejerza. Y como observó Stephen R. Covey: "La belleza de la confianza es que borra la preocupación y lo libera para seguir con otros asuntos. La confianza significa certidumbre". También significa apoyo.

"La belleza de la confianza es que borra la preocupación y lo libera para seguir con otros asuntos. La confianza significa certidumbre".
—Stephen R. Covey

Para demostrar competencia a medida que inicia en liderazgo, comience con lo básico:

- **Trabaje duro:** No existe substituto para una buena ética de trabajo. La gente respeta a alguien que trabaja duro.
- **Piense por adelantado:** Como sus decisiones afectan al equipo, comenzar con el fin en mente e identificar prioridades son doblemente importantes.
- **Demuestre excelencia:** Entre mejor sea en su trabajo, más alta será su credibilidad inicial.
- **Siga con los planes:** Los buenos líderes llevan las cosas a término.

Para comunicarle carácter a los miembros del equipo en un corto tiempo, haga lo siguiente:

- **Preocúpese por la gente que usted dirige:** Siempre que llegan líderes nuevos a escena, la gente en el equipo se hace tres preguntas: ¿Se preocupan por mí? ¿Pueden ayudarme? ¿Puedo confiar en ellos? Si usted se interesa en la gente y lo demuestra, ellos podrán ver su buen carácter.
- **Corrija las cosas:** Como los nuevos líderes quieren impresionar

a su gente, algunas veces tratan de esconder sus errores. Eso es lo opuesto de lo que deberían hacer. Cuando las decisiones no resultan en la manera en que pensaban, los líderes les deben a sus seguidores una explicación y una disculpa. Eso puede ser doloroso en el momento, pero desarrollará credibilidad en el carácter. Si además pueden hacer algo para compensar el error, eso será todavía mejor.

- **Diga la verdad:** Cuando hay consistencia entre las palabras y las acciones de los líderes, los seguidores pueden saber que pueden confiar en los líderes. La honestidad le añade integridad a la visión y credibilidad al que presenta la visión. A la larga, la gente agradece la verdad; incluso la dura verdad.

Si usted invierte en el lento duro trabajo de desarrollar credibilidad a través de carácter y competencia, usted comenzará a ganar confianza. Entre más confianza gane, más influencia potencial tendrá. Cuando el equipo gane, usted obtendrá mayor credibilidad. Cuando usted cometa un error o el equipo falle, tendrá un costo. Su meta es obtener tanta credibilidad que la gente apoye su liderazgo y nunca pierda fe en usted, porque si lo hacen usted habrá perdido credibilidad con la organización.

2. ¿Cómo determina su potencial de liderazgo?

Yo creo que casi todos tienen potencial para liderar. Quizá no todos se puedan convertir en un gran líder, pero todos pueden volverse mejores líderes. Saber eso puede ser alentador, pero quizá no ser muy útil para determinar cómo procurar su potencial de liderazgo.

¿Cuáles son las señales de que usted tiene potencial de liderazgo, de que usted debería tratar de liderar a otros a partir de ya? Usted necesita examinar cuatro áreas para obtener un sentir de si es tiempo de que usted se levante y lidere:

1. Póngale atención a la necesidad que usted ve

El liderazgo comienza con una necesidad, no cuando alguien quiere llenar una posición de liderazgo vacía. Algunas veces, la gente ve una necesidad y eso enciende algo dentro de ellos, una pasión. Eso me pasó cuando comencé a darme cuenta de que las organizaciones tropezaban cuando no tenían buenos líderes. Me ayudó a entender que todo depende del liderazgo. Y me hizo querer hacer algo al respecto.

Hay muchas necesidades en este mundo. ¿Hay algunas que lo hagan vibrar? Si usted ve una necesidad que siente un deseo fuerte de resolver, y lo mueve a la acción, es señal de que usted tiene potencial para liderar en esa área.

2. Use sus habilidades naturales para ayudar a otros

Cuando el deseo por resolver una necesidad se cruza con una habilidad para hacer algo al respecto, las chispas comienzan a volar. Cuando la habilidad del líder encaja perfectamente con la necesidad del momento, los resultados pueden ser extraordinarios. La habilidad de Henry Ford para construir coches en un momento en la historia en que podían ser producidos en masa cambió a los Estados Unidos y luego al mundo. Vio la necesidad, tuvo la habilidad y entro en acción.

Usted tiene dones, talentos y habilidades que puede usar para ayudar a la gente. Es su responsabilidad aprender cuáles son esas habilidades y desarrollarlas. Si no está seguro de cuáles son, pregúntele a otro que lo conozcan bien. Además, observe las áreas en las que usted es naturalmente intuitivo, productivo, pleno y que tiene influencia. Tendemos a liderar naturalmente en las áreas en las que tenemos talento. También añadimos el mayor valor cuando trabajamos en esas áreas. Una vez que usted ha descubierto y desarrollado sus habilidades, póngalas a trabajar para ayudar a su equipo.

3. Sáquele el mayor provecho a su pasión

Cuando comience a ayudar a otros en un área que usted cree que es importante, usted probablemente encuentre que la pasión se levanta en usted. Esa es una señal positiva. La pasión en un líder es atractiva para otros. La gente quiere seguir a líderes apasionados. Los hace querer saltar a bordo y unírseles.

El General Douglas MacArthur dijo: "La juventud no es enteramente un momento en la vida; es un estado mental. Nadie envejece simplemente por vivir cierto número de años. La gente envejece por desertar de sus ideales [...] Usted es tan joven como su fe, tan viejo como su duda; tan joven como su confianza en sí mismo, tan viejo como su temor; tan joven como su esperanza, tan viejo como su desaliento".

Si usted es nuevo en el liderazgo, conéctese con su pasión y avívela. Si no es nuevo en el liderazgo, asegúrese de no perder su pasión. Un líder frío jamás inspiró a nadie para una causa. Un líder al rojo vivo inspira casi a todos.

4. Desarrolle su influencia

La conclusión final del liderazgo es que es influencia. Si usted quiere liderar, debe persuadir a gente de que trabaje con usted. Las personas que piensan que están liderando y que nadie las está siguiendo solamente están dando un paseo.

El autor y profesor Harry Allen Overstreet comentó: "La persona que puede capturar y mantener la atención es la persona que puede influenciar con eficacia el comportamiento humano. ¿Quién es un fracaso en la vida? Obviamente, es la persona sin influencia; uno al que nadie presta atención: el inventor que no puede persuadir a nadie del valor de su dispositivo; el mercader que no puede atraer suficientes clientes a su tienda; el maestro cuyos pupilos silban o hacen ruido con los pies o hacen bromas mientras trata de capturar su atención;

el poeta que escribe cantidad de versos que nadie acepta". Si usted quiere hacer un impacto en el mundo, usted debe poder influenciar personas.

Si usted enfoca su atención en una necesidad que habla de su corazón, saca el mayor provecho de sus habilidades, se conecta con su pasión y desarrolla su influencia, usted puede convertirse en un líder. Y usted podrá marcar una diferencia en el mundo.

3. ¿Cómo puedo descubrir mi propósito único como líder?

Martin Luther King Jr. aseveró: "Si un hombre no ha descubierto algo por lo cual morir, no es apto para vivir". Creo que toda la gente desea encontrar aquello por lo cual moriría, porque eso les señala su propósito. Y creo que todos tienen el potencial de descubrirlo.

Eso es especialmente importante para los líderes porque su propósito afecta la vida, no solamente de sí mismos, sino también de otras personas.

Pero descubrir su propósito lleva tiempo. Primero necesita conocerse a sí mismo. Su propósito único deberá ser desarrollado en sus fortalezas. Descubra sus fortalezas y tendrá la oportunidad de descubrir su propósito. Si no descubre cuáles son, tendrá pocas oportunidades de llevar a cabo su propósito.

> **"Si un hombre no ha descubierto algo por lo cual morir, no es apto para vivir".**
> ***—Martin Luther King Jr.***

¿Cómo puede conocerse a sí mismo? Usted puede aprender mucho de las herramientas de autoevaluación como el StrengthsFinder, pero hay algunas cosas que solamente descubrirá por prueba y error. El patrón en mi vida ha sido avanzar, chocar, reflexionar, evaluar, cambiar, avanzar. Como dije, esto puede llevarse un poco de tiempo, así que debe ser paciente. Cada éxito y cada fracaso pueden traerlo a un paso más cerca de conocerse a sí mismo.

Una vez que usted descubra sus fortalezas, debe incrementar de manera intencional su tiempo utilizándolas. Allí es cuando probablemente comience a ver temas emergiendo en su vida. La entrenadora de vida Suellen Williams sugiere escribir la historia de su vida en incrementos de cinco años, observando eventos que alteran la vida y a las personas de influencia para descubrir temas en su vida. "Si usted considera lo que ha sido importante para usted en el pasado 'dice ella', quizá comience a ver un tema para su vida y dónde se descarriló. Una vez que lo retoma, las cosas comienzan a caer en su lugar".

Sus metas son afilar sus habilidades y orientar su trabajo cada vez más hacia sus fortalezas hasta que usted adopta lo que lo hace decir: "Nací para hacer esto". De eso es de lo que Martin Luther King Jr. estaba hablando cuando dijo: "Si un hombre es llamado a ser barrendero, debería barrer las calles como pintaba Miguel Ángel o componía música Beethoven o escribía poesía Shakespeare. Debería barrer las calles tan bien que todas las huestes del cielo y la Tierra hicieran una pausa para decir: 'Aquí vivió un gran barrendero quien hizo bien su trabajo'".

¿Qué es lo que es realmente importante para usted?

Si está teniendo un tiempo difícil en encontrar su propósito o establecer la dirección de su liderazgo, pregúntese a sí mismo:

¿Qué me hace cantar? Su respuesta revela lo que le trae gozo.

¿Qué me hace llorar? Su respuesta revela lo que toca su corazón.

¿Qué me hace soñar? Su respuesta revela lo que enciende su imaginación.

¿Qué me hace destacar? Su respuesta revela sus fortalezas.

¿Qué me hace distinto? Su respuesta revela lo que lo hace único.

Entre más preguntas pueda responder, mayor será la cantidad de pistas que tendrá para ayudarlo a revelar su propósito como líder.

Requiere tiempo aprender acerca de usted mismo, pero también requiere esfuerzo permanecer siendo fiel a usted mismo. La gente le va a pedir que se aparte del sendero que es correcto para usted. Pero entre mejor se conozca a usted mismo y lo más fiel que sea a usted mismo, mayor será su éxito como líder. Benjamin Disraeli, uno de los grandes primeros ministros de Gran Bretaña escribió: "Me he llevado a mí mismo, a través de larga meditación, a la convicción de que un ser humano con un propósito establecido debe cumplirlo, y que nada puede resistir una voluntad que arriesgará incluso la existencia por su cumplimiento".

Mientras escribo esto, tengo sesenta y siete años y el cumplimiento de mi propósito se sigue desarrollando delante de mí. Mi sueños se están volviendo más claros para mí, pero no los he logrado todos aún. Espero que en los años por venir, siga teniendo un sentir de expectación y gozo a medida que busco cumplir mi propósito. La clave para mí es la misma que para usted: sea usted mismo. Nadie esta mejor calificado para ser usted que usted. Dios solamente hizo un usted, así que sea usted mismo y haga aquello para lo que lo creó.

4. Se dice que para ser un buen líder uno debe ser primero un buen seguidor. ¿Esta máxima es cierta en todo momento? Si así es, ¿en qué punto se convierte el seguidor en líder?

Esta pregunta revela un mal entendido común acerca de liderar y seguir. Supone que es uno o lo otro. No es así. Es ambos todo el tiempo. Nadie hace solamente uno o el otro. Es una interacción por la que los líderes deben pasar momento a momento. En muchas situaciones, toman el liderazgo. Yo le comunicó la visión y establezco la dirección a mis organizaciones. Pero con frecuencia me convierto en el seguidor cuando me someto a la pericia de la gente de mi organización.

Observe la interacción de las personas durante una reunión. En un ambiente saludable, diferentes personas toman el liderazgo con base en la situación y las habilidades necesarias en el momento. Solamente los líderes egoístas creen que deben liderar en todas y cada una de las situaciones.

Los mejores líderes saben cómo es seguir y han aprendido a hacerlo. Y están dispuestos a aprender como seguir bien antes de tratar de liderar. Aristóteles aseveró: "Quien vaya a aprender a liderar debe [...] primero que nada aprender a obedecer". Por eso es que las instituciones de liderazgo intensivo como la academia militar de los Estados Unidos en West Point enseña primero a seguir.

Los buenos seguidores le agregan valor a una organización. Se enfocan bien y hacen su mayor esfuerzo para hacer que su equipo y su organización sea mejor. Se esfuerzan por la excelencia en su trabajo. Identifican problemas y se ofrecen para arreglarlos. E impulsan nuevas ideas.

Quizá se espera que los seguidores sean valorados en un ambiente militar. Pero tienen valor en liderazgo en cada esfera. Por ejemplo, cuando se le preguntó qué consejo le daría a los directores talentosos jóvenes, el octogenario, Lorin Maazel, director de la Orquesta

Filarmónica de Munich, aconsejó: "Si quieren aprender a ser muy buenos, deben aprender a ser buenos seguidores. Siéntese en la orquesta y aprenda lo deprimente que es encontrarse tratando de seguir a alguien que no puede respetar ya sea profesional o personalmente".[25]

Ser un seguidor exitoso es una habilidad aprendida, así como el liderazgo. Si usted quiere ser un buen líder, comprenda como es seguir y jamás olvide lo que significa sentarse en la silla del seguidor.

5. Soy un poco introvertido, y creo que ser más extrovertido podría ayudarme a ser un líder. ¿Cómo puedo aceptar mi personalidad, y al mismo tiempo florecer al conectarme con otros?

Como mucho del liderazgo se trata de trabajar con gente, puede ser más difícil para algunas personas introvertidas comenzar a liderar. Pero eso no significa que las personas introvertidas no puedan ser líderes. Han liderado bien en cada industria y aspecto de la vida. La autora, Susan Cain, señala que el multimillonario fundador de Microsoft, Bill Gates, es un introvertido. Lo mismo que el inversionista Warren Buffett, un amigo suyo. El más grande presidente de los Estados Unidos, Abraham Lincoln, fue una persona introvertida. Lo mismo que el estadista Mahatma Gandhi.

No necesita ser una persona extrovertida para liderar a otros. No obstante, usted en momentos tendrá que ser más extrovertido de lo que naturalmente le gusta ser. John Lilly, el ex director general de Mozilla, quien es una persona introvertida, se forzó a sí mismo a caminar por los pasillos y a hacer contacto visual con la gente después de que se dio cuenta de que no saludar a los demás los ofendía.[26]

Usted no debería tratar de cambiar su personalidad para volverse un mejor líder. Eso solamente lo haría verse falso. Usted solamente necesita volverse un mejor usted a través de enfocarse en sus dones y maximizar las mejores cualidades de su temperamento. Tomemos por ejemplo los dos temperamentos introvertidos clásicos: flemático y melancólico. Los flemáticos son conocidos por su estabilidad y su capacidad como pacificadores. Si usted es flemático conéctese con esas cualidades para darle a su equipo seguridad y estabilidad, y luego haga que la gente trabaje en equipo. Los melancólicos son conocidos por su capacidad intelectual, su creatividad y atención a los detalles. Si usted es melancólico, saque el mayor provecho de esas cualidades a través de planear y hacer estrategias.

Además al usar sus fortalezas, no necesita realizar un esfuerzo deliberado y continuo para conectarse con la gente. Para hacer eso...

1. Comprenda el valor de conectarse con otros

Pocas cosas son más importantes para la relación líder-seguidor que la conexión. Yo aprendí en la escuela primaria el gran impacto que esto produce de una de mis maestras favoritas de todos los tiempos: La señora Tacy. Ella me hizo sentir como el niño más importante y más amado del mundo. Ella dejaba lo que estaba haciendo para dejarme saber lo mucho que me estimaba. Cada vez que no asistía a su clase, ella me escribía una nota y me animaba. Cuando regresaba a su clase se aseguraba de que yo supiera que ella se había dado cuenta de que había vuelto y que estaba contenta de verme. Y no era porque me prefiriera. Ella hacía sentir a cada niño de su clase de esa manera.

Si usted quiere conectarse con la gente, nunca olvide lo importante que es y trabaje en ello cada día. A la gente no le importa lo mucho que usted sabe, hasta que sabe lo mucho que usted se interesa en ella. Puede sonar trillado, pero es verdad.

2. Conéctese con los demás utilizando sus fortalezas

Como un joven líder, comencé a trabajar en conectarme con la gente. Para hacerlo, yo imitaba a otros que eran buenos en hacer conexiones y a quienes yo admiraba. Aunque fue una buena idea aprender de ellos, fue un error tratar de ser como ellos. Fue un verdadero descubrimiento para mí cuando me di cuenta de que tenía fortalezas que podía usar para desarrollar confianza y relaciones con la gente. Hoy, dependo de esas cinco cualidades todos los días al trabajar con la gente, sea uno a uno, en una reunión o en la plataforma:

- Humor: Yo disfruto una buena carcajada y no me importa ser el blanco de la broma.
- **Autenticidad: Yo** soy yo mismo en todas las situaciones, y no enseño nada que no viva o crea.
- **Seguridad: Yo** me siento bien acerca de mí mismo y creo fuertemente en la gente.
- **Esperanza: Yo** naturalmente levanto y animo a la gente y me encanta hacerlo.
- **Simplicidad:** Soy práctico, no intelectual. No trato de impresionar a la gente con grandes palabras u oraciones complejas. Quiero conectarme con la gente, así que lo mantengo sencillo.

Yo no sé cuáles sean sus fortalezas, pero usted tiene algunas. ¿Cuáles son las cinco principales? ¿Las está usando? ¿Ha encontrado una manera de hacer que operen a su favor?

Liderando distintas personalidades

¿Qué tipo de personalidad tiene usted? Cada una tiene sus propias fortalezas:

Los líderes más naturales: Colérico
Los líderes más leales: Flemático
Los líderes más talentosos: Melancólico
Los líderes más amados: Sanguíneo

Aproveche al máximo su tipo de personalidad.

3. Pídale a buenos líderes que le den realimentación

Si usted quiere aprender como aprovechar al máximo sus fortalezas y los mejores rasgos de su tipo de personalidad, busque realimentación de otros líderes. Yo hice eso mucho. No solamente estudié buenos líderes y personas que hacían conexiones, busqué su consejo acerca de liderazgo siempre que me era posible y les pedía que me dieran realimentación específica sobre mi manera de comunicarme. La gente que no es buena en liderazgo y comunicación quizá pueda decirle que no se está conectando, pero solamente los que son buenos en conectarse le pueden decir por qué.

Como dijo Stephen R. Covey: "Se requiere humildad para buscar realimentación. Se requiere sabiduría para entenderla, analizarla y actuar sobre ella apropiadamente". Pero definitivamente vale la pena. Solamente al ser usted mismo y desarrollar sus fortalezas puede convertirse en un mejor líder.

> **"Se requiere humildad para buscar realimentación. Se requiere sabiduría para entenderla, analizarla y actuar sobre ella apropiadamente".**
> ***—Stephen R. Covey***

6. ¿Qué consejo le daría a un líder aspirante que está tratando de tomar los primeros pasos en el liderazgo?

Mi mejor consejo sería que tratara de tomar la perspectiva a largo plazo del liderazgo. Esta es la razón por la que lo digo: Cuando comencé en mi carrera la gente no pensaba mucho de mí. Yo era muy entusiasta, y tenía muchas ideas y trabajaba duro, pero cuando uno es joven, la gente no piensa que uno sea bueno. Y no me daban mucho crédito. Cuando estaba en esa situación, quería levantarme y decir: "Disculpen. Sé que no soy realmente bueno, pero soy mejor de lo que piensan". Pero uno no puede hacer eso. Usted tiene que probar quién es usted y obtener credibilidad.

Si trabaja duro, aprende a conectarse con la gente, desarrolla credibilidad y prueba quién es usted cada día, después de un tiempo la gente comenzará a creer en usted. Usted tendrá influencia, y podrá ser capaz de hacer que las cosas se hagan. Y esto es lo que es realmente irónico. Si lidera bien el suficiente tiempo, la gente cambiará de no darle crédito alguno, a darle el crédito adecuado, a darle demasiado crédito. Hoy la gente piensa que soy mejor de lo que realmente soy.

Así que trate de no preocuparse demasiado de lo que la gente piense de usted. Haga lo mejor que pueda. Trabaje duro. Siga creciendo. Y con el tiempo usted podrá producir un impacto positivo como líder.

7. ¿Qué es lo primero que debe hacer un líder cuando es traído de fuera para hacerse responsable de un grupo o departamento?

Siempre que tome la responsabilidad de liderar un nuevo equipo, es un desafío, sea que usted sea un líder experimentado o un novato. Pero creo que hay cinco cosas que usted puede hacer para comenzar con el pie derecho y posicionar al equipo para tener éxito:

1. Fortalezca las relaciones

Ya hablé en este capítulo de la importancia de conectarse con la gente. Si hace eso puede fortalecer relaciones y comenzar a desarrollar el equipo. Uno hace eso al poner a la gente primero. El fundador de FedEx, Fred W. Smith, entendió esto. Dijo: "Federal Express, desde su origen, ha puesto primero a la gente, porque es lo correcto y porque también es bueno para el negocio. Nuestra filosofía corporativa sucintamente declaraba: Personal-Servicio-Rentabilidad".

La manera más rápida de desarrollar relaciones es tratar de conocer y comprender a cada persona en su equipo. Para entender la mente de un individuo, observe lo que esa persona ya ha logrado. Para comprender el corazón de una persona, observe lo que él o ella aspiran hacer. Si usted domina la historia y las aspiraciones de la gente, tiene avanzado un gran trecho en conocerlos.

2. Gánese la confianza de la gente

No puede liderar un equipo si no tiene la confianza de los miembros del equipo. Michael Winston, ex director administrativo y director de liderazgo de Countrywide Financial Corporation, asevera: "Los líderes eficaces se aseguran de que la gente se sienta fuerte y capaz. En cada encuesta importante sobre las prácticas de los líderes eficaces, la confianza en el líder es esencial si la demás gente va a seguir a esa persona a lo largo del tiempo. La gente debe experimentar al líder como creíble, veraz y digno de confianza".

3. Posicione a los miembros del equipo apropiadamente

Es responsabilidad del líder posicionar a los miembros del equipo donde añaden más valor y tienen la mayor oportunidad de éxito. Hacer eso los sirve individualmente además de que ayuda al equipo a desempeñarse al máximo.

En mi libro Las 17 leyes incuestionables del trabajo en equipo describo la Ley de la Especialización, que dice que cada jugador tiene un lugar donde añade más valor. ¿Cómo dilucidar dónde queda mejor cada miembro del equipo? A través de conocer sus fortalezas y debilidades. Si un líder no conoce cuáles son las fortalezas y debilidades de sus jugadores, no les puede entregar responsabilidades. Y a causa de ello, si un líder no conoce sus propias fortalezas y debilidades, él no le entregará responsabilidades a su equipo.

Cuando usted toma la dirección de un equipo, si usted no hace más que poner a cada jugador en su zona de fortaleza, podría incrementar grandemente la productividad y éxito del equipo. Eso puede marcar una inmensa diferencia en un tiempo sumamente corto.

4. Genere expectativas claras

Otra manera bastante rápida de afectar positivamente a un equipo es darle a todo el equipo así como a cada jugador individual expectativas claras en lo que respecta a desempeño y metas. El autor Denis Waitley asevera: "La motivación siempre es directamente proporcional al nivel de expectativa". En contraste, no saber lo que se espera de nosotros es confuso y desmotivante. Todos queremos que se nos defina bien la "victoria".

> **"La motivación siempre es directamente proporcional al nivel de expectativa".**
> ***—Denis Waitley***

Siempre ha sido mi experiencia que si espero grandes cosas de mi gente, ellos se esforzarán grandemente por evitar decepcionarme. La gente buena siempre se eleva a su nivel de expectativa.

5. Determine la capacidad de la gente

Como sabe todo entrenador, la mayoría de la gente no se lleva a sí misma a su máxima capacidad. De hecho, si usted mira la investigación que ha hecho Gallup, encontrará que una abrumadora cantidad de personas están de plano desconectadas en el trabajo. Es responsabilidad del líder tratar de cambiar eso. Gallup identifica que la gente no está trabajando en las áreas de sus fortalezas como la razón principal para desconectarse en el trabajo, así que si usted pone a la gente en la zona de sus fortalezas, ya los colocó en un buen camino a un mejor desempeño. Si usted les comunica lo que se espera de ellos, los ha ayudado todavía más. ¿Qué queda? Motivarlos e inspirarlos a lograr cosas, y darles un lugar seguro para fracasar.

Si usted alienta a la gente a esforzarse a ir más lejos de lo que jamás ha llegado, y les da la libertad de fracasar, tomarán riesgos, y usted los ayudará a determinar cuál es su verdadera capacidad. Eso no es algo para tomarlo a la ligera. Daniel H. Pink dice: "Una fuente de frustración en el centro de trabajo es la frecuente disparidad entre lo que la gente debe hacer y lo que la gente puede hacer. Cuando lo que debe hacer excede sus capacidades, el resultado es ansiedad. Cuando lo que deben hacer se queda corto de sus capacidades, el resultado es aburrimiento. Pero cuando el ajuste es simplemente adecuado, los resultados pueden ser gloriosos".

8. ¿Cómo encuentra el equilibrio entre liderar a otros y producir?

Cuando comencé mi carrera, no estaba tratando de liderar a nadie. De hecho, ni siquiera pensaba en liderazgo. Yo simplemente trataba de hacer que las cosas se llevaran a cabo. Me enfoqué en alcanzar gente y tratar de hacer crecer mi iglesia. En otras palabras, era un productor, y si me hubieran preguntado entonces, hubiera dicho que el liderazgo era producir.

Viendo en retrospectiva reconozco que era un líder Nivel 3, con base en Los 5 niveles de liderazgo. Y no hay nada malo con ello. El Nivel 3 es donde uno desarrolla credibilidad.

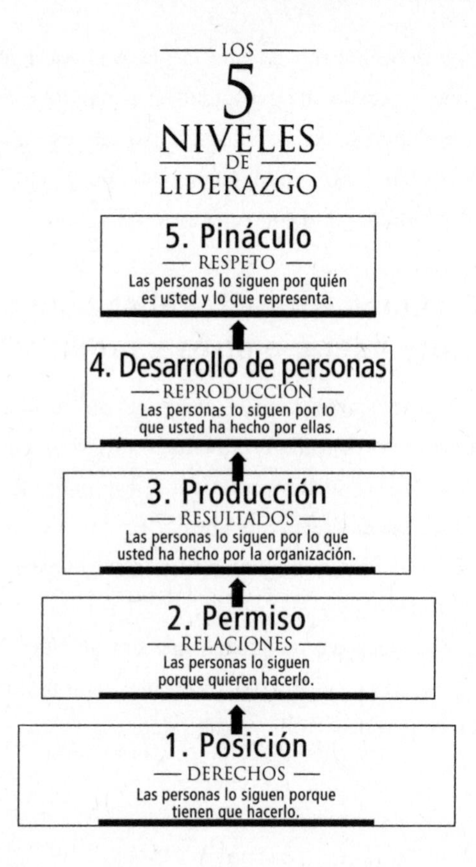

El liderazgo a menudo es el resultado de que una persona sea productiva. Por eso es que con frecuencia las personas están dispuestas a seguirlo. Si usted es bueno en lo que hace, la gente motivada querrá saber por qué. Quieren observarlo y aprender de usted. Están dispuestos a tomar su dirección, porque esperan que los pueda hacer mejores. Allí es donde el liderazgo a menudo comienza.

Digamos que usted es una persona altamente productiva y que otros comienzan a reconocer que usted es bueno en lo que hace y comienzan a pedirle su ayuda, aun y cuando no tenga responsabilidades oficiales de liderazgo todavía. ¿Qué hace? Ayudar a otros va a tomarle tiempo. Podría reducir su productividad. ¿Los ayudará, aunque se vuelva más difícil encargarse de sus propias responsabilidades y lograr hacer su trabajo? Muchas personas no quieren que se les moleste. Pero digamos que usted le encanta lo que hace y desea ayudar a la gente. Así que les da un poco de su tiempo y compensa lo invertido ya sea trabajando más tiempo o más inteligentemente. Durante esta temporada, probablemente estará invirtiendo 90% de su tiempo produciendo y solamente 10% liderando.

Si usted trabaja en una organización que reconoce y recompensa a los productores que ayudan al equipo, probablemente se le darán responsabilidades de liderazgo. No obstante, quizá reciba esas además de sus responsabilidades actuales (y esto casi siempre será cierto si usted es un emprendedor o un profesional independiente). Aquí es donde necesita comenzar a aprender como manejar producir y liderar. Es probable que el equilibrio cambie de noventa-diez a ochenta-veinte. En este punto hay dos cosas se vuelven cruciales: las prioridades y la delegación. En algún punto se le acaban las horas del día y los días de la semana. Va a tener que dejar de hacer algunas cosas y comenzar a delegar otras. Para comenzar a dilucidar qué tareas puede cambiar, puede hacerse estas preguntas:

- **¿Qué se *requiere* que yo haga personalmente?** Algunas tareas no se pueden delegar. Si usted es dueño de un negocio, usted sabe que tiene la responsabilidad de la organización de ayudarla a tener éxito. Usted tiene la decisión final. Si usted trabaja para alguien más, hay cosas que su jefe requiere que usted haga personalmente. Pregunte que se *debe* hacer que *solamente* usted pueda hacer y que no lo puede delegar. Estas responsabilidades deberán permanecer como una alta prioridad en su lista. Al prepararme para tomar la última posición de liderazgo en la que trabajé para alguien más, pregunté qué tareas solamente yo podía hacer, y delegué casi todo lo demás.
- **¿Qué le da a su organización el mayor *retorno*?** Algunas de las cosas que usted hace retornan un gran valor a la organización

porque utilizan sus fortalezas. Estos son los elementos de su zona de producción, y usted jamás debería delegarlas a alguien más. Por ejemplo, yo jamás le pido a alguien más que dé una conferencia en mi lugar. Este es mi punto clave. Le añade valor a la gente, genera ingresos e incrementa las oportunidades para mis organizaciones. Seguiré dando conferencias mientras estas cosas sean ciertas.

• **¿Qué me *gratifica* personalmente?** Hay ciertas tareas que simplemente disfrutamos hacer. Si traen un alto retorno, excelente. Si no, necesitamos dejarlas ir. Por ejemplo, al principio de mi carrera, me encantaba pasar tiempo considerando parámetros y estadísticas de análisis. Lo podía hacer todo el día porque era como una droga para mí. ¿Pero me daba un alto retorno? No. ¿Me era requerido? No. ¿Podría alguien más hacerlo? Sí. Así que tuve que dejar de hacerlo. La verdad sea dicha, en este punto es donde la gente tropieza. Siguen haciendo cosas que disfrutan que no deberían estar haciendo. Si usted quiere ser productivo, debería tratar de aprender a obtener gozo de lo que da el mayor retorno y disciplinarse a hacer eso.

Si usted quiere ser productivo, debería tratar de aprender a obtener gozo de lo que da el mayor retorno y disciplinarse a hacer eso.

• **¿Qué *reproduce* productividad y liderazgo en otros?** Cuando la mayoría de la gente piensa en delegar, se enfoca en el beneficio para ellos mismos. Entienden que les da tiempo libre para tomar responsabilidades adicionales, como liderar, y eso es bueno. Pero hay otro beneficio de delegar: permite que otros crezcan en su habilidad de producir o liderar. En el principio esto de hecho podría tomar más de su tiempo. Pero a la larga, eso no solamente le conviene a usted sino también a la organización y a la gente a la que usted desarrolla.

A medida que su capacidad de liderazgo y sus responsabilidades incrementen, el equilibrio entre el tiempo que usted pasa liderando y el tiempo que pasa produciendo evolucionará. Si usted es una persona con un gran talento para equipar y desarrollar personas—un líder Nivel 4—quizá llegue a un punto en el que pase 90% de su tiempo liderando y reproduciendo líderes y solamente 10% de su tiempo realmente produciendo. No obstante, si en algún punto usted comienza a perder credibilidad con su equipo o la persona para la que trabaja, necesitará dar más tiempo y atención a producir. La productividad es el motor que impulsa su credibilidad y liderazgo.

Preguntas que hacer antes de delegar

Cuando le delegue a otros, considere estas preguntas de mi amigo Bobb Biehl:

1. **Exactamente *¿qué* es lo que se necesita hacer?** La gente no puede alcanzar un objetivo escondido. Cuando le dé una tarea a alguien, defina lo que se necesita hacer con tanta precisión como sea posible. La gente necesita saber qué es una victoria.
2. ***¿Por qué* se necesita hacer?** ¿Cómo puede evitar ser constantemente llevado de vuelta al proceso cuando delega algo? A través de decir ***por qué***. Cuando la gente sabe por qué, son más capaces de tomar decisiones.
3. ***¿Cuándo* se necesita hacer?** Nada motiva más que una fecha límite. Además, a todos les gusta el sentir de haber terminado. La gente no lo entiende si no sabe cuando ha terminado una tarea.
4. ***¿Quién* es la mejor persona para hacerlo?** Siempre trate de delegar en las fortalezas de la gente. Usted quiere preparar a la gente para el éxito y ayudar al equipo a ganar.
5. ***¿Qué tan bien* se debe realizar?** No todas las tareas son iguales. Lavar un coche no se necesita hacer con la misma precisión que una neurocirugía, y exigir los mismos estándares para ambas es tanto una pérdida de tiempo como de energía. Establezca estándares de acuerdo con la importancia de la tarea. Además, para delegar algo que he estado haciendo yo mismo, mi regla general es que si alguien puede hacer el trabajo por lo menos 80% tan bien como yo lo podría hacer, no debería estar haciéndolo yo.

9. Siempre estoy preocupado de ofender a otras personas o preocupado de lo que pensarán de mí. ¿Qué puedo hacer para vencer esto y convertirme en un líder fuerte?

Mientras le preocupe demasiado lo que otras personas piensen de usted, usted no podrá llega a ser un líder fuerte. Lo digo porque solía ser una persona que trataba de agradar a los demás y me preocupaba mucho lo que los demás pensaran de mí. Cuando comencé mi carrera, con frecuencia sabía qué hacer, pero no lo hacía. Tenía claridad, pero no confianza.

La clave para mi cambio fue decidir hacer lo que era lo mejor, no lo que era mejor para mí. Tuve que creer en la causa más que en mi comodidad. Tuve que vivir para un propósito mayor que mí mismo. Tuve que estar dispuesto a ser el objeto de la crítica para poder avanzar. Así es como esto funciona:

- Creer en la causa genera su convicción.
- Creer en su visión impulsa su inspiración.
- Creer en su gente desarrolla su motivación.

Una vez que posea suficiente convicción para evitar que se preocupe de lo que los demás piensan, usted estará dispuesto y será capaz de establecer los estándares necesarios para liderar con eficacia. Cuando llegué a Skyline San Diego como su líder, la organización había estado en una meseta durante muchos años. ¿Cómo pude hacer que creciera de nuevo? Elevé los estándares del liderazgo: esperé mejores resultados de cada líder; insistí en que todos entrenaran nuevos líderes; también dejé ir a algunos miembros del personal y contraté mejores líderes. ¿Estas cosas me hicieron popular con el personal? No. Pero ayudaron a la organización a crecer. Durante el tiempo que estuve allí, creció más del triple en tamaño.

Es trabajo del líder es determinar los estándares para la gente que lidera, como líder, nunca debo olvidar eso. Yo debo

> Establecer los estándares,
> Enseñar los estándares,
> Vivir los estándares,
> Guiar a otros para estirarse para cumplir los estándares.

Si no lo hago, tanto yo como la organización nos desviaremos a la mediocridad; y a partir de allí nos iremos para abajo.

Para ser un líder eficaz, usted debe escuchar a otros, considerar sus pensamientos e ideas, pero hacer lo que es correcto para la organización y la gente de acuerdo con sus valores personales y los estándares más altos.

10. ¿Cómo es que un líder emergente establece confianza en su liderazgo sin recibir afirmación?

La confianza es importante para un líder, como indiqué en la respuesta a la pregunta anterior. Si ha leído *Las 21 leyes irrefutables del liderazgo* está familiarizado con La Ley del Gran Impulso, que dice que el impulso es el mejor amigo del líder. ¿Qué enciende el impulso y hace que inicie? ¡A menudo es la confianza del líder!

La confianza hace posible que los líderes tomen riesgos y hablen. Los faculta para ir primero que los demás si necesitan hacerlo. Los ayuda para abordar grandes problemas y vencer el fracaso. Aceptémoslo: el liderazgo a menudo es confuso y difícil. La confianza hace posible que los líderes sigan avanzando a pesar de esto.

La confianza también distingue a los individuos. La gente confiada se distingue de la multitud. Los líderes confiados proporcionan certeza a la gente y seguridad a la gente insegura. La gente emigra hacia líderes confiados. La gente quiere seguir a otros que saben adónde van. Su confianza le da seguridad a la gente que los sigue. Juntos es más probable que venzan la adversidad.

Lamentablemente, muchos líderes jóvenes tienen que funcionar en ambientes en los que reciben dirección limitada e incluso menos afirmación.

De modo que muchos líderes deben aprender a desarrollar confianza por sí mismos. Eso puede ser difícil, pero no es imposible. Si usted desea mejorar su confianza en el liderazgo, haga lo siguiente:

1. Pase tiempo con la gente que le da seguridad

Muchas veces carecemos de confianza porque la gente con la que pasamos la mayor parte del tiempo preferirían hacernos bajar un nivel que levantarnos. Son como la amiga Lucy de Charlie Brown en la tira cómica Peanuts de Charles M. Schulz. En un episodio ella le dice; "¡Tú Charlie Brown eres una bola de foul en la línea de bateo de la vida! ¡Estás a la sombra de los postes de tu propia portería! ¡Eres una pifia! ¡Eres tres golpes de más en el green del hoyo dieciocho! ¡Eres un split abierto en el décimo tiro de una línea de bolos! ¡Eres una caña de pescar y su carrete tirados en el lago de la vida! ¡Eres un tiro libre fallado, un tiro de golf de rescate que hunde más la bola en la trampa de arena y un tercer strike cantado! ¿Entiendes? ¿Me he explicado bien?". Con amigos así, ¿quién necesita enemigos?

Si las personas de su vida lo hacen sentir desalentado y vacilante, necesita pasar menos tiempo con ellos y más tiempo con personas que quieran verlo ganar y que se lo expresen. Tuve que hacer eso temprano en mi carrera. Amplié mis círculos. Y cuando encontraba a alguien que me alentaba, hacía los arreglos necesarios para pasar tiempo con él. Usted también debería hacerlo.

2. Encuentre una manera de obtener algunas victorias.

Pocas cosas nos dan confianza como una victoria. Mi papá entendía esto. Cuando yo era niño, solía luchar con mi hermano Larry, quien es casi dos años mayor que yo. Cuando éramos niños, Larry era más grande y más fuerte que yo, y cuando luchábamos, Larry siempre me ganaba. Mi papá comenzó a ver que esto estaba comenzando a desalentarme, así que un día cuando estábamos acomodando el sillón para establecer nuestra zona de combate, mi papá anunció: "Esta noche voy a luchar con John".

Me coloqué en el suelo con mi papá, y comenzamos a luchar. Para mi gran asombro, me estaba yendo bien en su contra. No importaba lo que papá intentará, podía zafarme y no podía ponerme contra la lona.

Mi papá y yo luchábamos todas las noches. Y todas las noches pude resistir a papá. Nunca me pudo poner contra la lona.

Larry observó esto suceder durante una semana, y apenas y podía soportarlo. Se moría por volver a saltar al "ring" conmigo. Y mi papá finalmente lo dejó. ¿Pero adivine qué? Larry pocas veces me pudo vencer de nuevo. Las victorias que me dio mi papá en mi historial fueron suficientes para darme confianza, y todo lo que me había faltado había sido confianza.

Si su confianza no es lo que necesitaría ser, encuentre maneras de apilar algunas victorias. Comience con victorias sencillas si así lo necesita. Al respecto, también puede hacer una lista de victorias pasadas para ayudarse a desarrollar (o recobrar) la confianza. Incluso los mejores líderes algunas veces se sienten alicaídos y necesitan recordar victorias pasadas para darles un impulso de modo que puedan avanzar.

3. Deje de compararse con otros

Una de las cosas que va más en detrimento de la confianza de la gente es compararse con otros. Si usted no es naturalmente una persona segura o tiene una personalidad del estilo que ve el vaso medio vacío, es muy probable que compare lo peor de usted con lo mejor de los demás y se quede corto. ¡No lo haga! Los demás a menudo no son tan buenos como pensamos, y estamos demasiado al tanto de nuestras debilidades. Como resultado, la comparación es distorsionada. Además, cada uno de nosotros es un individuo único con algo que aportar a este mundo. En lugar de compararse con otros, enfóquese en ser lo mejor que pueda ser.

4. Especialícese hasta que sea especial.

Eso lleva a lo último que le sugeriría hacer para ganar confianza. Vuélvase realmente excelente en algo. Si usted se especializa en hacer algo con base en una de sus fortalezas principales, no solamente le añade valor a su equipo, sino que también encuentra que le es más fácil creer en sí mismo.

Yo aprendí esta lección en la cancha de baloncesto cuando era niño. El baloncesto fue mi primer amor. Todavía puedo recordar vívidamente estar en cuarto grado y ver al equipo de baloncesto de la escuela media-superior ser anunciado en el primer juego al que asistí. Desde ese momento quedé enganchado. Después de eso pasé cada momento libre tirando canastas.

Lo que descubrí fue que mi mejor habilidad en la cancha no era manejar la bola, recuperar rebotes o jugar en la defensa. Era tirar. Así que eso se convirtió en mi enfoque. En particular, practiqué miles de tiros libres. Para el momento en que jugué en la escuela media-superior, era el tirador de tiros libres más consistente del equipo. Y cuando estábamos en situaciones de presión en un juego, tenía confianza en mis tiros.

Si usted quiere obtener confianza, conviértase en experto en algo. Desarrolle una habilidad valiosa. Vuélvase un experto en su producto. Aprenda todo lo que se requiera aprender acerca de sus clientes. Puede ser casi cualquier cosa; si le ayuda al equipo a tener éxito y le da confianza, es una victoria para todos.

No hay un camino claro al liderazgo. No hay una lista de comprobación sencilla para volverse un líder. La travesía de cada persona es distinta. En mi caso, yo necesitaba aprender a liderar con el fin de ser exitoso en mi carrera, pero no estaba al tanto de esa necesidad cuando inicié. De hecho, a finales de la década de los sesenta y al inicio de los setenta, el liderazgo no era un concepto que estuviera en el radar de mucha gente. Más bien la gente estudiaba administración.

No fue hasta que presidí mi primera reunión de junta directiva que obtuve un sentir de quién estaba liderando la reunión; y no era yo. Entré con un orden del día y varios cambios que quería hacer en la organización. Pero antes de que pudiera abordar cualquiera de ellos, un agricultor llamado Claude comenzó a hablar, y todos los demás comenzaron a escuchar. Nos llevó por los asuntos que él pensaba que eran importantes, todos siguieron su dirección y antes de que me diera cuenta, había terminado la reunión. Claude no hizo nada autoritario o desagradable. Él simplemente quería hacer que las cosas se hicieran y actuó como probablemente lo había hecho durante tales reuniones.

Después de un par de reuniones como esta, me di cuenta de que si quería que la gente de la reunión de la junta directiva abordara los asuntos que eran importantes para mí, necesitaba que esos asuntos provinieran del líder: Claude. Así que alrededor de una semana antes de la siguiente reunión, fui a visitar a Claude en su granja. Conversamos, le ayudé con algunas tareas, y simplemente le mencioné un par de los temas que eran importantes para mí. Cuando Claude los escuchó, me dijo: "Probablemente deberíamos hablar de eso en nuestra siguiente reunión de la junta directiva". Le dije a Claude que yo pensaba que era una buena idea. Durante los tres años siguientes, si había algo que yo pensaba que era importante, se lo mencionaba a Claude y él lo hacia suceder. ¿Por qué? Porque él era la persona con influencia en la iglesia, y yo era solo un muchacho con un puesto.

Aprendí muchas lecciones importantes en mi primera posición de liderazgo, la más importante de las cuales fue que el liderazgo se tiene que ganar. Los líderes tienen que crecer en sus roles, y si el rol se vuelve exigente, el líder tiene que seguir creciendo. El liderazgo jamás es un derecho. Es un privilegio y una responsabilidad. Pero es una responsabilidad abierta a cualquiera que esté dispuesto a trabajar lo suficientemente duro para obtenerla.

Aprendí muchas lecciones importantes en mi primera posición de liderazgo, la más importante de las cuales fue que el liderazgo se tiene que ganar.

Preguntas relacionadas con resolver conflictos y liderar a personas difíciles

1. ¿Cómo puede un líder
   - Mover a una persona de no ser enseñable a serlo?
   - Exigir el cambio de una mala actitud de un empleado?
   - Liderar a alguien con una personalidad pasivo-agresiva quien es leal y eficaz, pero que está obstaculizando al equipo?
   - Manejar a un empleado enojado?
   - Tratar con una persona que no quiere ser liderada?
2. ¿Cómo se eleva el estándar esperado cuando la gente se ha acostumbrado a conformarse con la mediocridad?
3. ¿Cómo se motiva a una persona desmotivada?
4. ¿Cómo se trata con gente que comienza cosas pero que nunca las termina?
5. ¿Cómo pueden los líderes ayudar a los individuos a avanzar más allá de sus errores, filtrar las conversaciones negativas con uno mismo y entrar en un sendero de éxito hacia un mejor futuro?
6. ¿En qué punto hay que desviar la energía de los que disienten y los que se desempeñan pobremente para enfocarse en los que quieren crecer?
7. ¿Cómo inspira uno a su equipo a hacer de su trabajo actual una carrera y algo de lo cual estar orgulloso, y no solamente otro trabajo con un salario?
8. ¿Cómo es que uno lidera a personas que saben más, o que son líderes superiores, cuando uno es puesto a cargo de ellos?
9. ¿Durante cuánto tiempo uno empuja a alguien a su potencial cuando no lo está alcanzando?
10. ¿Cómo sabe si una relación está rota y como puede salvarla?

7

¿Cómo resuelvo los conflictos y dirijo a personas difíciles?

Mencioné en el capítulo cuatro que las preguntas más frecuentes que recibo se relacionan con el liderazgo de uno mismo. El área en la que recibo la segunda mayor cantidad de preguntas es la de tratar con el conflicto y liderar a personas desafiantes. Esta es una de las áreas más difíciles para la mayoría de los líderes. Usted puede hacer todas las cosas correctas, pero no hay garantía de que los demás cambien, tengan éxito o les vaya bien.

Déjeme ser sumamente franco: las respuestas de este capítulo solamente funcionarán con personas que tienen un poco de deseo de trabajar con usted. La gente que no quiere seguirlo o ser miembros productivos del equipo no van a cambiar. Y eso no lo convierte en un líder malo. Solamente significa que usted tiene a alguien en el equipo que es malo para el equipo y la organización. Usted solamente entra en mal liderazgo si toma la decisión de mantener a alguien en el equipo cuando no debería.

Con demasiada frecuencia los líderes esperan. No les gusta

tomar esta decisiones difíciles. Esperan que la gente cambie por sí sola en lugar de desafiarlos y ofrecerles un sendero para cambiar. Cuando la gente en el equipo está generando conflicto o desmoralizando al equipo, muchos líderes piensan: *He fracasado de algún modo. Permítanme esforzarme más. Déjenme intentar algo distinto. Movámoslos a un puesto distinto. Probablemente las cosas cambien.*

Esto rara vez funciona. Aprendí esta lección de mi hermano Larry, pero en un contexto diferente: las finanzas. Él me enseñó que su primera perdida debería ser la última. La mayoría de los líderes de negocios tienen una pérdida, luego le echan dinero bueno al malo con la esperanza de compensar. Esto rara vez funciona. Larry me enseñó que es más sabio cortar sus pérdidas. No las haga compuestas a través de esperar.

Lo mismo se puede decir de las decisiones relacionadas con la gente. Todos merecen nuestro mejor esfuerzo como líderes para ayudarlos a tener éxito. Pero no merecen oportunidades repetidas; especialmente a expensas de otros en el equipo. A nadie le gusta tomar estas decisiones difíciles, pero deben ser tomadas, y entre más pronto mejor. Los buenos líderes son directos y decisivos en estos asuntos. Pregúntese: ¿es esto lo mejor para el equipo? Si mantener a alguien difícil no lo es, quítelo del equipo.

1. ¿Cómo puede un líder Mover a una persona de no ser enseñable a serlo? ...Exigir el cambio de una mala actitud de un empleado? Liderar a alguien con una personalidad pasivo-agresiva quien es leal y eficaz, pero que está obstaculizando al equipo?

...Manejar a un empleado enojado? ...Tratar con una persona que no quiere ser liderada?

En cualquier momento puede tener dificultades con la gente a la que lidera, sea por causa de una actitud negativa, desempeño pobre, falta de cooperación o algún otro problema, necesita entonces iniciar un proceso, y ese proceso es el mismo para casi cada situación. Antes de explicárselo, quiero señalar dos preguntas que necesita hacerse antes de comenzar:

¿Pueden cambiar? Esto tiene que ver con la capacidad.
¿Van a cambiar? Esto tiene que ver con la actitud.

La mayoría de las preguntas que la gente hizo con respecto a tratar con otros en este capítulo no se relacionan con capacidad. Se relacionan con actitud.

Para que este proceso tenga éxito, cuando le pida a la gente cambiar, la respuesta a ambas preguntas debe ser sí. No puede ser o lo uno o lo otro. He conocido gente con gran capacidad pero con mala actitud, y he conocido personas con una gran actitud y una habilidad pobre. Si la persona es capaz y dispuesta a cambiar, hay una oportunidad de que pueda tener éxito.

1. Reúnanse en privado lo más pronto posible para hablar de su conducta

Como ya dije, la mayoría de la gente se espera demasiado para abordar un asunto con un empleado. Eso es un error. El doctor misionero Albert Schweitzer aseveró: "La verdad no tiene tiempo especial propio. Su hora es ahora, siempre". Si tiene un problema con alguien, haga algo lo más rápido que pueda.

Reúnase con la persona en privado y sea franco y abierto con ellos con integridad y honestidad. Siéntese y explique con mucha claridad cuál es el problema, dando ejemplos tangibles de las acciones o comportamientos no deseados. No sea vago. No use informes de segunda mano. No les atribuya malos motivos, porque solamente se pondrán a la defensiva. De hecho, entre a la conversación suponiendo que sus motivos son buenos. Esto es más probable que los haga abrirse al cambio y que estén dispuestos a hacer correcciones. Y asegúrese de explicar la manera en que sus acciones están afectando negativamente a la organización, al equipo o a usted.

Una cosa más. Jamás entre a una de estas reuniones enojado. Si lo hace, usted reduce grandemente sus oportunidades de éxito. El psicólogo William James dijo: "Cada vez que usted se encuentra en conflicto con alguien, hay un factor que puede marcar la diferencia entre dañar su relación y profundizarla. El factor es actitud". Si su actitud es positiva, su mentalidad es darles el beneficio de la duda, y usted verdaderamente quiere ayudar a la persona, usted se da a sí mismo las mejores probabilidades para una resolución positiva.

> **"Cada vez que usted se encuentra en conflicto con alguien, hay un factor que puede marcar la diferencia entre dañar su relación y profundizarla. El factor es la actitud".**
> ***—William James***

2. Pregúntele su lado de la historia

Peter Drucker señaló: "Las suposiciones erróneas pueden ser desastrosas". Soy bastante bueno para juzgar a las personas, pero algunas veces leo mal las situaciones. Mal entiendo algo que sucedió, hago suposiciones equivocadas, o no me doy cuenta de que me falta una parte importante de la información. Algunas veces las circunstancias como una tragedia personal están temporalmente generando un comportamiento no deseado, y la persona simplemente necesita ayuda o comprensión. Por eso es que usted no quiere entrar echando tiros. Podría estar equivocado.

3. Trate de llegar a un punto de acuerdo

En este punto es tiempo de saber si están de acuerdo con usted. El ex secretario de estado Dean Acheson afirmó: "La negociación en el sentido diplomático clásico supone que ambas partes están más ansiosas por estar de acuerdo que en desacuerdo". Esa es la actitud correcta que traer al proceso.

Cuando me he reunido con personas en esta situación, algunos me han mirado y me han dicho: "Tienes razón. Este es un problema que tengo". Puede ser algo que les trae mucha humildad, pero los abre al cambio, y eso es ideal. Con frecuencia uno puede ayudar a alguien con esa actitud.

No obstante, también he tenido a muchas personas que me han dicho: "No, ese es el problema de alguien más". Cuando eso sucede les digo: "Creo que tengo razón y este es tu problema. Voy a darte una semana para que lo pienses, y nos vamos a reunir de nuevo y hablar de ello". Mi esperanza es que ellos lo piensen honestamente y probablemente le pregunten a personas que los conocen bien y que sean honestos con ellos.

Después de que ha pasado una semana, nos reunimos y les pregunto: "¿Estas de acuerdo en que este es tu problema?". Si han cambiado de corazón y están de acuerdo conmigo, podemos avanzar al siguiente paso porque han tomado responsabilidad de ello. Si ellos todavía no están de acuerdo, les digo: "Quizá no estés de acuerdo en lo que te acabo de decir. Pero vas a tener que estar de acuerdo en cambiar y seguir mis lineamientos si quieres permanecer en el equipo. Y voy a tomarte cuentas".

4. Establezca un curso de acción futuro con una fecha límite

No importa si la persona está de acuerdo con usted o no, usted debe establecer un curso de acción que ellos deben tomar. Una vez más, sea sumamente específico. Indique las acciones que ellos no deban realizar o los comportamientos que no deben exhibir, a partir de ese momento. Si hay pasos de acción que se deban seguir, preséntenselos y póngales fechas límite. Y asegúrese de que lo entiendan. Ponga sus requerimientos por escrito si es necesario. Si ustedes dos no están de acuerdo en lo que necesita suceder en el futuro, los dos estarán frustrados.

5. Valide el valor de la persona y exprésele su compromiso de ayudarla

Antes de terminar la reunión, hágales saber que usted se preocupa por ellos y que genuinamente desea una resolución positiva a la situación. Dígales en qué manera los va a ayudar. Goethe recomendó: "Trate a la gente como si ya fuera lo que debería de ser, y los ayudará a convertirse en lo que son capaces de llegar a ser".

* * *

Algunas veces el mayor valor que un líder le puede añadir a otra persona viene a través de decirle la verdad, mostrándole donde puede crecer, y luego ayudándole a cambiar. Algunas personas pasan años en un trabajo siendo resentidos por su jefe y sus compañeros de trabajo, pero nunca se les habla de su problema ni se les da una oportunidad de cambiar y crecer. Como líder, usted tiene la oportunidad de ayudarlos.

Algunas veces el mayor valor que un líder le puede añadir a otra persona viene a través de decirle la verdad, mostrándole donde puede crecer, y luego ayudándole a cambiar.

Sentarse con la gente y decirles lo que les falta no es fácil. Y no hay garantía de que ellos reconozcan su problema o cambien. Hay una fuerte probabilidad de que tenga que dejarlos ir. Si usted está teniendo dificultades para tomar esa decisión, hágase esta pregunta: "Si necesitara contratar nuevo personal, sabiendo lo que sé, ¿contrataría a estas personas?".

Si la respuesta es "sí", consérvelos. Si la respuesta es "no", déjelos ir.

Si la respuesta es quizá, vuelva a evaluarlo en tres meses.

Si la respuesta es que no sabe, dése tres meses.

Si la respuesta sigue siendo que no sabe, la respuesta en realidad es "no". Sus emociones le están dificultando aceptar la difícil decisión.

Fred Smith, uno de mis mentores, dijo: "Siempre que me siento tentado a no actuar en una situación difícil de personal, me pregunto: '¿Me estoy refrenando por mi propia comodidad personal o por el bien de la organización?'. Si estoy haciendo lo que me hace sentir cómodo, estoy cometiendo un fraude. Si hacer lo que es bueno para la organización también sucede que me hace sentir cómodo, es maravilloso. Pero si estoy tratando la irresponsabilidad de manera irresponsable, debo recordar que dos equivocaciones no resultan en un acierto".

Como líder, usted le debe al resto del equipo tomar estas decisiones difíciles. Para eso es que le pagan.

2. ¿Cómo se eleva el estándar esperado cuando la gente se ha acostumbrado a conformarse con la mediocridad?

La primera pregunta en este capítulo trató principalmente con asuntos de actitud. Esto es más un asunto de desempeño. Creo que en cualquier momento en que el equipo no está desempeñándose a la altura, el líder tiene que verse a sí mismo primero. Necesito examinar si soy parte del problema. ¿Estoy poniendo un mal ejemplo al conformarme con la mediocridad personalmente? ¿Es eso parte del problema? ¿O he bajado mis

Yo no puedo elevar la barra para los demás si no he elevado la barra para mí mismo.

expectativas tanto que la gente simplemente asume que lo promedio está bien? Si alguna de estas cosas es verdad, necesito volver a la pregunta del capítulo cuatro: ¿qué debo hacer para liderarme a mí mismo exitosamente? Yo no puedo elevar la barra para los demás si no he elevado la barra para mí mismo.

Si usted como líder está esforzándose por alcanzar su máximo potencial, puede comenzar a ver a la gente que lidera y comenzar a hacerles preguntas:

- **¿Está alcanzando su máximo potencial?** Esto a menudo es un asunto de concienciación. Muchas personas no entienden que pueden hacer mucho más de lo que están haciendo actualmente. Incluso podría ser que no tengan alcanzar su potencial como una meta. Ayúdelos a ver las posibilidades.
- **¿Le gustaría hacerlo mejor?** Usted puede descubrir mucho acerca de una persona a través de escuchar su respuesta a esta pregunta. Si la respuesta es sí, usted puede ser capaz de ayudarlos. Si responden que no, ellos ni siquiera se pueden ayudar a sí mismos.
- **¿Sabe cómo alcanzar su máximo potencial?** Muchas personas no tienen idea de cómo ser más exitosas. Tienen el deseo, pero no el conocimiento. Este es un caso en el que una respuesta negativa, de hecho es algo bueno. Si no conocen el camino hacia adelante, usted quizá se los pueda mostrar.
- **¿Puedo ayudarlo?** Uno de los roles más gratificantes que tienen los líderes es el de entrenador y mentor. Cuando la gente es enseñable y abierta al crecimiento, ayudarlos a tener éxito puede ser altamente gratificante.

Una de las cosas que usted como líder necesita ayudar a su gente a entender es que no viene nada bueno de ser promedio profesionalmente. No puede desarrollar un negocio o marcar una diferencia siendo promedio. Está bien ser promedio en muchas áreas de su vida. Puede ser un golfista promedio y todavía tener el golf como un pasatiempo disfrutable. Puede ser un cocinero promedio y aun así mantener alimentada a su familia. Puede ser un conductor promedio y llegar del punto A al punto B. Pero no puede conformarse con la mediocridad en su matrimonio, por ejemplo, y esperar que permanezca sólido. Y no puede ser mediocre en su profesión y esperar que se le recompense por ello.

En un sentido práctico, una de las mejores maneras de elevar la barra para la gente es hacerlo poco a poco. Por ejemplo, si usted es un agente de bienes raíces con muchos agentes en su oficina y la mayoría de ellos hace solamente tres ventas al año, desafíelos a hacer cuatro. Ese es un incremento bastante razonable que la mayoría de la gente cree que puede hacer. Si establece la meta, les da un incentivo por alcanzarla, los ayuda a crear un plan para lograrla y revisa cómo van a lo largo del camino, la mayoría de ellos será capaz de lograrlo.

La belleza de los desafíos por incrementos es que aumentan la confianza de la gente que los logra. E inspiran a todos los demás que han sido promedio. Les da esperanza. Por eso es que cada vez que alguien obtiene una victoria, usted debería contar su historia, Eso recompensa a la persona y motiva a los que están en medio a desarrollarse mejor. Los mejores productores no necesitan motivación. Ya están motivados y desempeñándose bien. Todos los demás lo necesitan.

Un desafío por incrementos también ayuda a la organización cuando tiene muchas personas. Si cada persona crece un poco, la organización crece mucho. Si usted puede hacer que mucha gente mejore, puede generar un tremendo impacto en general.

3. ¿Cómo se motiva a una persona desmotivada?

Cuando comencé en liderazgo, pensé que podía cambiar a la gente. Ahora me doy cuenta de que no puedo. La gente debe cambiarse a sí misma. Eso no quiere decir que no tenga responsabilidad con la gente de mi organización en el área de la motivación. Todavía quedan cosas que puedo hacer. Puedo trabajar para generar un ambiente y una cultura en la que la motivación sea valorada y recompensada. Estas son las maneras en que hago eso:

Comience con personas motivadas

La mejor manera de generar una cultura de motivación es comenzar con tantas personas motivadas pueda. La Ley del Magnetismo de Las 21 leyes irrefutables del liderazgo declara: "Se atrae a quien es como uno mismo". Si usted quiere que la gente de su equipo esté motivada, usted mismo debe estar motivado. La gente hace lo que ve. Tengo que vivir primero lo que espero de alguien más.

Usted también debe contratar personas motivadas. Eso suena obvio, pero se podría sorprender de cómo muchos líderes dejan este rasgo fuera de la ecuación al buscar miembros del equipo. Muchos se enfocan demasiado en solo talento o habilidad. Incluso los líderes que reconocen la importancia de la actitud algunas veces obvian la motivación. Y luego se preguntan por qué su gente no se está desempeñando a un nivel más alto.

Entienda la conexión entre relaciones y motivación

Las personas son motivadas por líderes que se conectan con ellas y las tratan como seres humanos. Si usted es una persona que le gusta la gente, esto quizá suene dolorosamente obvio para usted, no obstante algunos líderes todavía no lo toman en cuenta. Una vez conocí a un líder que se refería a toda la gente en su equipo como "los bobos".

Contrate a persona motivadas

¿Cómo puede identificar a las personas motivadas? Suelen tener varios de los siguientes rasgos:

1. Exhiben una actitud positiva.
2. Pueden mencionar metas específicas para su vida.
3. Son iniciadoras.
4. ¿Tienen un historial probado de éxito?

Busque estos rasgos cuando busque nuevos miembros del equipo.

Él estaba constantemente diciendo cosas como: "Les dije a los bobos qué hacer, pero por supuesto no lo hicieron", y: "Tengo que ir a reunirme con los bobos". Era muy claro que él creía que todos estaban por debajo de él. Su menosprecio era evidente para todo el que trabajaba para él. Pocas cosas son más desmotivantes que trabajar para alguien que no lo respeta a uno.

Déle a cada persona una reputación que sostener

Las personas a menudo van más lejos de lo que creen que pueden ir cuando alguien más cree que pueden. Una manera de mostrarles a las personas que cree en ellas y en la posibilidad de éxito para su futuro es darles una reputación que sostener.

Pregúntese qué es especial, único y maravilloso acerca de cada persona en su equipo. Todas las personas tienen talentos, habilidades y rasgos positivos que los hacen valiosos para el equipo. Dilucide cuáles son y compártalos con otros. Entre más respalde a la gente por las cosas buenas que hace "o puede hacer" más querrán hacerlas. Esto no solamente los motiva para desempeñarse en lo que son fuertes también alienta un ambiente en el que la gente dice cosas positivas unos de los otros.

Recompense lo que quiere que se haga

Soy muy conocido por mis libros sobre las leyes del liderazgo, el trabajo en equipo y el crecimiento. Recientemente descubrí la Ley de la Abuela que dice: "Si te comes tus verduras podrás tener postre". Es sorprendente lo bien que esto funciona con los niños. ¿Por qué? Porque la mayoría de la gente trabajará por una recompensa que desea. Si usted quiere generar un ambiente en el que la gente esté motivada, déles razones para hacer las cosas.

Me encanta la historia del vendedor que se sentó viendo por la ventana del restaurante de un hotel. Afuera tronaba una tormenta cegadora.

Los extremos del éxito son comenzar y terminar.

"¿Cree usted que los caminos estarán lo suficientemente despejados en la mañana para viajar?" le preguntó a su mesero.

"Eso depende le respondió el mesero". ¿Le pagan un salario o por comisiones?

Las recompensas son motivadoras. Las reglas, las consecuencias y el castigo no pueden hacer nada porque la gente avance. Simplemente evitan que las personas hagan lo peor. Si usted quiere que la gente haga lo mejor, déles incentivos para su desempeño.

4. ¿Cómo se trata con gente que comienza cosas pero que las nunca termina?

Los extremos del éxito son comenzar y terminar. Algunas personas jamás empiezan. Si la gente no tiene la disciplina de hacer lo que debe cuando necesita hacerlo, no tienen oportunidad de tener éxito. Las cosas buenas de la vida no flotan hacia usted. No obstante, algunas personas están enamoradas de iniciar cosas pero nunca terminarlas.

Conozco a alguien al que le encanta comenzar pero que nunca termina. Ha tenido diecisiete empleos distinto. Él dice: "Finalmente he encontrado algo que quiero hacer". Ese nuevo empleo suele durar unos tres o cuatro meses. Es una optimista perpetuo, pero solo acerca de las cosas que todavía no ha hecho.

Como líder puede ayudar a la gente a terminar mejor a través de ayudarla a comprender lo que sucede cuando no siguen adelante y terminan algo:

Pierden la recompensa de terminar

Cualquiera que ha logrado cosas en la vida entiende que 90% de las recompensas de la vida vienen en al final, no en la parte inicial. Un gran sentido de satisfacción personal proviene de terminar un trabajo y de hacerlo bien. Hay un gran sentir de camaradería y gozo entre los miembros del equipo cuando trabajan juntos para lograr una meta. Y, por supuesto, las recompensas monetarias también vienen de terminar. La gente que nunca termina algo jamás experimenta estas recompensas, así que no las entienden, y no se dan cuenta de que casi todas las recompensas de la vida están al terminar algo.

Reducen su autoestima

Cada vez que la gente renuncia y no termina algo que comenzó, pierde un poco de autoestima. Sea que estén al tanto de ello o no, comienzan a etiquetarse internamente como personas que se rinden. Nunca he encontrado a una persona con una alta imagen de sí mismo que renuncie todo el tiempo. Hay un orgullo en el logro que las personas que se rinden no poseen. Pueden mostrar bravura falsa, pero no el profundo sentido de satisfacción con quiénes son y lo que pueden hacer.

Sabotean su propio éxito

La gente que nunca termina con frecuencia no entiende que está desarrollando un hábito que saboteará su éxito. Renunciar se vuelve un hábito.

Y presentan excusas. ¡Pero es más fácil avanzar del fracaso al éxito que de las excusas al éxito!

¡Es más fácil avanzar del fracaso al éxito que de las excusas al éxito!

Mi papá nos inculcó de niños que si comenzábamos algo, tendríamos que terminarlo. Solía decir: "Cuando tomaron la decisión de empezar, tomaron la decisión de terminar. No son dos opciones; es una". Ese tipo de mentalidad nos ha funcionado bien a mi hermano, Larry, a mi hermana, Trish, y a mí.

Pierden la confianza y el respeto de los demás

Renuncie las veces suficientes y los demás van a pensar que usted es poco confiable, y eso erosiona la confianza. Nadie quiere trabajar con personas en las que no pueden confiar. Nadie quiere ser esposado a uno que renuncia a cada rato. La gente que se vuela a sí misma con el tiempo se lo va a llevar a usted con ella.

Consejos prácticos para ayudar a las personas a volverse gente que termina

Para ayudar a las personas a terminar lo que empiezan, haga lo siguiente:

1. **Muéstreles el panorama completo:** Ayúdelos a ver que pueden tener un futuro más positivo si aprenden a volverse personas que terminan.
2. **Pídales cuentas:** La gente que ha desarrollado del hábito de renunciar con frecuencia no rinden cuentas por sus acciones. Usted puede cambiar eso.

3. **Ayúdelos a programar su tiempo:** La gente que no termina a menudo es desorganizada o indisciplinada. Con frecuencia necesitan herramientas para ayudarlos con la programación de tareas.
4. **Proporcióneles un compañero de trabajo:** Algunas veces colocar a los que no terminan como parejas de las personas altamente motivadas los puede ayudar a seguir hasta el final. Asegúrese de no hacer que baje el ritmo un buen elemento en el proceso.
5. **Recompense solamente el trabajo terminado:** Es bueno felicitar por el esfuerzo, pero nunca debe recompensarlo. Dé la recompensa solamente cuando el trabajo esté terminado.

La gente que no termina lo que empieza con frecuencia no reconoce el impacto negativo que esto tiene en sí misma y en los demás. Como líder, usted puede ayudarlos a comprender. Enséñeles que por comenzar y terminar están demostrando que pueden manejar responsabilidades mayores y mejores. Se vuelven candidatos para más tiempo, atención y oportunidad de usted y la organización porque están demostrando que están listos para estas cosas.

5. ¿Cómo pueden los líderes ayudar a los individuos a avanzar más allá de sus errores, filtrar las conversaciones negativas con ellos mismos y entrar en un sendero de éxito hacia un mejor futuro?

La habilidad de tratar con las dificultades, errores, fracasos y derrotas es crucial para el éxito de las personas. Mi deseo de ayudar a la gente con esto ha sido tan fuerte que he escrito dos libros para enseñarle a la gente cómo hacerlo: *El lado positivo del fracaso* y *A veces se gana—a veces se aprende*.

Muchas personas se atoran emocionalmente cuando cometen un error o sufren una derrota. A menudo son abrumados por el remordimiento. Ese es un problema porque, como la escritora Katherine Mansfield observó: "El remordimiento es un desperdicio espantoso de energía [...] No se puede construir sobre él; solamente sirve para refocilarse en él". Si el remordimiento lo atrapa demasiado tiempo, puede convertirse en culpa, resentimiento y autocompasión.

Cuando experimentamos derrotas, necesitamos aprender de ellas y dejarlas ir. Si más bien nos enfocamos en la derrota, puede derribarnos. Esta es la diferencia entre las personas que se enfocan en la derrota y las que se enfocan en la lección:

PERSONAS QUE SE ENFOCAN EN LA DERROTA	**PERSONAS QUE SE ENFOCAN EN LA LECCIÓN**
Piensan en lo que hicieron mal	Piensan en lo que pueden hacer bien
Reviven el dolor	Ponen energía para ser sanados
Incrementan en autocompasión	Incrementan en confianza en sí mismos
Se desaniman emocionalmente	Se emocionan
Se sienten sin esperanza	Obtienen esperanza
Se atoran en el pasado	Avanzan hacia el futuro

Algunas derrotas requieren tiempo porque cortan profundamente. Necesitamos llorar. Necesitamos tiempo para sanar. Pero muchas derrotas y problemas pequeños no justifican tanta energía. La mayor parte del tiempo necesitamos aprender la lección de la derrota, y luego seguir adelante.

Enséñele a la gente la regla de las veinticuatro horas

Una de las maneras más saludables de tratar con la derrota es la misma manera en que deberíamos tratar la victoria: observe la regla de las veinticuatro horas. Cuando experimentamos victoria, no deberíamos celebrar más allá de veinticuatro horas. Una vez que experimentamos derrota, no deberíamos permitir que nos desanimara más allá de veinticuatro horas. Una vez que ha procesado las emociones, es tiempo de aprender de la experiencia y seguir adelante. Entre más rápido cambie su enfoque de la derrota a la lección, más pronto sanará. Si usted permanece enfocado en la derrota, empeora.

6. ¿En qué punto hay que desviar la energía de los que disienten y los que se desempeñan pobremente para enfocarse en los que quieren crecer?

Como líderes, a menudo queremos llevar a todos con nosotros. Sé que lo hice como un joven líder. Estaba yendo a lugares, estaba emocionado por ello y quería que todos hicieran el viaje conmigo. Pero eso jamás sucede. Algunas personas no pueden ir con usted. Otras no quieren. Nuestro trabajo como líderes es darle a la gente la oportunidad de subir a bordo, dándoles lo mejor de usted para ayudarlos a tener éxito; o bien, seguir adelante sin ellos.

Las personas con las que pasa la mayoría de su tiempo y energía son los que se quedan. Aquellos a los que descuida se van. ¿A cuál prefiere tener con usted? ¿Los que se desempeñan más alto quienes están abordo con la visión, o los que se desempeñan pobremente quienes lo critican a usted y a la organización? Si usted le pone esfuerzo a la gente negativa, en cierto punto necesita preguntarse:

¿Qué tanto de mi energía les voy a permitir tomar?
¿Qué tanto de mi tiempo les voy a permitir tomar?
¿Qué tanto de mi enfoque les voy a permitir tomar?
¿Qué tanto de mi gozo les voy a permitir tomar?
¿Qué tanto de los recursos les voy a permitir tomar?

Hacer estas preguntas lo hace darse cuenta de que hay un costo por mantener personas negativas o improductivas. Están los que levantan y los que se recargan. ¿A quiénes quiere en su equipo?

A medida que envejezco, estoy descubriendo que quiero pasar mi tiempo con personas que disfruto. No soporto tanto como alguna vez lo hice. Tengo pocos deseos de desperdiciar el tiempo tratando de cumplir con los planes de otras personas. Quiero invertir en gente que crezca y que quieran marcar una diferencia en la vida de los demás.

Si usted no remueve a los que disienten y a los que se desempeñan pobremente, perderá el respeto de la gente por su liderazgo. Si la gente no está haciendo su trabajo, merece su mejor esfuerzo para ayudarlos a tener éxito. Una vez que les ha dado su mejor esfuerzo, y todavía no están haciendo su máximo esfuerzo, es tiempo de hacer cambios.

Cuando fui a San Diego para dirigir Skyline, heredé un personal sumamente débil. Hice lo mejor que pude para conocerlos, descubrir sus fortalezas y debilidades, e hice lo mejor que pude para ayudarlos a tener éxito, pero se volvió bastante claro con mucha rapidez que muchos de ellos no eran lo suficientemente buenos para llevar a Skyline al siguiente nivel.

Así que desarrollé una estrategia. Ese primer año, dejé ir un tercio del personal y lo reemplacé con personas que eran altos en desempeño y que creían en la visión. Al año siguiente dejé ir nuevamente al tercio del fondo y los reemplace con personas con un mejor desempeño. Al tercer año "lo adivinó" dejé ir al tercio con menor desempeño. Aparte de algunas excepciones, había reemplazado a todo el personal en tres años.

Como líder, usted tiene que establecer el estándar, y luego ponerlo por obra. Usted tiene que estar dispuesto a tomar las decisiones difíciles y vivir con las consecuencias. Mi amigo Jimmy Blanchard en Synovus hizo eso. Synovus ha sido votada una de las mejores empresas para trabajar en Estados Unidos. Jimmy Blanchard, quien era el director general, ayudó a generar eso. ¿Sabe cómo lo hizo? Se deshizo de las personas que creía que estaban dañando a la empresa.

Sentía que uno de los problemas principales en la empresa era que los empleados no siempre estaban siendo bien tratados, y creía que el problema eran muchos de los supervisores. Así que en una reunión con toda la empresa, le dijo a la gente que la empresa no estaba alcanzando su potencial porque las personas no estaban siendo valoradas como deberían serlo. Entonces sacó su celular y les dijo a todos en el auditorio que si un supervisor los devaluaba, podían llamarle personalmente para decírselo y luego dio su número telefónico personal.

Jimmy me dijo que durante los siguientes seis meses, recibió no docenas sino cientos de llamadas. Lo que descubrió fue que el problema seguía sucediendo con los mismos supervisores. Así que él y otros líderes fueron con esos supervisores y les dijeron que tenían que cambiar o irse. Les tomó como un año y medio despejar como a un tercios de los supervisores, pero eso hizo que la empresa cambiara por completo. Jimmy dijo que cambió a los supervisores lentamente, pero cambio la actitud del personal de inmediato.

Entre más experiencia he tenido, más me he dado cuenta de que como líder, uno solamente tiene que ir y hacer lo que se necesita hacer. Cuando tengo que dejar ir a alguien, trato de hacerlo de la manera correcta. Les agradezco. Hago lo correcto financieramente. Y no veo hacia atrás. Recientemente, cuando dejé ir a alguien, la persona quería otra oportunidad de regresar en un papel menor. Le dije que no. Si no funciona, no funciona. Con frecuencia sabemos que no va a funcionar, pero queremos conservar la relación y cedemos. Eso no va a ser bueno para nadie a largo plazo. En mis primeros años, mantuve a la gente conmigo demasiado tiempo. No tomaba decisiones valientes. Ponía mis sentimientos sobre lo que era mejor para la organización. Pero he aprendido a no hacer eso. Hoy no soy la misma persona que solía ser. Soy más fuerte, más decisivo, más valiente. Deje de tratar de hacer que todos me amaran. Ahora solo trato de hacer lo correcto.

7. ¿Cómo inspira uno a su equipo a hacer de su trabajo actual una carrera y algo de lo cual estar orgulloso, y no solamente otro trabajo con un salario?

Si la gente ve el trabajo que está haciendo actualmente como nada más que otro trabajo para ganarse la vida, se frustrarán con el tiempo. Es casi igual de frustrante tener el objetivo de obtener un puesto o posición particular y luego pensar que uno ya llegó una vez que la obtiene. Ningún trabajo tiene futuro. Solamente las personas tienen futuro. Si la gente sigue creciendo, aprendiendo y expandiendo su potencial, su futuro es brillante. Si no, es incierto en el mejor de los casos. Por eso es que con frecuencia le recuerdo a las personas que la mayor amenaza al éxito de mañana es el éxito de hoy.

> **Ningún trabajo tiene futuro. Solamente las personas tienen futuro.**

Para ser exitoso, me mantuve reinventándome a mí mismo. He seguido creciendo, aprendiendo y añadiéndole a quien soy. Comencé como ministro. Cuando me di cuenta de que para ser exitoso necesitaba influenciar a la gente, me añadí habilidades de liderazgo y me volví un líder. Cuando comencé a darme cuenta de que mis capacidades de comunicación no eran lo suficientemente fuertes, comencé a estudiar a buenos oradores y a añadirle a mis habilidades hasta que me convertí en un comunicador eficaz. Cuando me di cuenta de que uno solamente puede llevar a la gente hasta cierto punto en su crecimiento usando discursos y conferencias, aprendí a escribir y a producir recursos para que pudiera volverme alguien que equipa. Entonces descubrí el poder de ser un mentor y me volví uno que desarrolla líderes. Hoy he llegado a apreciar el poder de la asociación, así que hemos comenzado a asociarnos con otros líderes y organizaciones para tratar de marcar una diferencia.

¿Qué sigue? No tengo idea. Cuando veo una oportunidad de crecimiento para volverme algo más de lo que soy actualmente, la aprovecho y pago el precio de la siguiente etapa de la travesía. Eso es lo que todos nosotros necesitamos hacer. Si usted está liderando gente que se han conformado con un papel o posición, sea porque están en una zona de comodidad o porque ven su trabajo como solamente un empleo, trate de ayudarlos a abrir sus ojos y a pensar más allá de hoy. Ayúdelos a darse cuenta de que un trabajo jamás es lo suficientemente grande para un ser humano. Tenemos mucho más dentro de nosotros mismos para eso. Ofrézcales algo más allá de su trabajo a través de hacer lo siguiente:

Comparta su pasión

Si usted tiene pasión por lo que hace, necesita compartirla con su gente. La pasión del líder es contagiosa. Puede atraer a otras personas apasionadas, y puede encender una llama en las personas que podrían de otro modo no ser tan apasionadas. Si pueden entender y conectarse con la visión y la pasión que usted tiene, hay una buena oportunidad de que la adoptarán y se volverán apasionados también.

Dibuje una imagen de un futuro mejor

Como ya mencioné, un trabajo nunca es lo suficientemente grande para las personas. Quieren hacer algo mayor, algo por lo que valga la pena trabajar.

La gente quiere marcar una diferencia. Una de sus responsabilidades como líder es pintarles una imagen de su futuro que los inspire a trabajar más fuerte hoy. Dígales en quiénes se pueden convertir. Muéstreles lo que podrían estar haciendo un día. Esto se debe hacer con integridad, porque como líderes no queremos nunca manipular a la gente. Solo queremos ayudarlos a vislumbrar el futuro.

Muéstreles como su papel marca una diferencia

Con demasiada frecuencia la gente no entiende la manera en que sus tareas contribuyen con el panorama más amplio. Los buenos líderes ayudan a los miembros de su equipo a comprender su papel. Los ayudan a ver cómo su contribución está marcando una diferencia. Esto les da a los miembros del equipo un sentido de propiedad sobre la misión, y los inspira para hacer un mejor trabajo.

Desafíelos a seguir creciendo

H. Nelson Jackson dijo: "No creo que usted pueda hacer el trabajo de hoy con los métodos de ayer y seguir en operación mañana". Por eso es que necesitamos ayudar a las personas a ver el valor de crecer. Es esencial no solamente para la viabilidad de la organización, sino también para el futuro del individuo. La gente que hace del crecimiento su meta, en lugar de un puesto, posición, salario u otro objetivo externo—siempre tiene un futuro.

Todas estas cosas tienen el potencial de ayudar a un líder a inspirar a alguien a invertirse a sí mismo más plenamente **en** su trabajo y dejar de ir costeando. Pero todo lo que acabo de decir descansa sobre una suposición: usted está apasionado por su trabajo. Eso es esencial. La gente no sigue un sonido de trompeta incierto. No pueden recibir el fuego de un líder que él mismo se ha enfriado. Si usted no está en fuego, usted es una gran parte del problema y la primera persona a la que debe liderar es a usted mismo.

8. ¿Cómo es que uno lidera a personas que saben más, o que son líderes superiores, cuando uno es puesto a cargo de ellos?

Si usted ha sido puesto a cargo de un grupo de personas que son más fuertes que usted en liderazgo o habilidad técnica, estas son las buenas noticias: usted tiene una posición. Estas son las malas noticias: la posición no significará nada para ellos. Ellos no lo van a seguir por que la tenga.

Aprendí esto en mi primera posición de liderazgo. Tenía veintidós años. Los verdaderos líderes de la iglesia estaban en sus cuarentas y habían estado allí por décadas. Ellos no me seguirían. Pero eso no significa que me rendí. En lugar de ello desarrolle la estrategia de pedir la ayuda de la gente. Si alguien me señalaba una deficiencia en mi liderazgo, no trataba de convencerlo de que yo tenía razón. Le daba la razón y le pedía su ayuda. Como yo era joven y no trataba de aparentar que era un mejor líder, la gente estaba dispuesta a ayudarme. Mientras tanto, aprendí todo lo que pude, trabajé lo más duro que pude y traté de ayudar a otros tanto como pude. Como resultado, seis meses después comencé a desarrollar credibilidad.

Si usted no es un líder joven que está entrando en este tipo de situación, quizá necesite tomar una táctica un poco distinta. Primero que nada, si el equipo es talentoso, no puede engañarlos. No puede aparentar. Los buenos líderes pueden detectar esto instantáneamente. No puede hacer un desastre y luego esperar que el equipo pague su fianza. Los perderá. Tampoco puede usar su posición o imponerse y mantener su respeto. Si lo intenta, lo van a despreciar y luego lo sabotearán. Usted necesita admitir en qué son mejores que usted, y buscar territorio común. Si ellos saben que usted sabe que no es tan bueno como ellos, quizá no se sientan tan impulsados a seguir señalándoselo. Su mejor estrategia puede ser reclutar la ayuda de la persona de mayor influencia en el equipo. Vaya con él o ella y dígale: "Mira, sé que tienes más experiencia que yo. Tienes más conocimiento. Mi meta es ayudar al equipo a ganar. ¿Me puedes ayudar? Cuando tenga un problema, ¿puedo acudir contigo por consejo? Cuando tenga que tomar una decisión para el equipo, ¿puedo comentarlo contigo? Sé que con tu ayuda, todos podemos tener éxito". Si la persona dice que sí, llévelo a cabo. Pida consejo. Pida ayuda. Y cuando las cosas salgan bien, déle el crédito públicamente a esa persona.

¿Quién es el de mayor influencia?

Puede ser muy difícil evaluar a los líderes que son más talentosos o con mayor habilidad que usted. Siempre es más fácil juzgar a los menos talentosos. Así que, ¿cómo puede encontrar al que tiene la mayor influencia? Haga estas preguntas:

1. Cuando se están señalando cosas, ¿con quién están de acuerdo todos?
2. Cuando se hacen preguntas, ¿a quién acuden todos para buscar respuestas?
3. Cuando surge un conflicto, ¿a quién recurren todos?
4. ¿Quién es la persona a la que todos escuchan cuando él o ella habla?

Es probable que no pueda hacer esta determinación rápidamente. Quizá necesite ver la interacción de la gente en una variedad de situaciones a lo largo del tiempo. Pero si usted presta atención, debería poder deducirlo.

9. ¿Durante cuánto tiempo uno empuja a alguien a su potencial cuando no lo está alcanzando?

Hay multitudes de personas en este mundo a los que nunca se les ha ocurrido tratar de crecer, para esforzarse para alcanzar su potencial. Están en modo de supervivencia, simplemente yendo a la deriva por la vida. Yo no deseo tener a tales personas en mi equipo. Quiero personas que quieran marcar una diferencia y cuyo deseo sea seguir mejorándose a sí mismos para que obtengan la oportunidad de producir un mayor impacto. Sin embargo, para casi todos, esta es una batalla cuesta arriba. Uno de mis mentores, el consultor, Fred Smith, me pasó esto:

> **"Cuando escalamos por última vez, estamos viejos, sea que tengamos cuarenta u ochenta".**
> ***—Fred Smith***

> Algo en la naturaleza humana nos tienta a quedarnos donde estamos cómodos. Tratamos de encontrar una meseta un lugar de descanso, donde tengamos un estrés confortable y finanzas adecuadas. Donde tengamos relaciones cómodas con las personas, sin la intimidación de conocer personas nuevas y entrar en situaciones extrañas. Por supuesto, todos nosotros necesitamos entrar en una meseta durante un tiempo. Escalamos y luego entramos en una meseta para asimilar. Pero una vez que hemos asimilado lo que hemos aprendido, escalamos de nuevo. Es lamentable cuando hacemos nuestra última escalada. Porque cuando escalamos por última vez, estamos viejos, sea que tengamos cuarenta u ochenta.

Para mantenernos creciendo hacia nuestro potencial, tenemos que ser intencionales. Tenemos que pelear por ello. Eso puede ser difícil. No todos están dispuestos a seguir haciéndolo. Cuando la gente deja de crecer, encuentro que a menudo es por una o más de las razones siguientes:

Decisiones

Muchas personas toman decisiones que las limitan. Renuncian a un trabajo con gran potencial porque es difícil. Se meten en deudas y luego no pueden procurar una oportunidad de emprendimiento. Escogen la diversión de unas vacaciones sobre un congreso que podría llevarlos a un avance personal. En la vida, para todo lo que uno gana, hay que sacrificar algo. Podemos tomar decisiones que incrementen nuestro potencial o decisiones que lo socaven.

Tiempo

"Tenga paciencia. Todas las cosas son difíciles antes de volverse fáciles".
—Saadi

La mayoría de la gente tiene una perspectiva de corto plazo con respecto al éxito. Lo quieren ahora. E incluso si están dispuestos a comprometerse en un proceso, suelen no tener idea que tomará un largo tiempo. Así que se retiran. Necesitan escuchar el consejo del poeta persa Saadi, quien escribió: "Tenga paciencia. Todas las cosas son difíciles antes de volverse fáciles".

Tengo que admitirlo, soy una persona impaciente. Y suelo tener expectativas poco realistas acerca de cuanto va a durar algo. ¿Cómo puedo pelear en contra de esta debilidad? Yo desarrollo sistemas para ayudarme y dependo de disciplinas diarias. Al enfocarme en lo que sé que debo hacer hoy, soy capaz de seguir perseverando y seguir creciendo.

Precio

Muchas personas piensan que pueden depender solo del talento para abrirse paso en la vida. Pero el talento no lo llevará a su potencial.

Es solamente parte de la ecuación. Todos los que se esfuerzan por alcanzar su potencial deben pagar un precio: en tiempo, esfuerzo, recursos y oportunidades perdidas. Muchas personas fallan en pagar el precio que su potencial exige.

Problemas

Todos enfrentan problemas, obstáculos y barreras. Algunas personas permiten que esas cosas los derroten. Fallan en pensar en manera creativa cuando los problemas surgen. No tienen la tenacidad de pelear a través de ellos, o les falta creer en sí mismos.

Algunas veces todo lo que la gente necesita es un poco de ánimo. Vi una ilustración de esto en el evento Leadercast 2013. El ex comandante seal de la marina de los EE.UU., Rorke Denver, le pidió a todos que se estiraran lo más alto que pudieran. Una vez que todos lo habían hecho dijo: "Estírense una pulgada [2,54 cm] más". Mientras observaba, vi que todos los brazos en la habitación subieron un poco más. Literalmente, somos capaces de hacer más, de ir más alto de lo que creemos que podemos.

* * *

Como líder, creo que tengo la responsabilidad de ayudar a la gente a crecer y alcanzar su potencial. No obstante, no soy responsable del resultado. Puedo hacer mi mejor esfuerzo para preparar a la gente para que tenga éxito, pero depende de ellos si hacen o no el trabajo lo mejor que puedan ser.

Eso significa que necesito pasar tiempo aprendiendo lo que una persona puede hacer. Debo evaluar sus habilidades presentes, sus capacidades potenciales, su nivel de compromiso, su facilidad para motivarse, su disciplina y su intensidad. Si voy a liderar, le debo a mi gente tomarme el tiempo para evaluarlos bien. Solo entonces puedo descubrir la mejor manera de motivarlos, desarrollarlos y equiparlos.

Dicho lo cual, también sé que la mayoría de las personas no se empujan a toda su capacidad para alcanzar su potencial. Mi amigo Gerald Brooks lo describe en esta manera: La vida es como un viaje en elevador, la mayoría de la gente se baja un piso más abajo del debido. Eso puede ser sumamente frustrante porque si usted es un líder que se preocupa por su gente, quiere ver que ellos lleguen tan lejos como puedan. Su meta es ayudar a la gente a alcanzar el piso más alto que puedan. Pero en el proceso, es importante que *usted* no se baje un piso más abajo solo porque desea ayudarlos. Usted todavía necesita ser honesto consigo mismo y seguir esforzándose por ser lo mejor que pueda ser.

Si está liderando a personas que se están quedando cortas de su potencial, necesita comenzar a preguntarse por qué. ¿Los ha colocado en su zona de fortaleza? ¿Les está proporcionando la capacitación y recursos que necesitan para ser exitosos? ¿Hay algo que necesitan que no les está dando? Usted siempre necesita asegurarse de que usted no es el problema antes de ver dónde está el problema.

Después de eso, usted debe recordar que es su decisión, no suya. Usted no puede presionar a la gente para que alcance su potencial. Usted puede decidir dejar la puerta abierta para ellos, pero ellos deben atravesarla. Si deciden no hacerlo, usted estará mejor invirtiendo su tiempo en alguien que esté hambriento y que quiera crecer activamente.

10. ¿Cómo sabe si una relación está rota y cómo puede salvarla?

Los buenos líderes están constantemente cultivando y administrando relaciones con personas en su trabajo—sus iguales, sus jefes, sus empleados—además de todas sus relaciones personales fuera de sus empleos. En cualquier momento en que una relación se haga tirante, se dañe o se rompa, ellos necesitan abordar el problema lo más rápido que sea posible. Cuando algo está roto o una persona está ofendida, cuando hay silencio entre ustedes, la otra persona siempre supone lo peor. Y comienza a llenar los huecos de información existentes con suposiciones negativas.

¿Cómo puede identificar cuando una relación se ha roto? Estas son las señales más comunes:

- **Es difícil tener una conversación sincera:** Cuando las relaciones están en problemas, se vuelve difícil tener una conversación normal y honesta. Si usted trata de iniciar una, la otra persona se rehusará participar, o se volverá defensiva o combativa. Ellos no quieren escuchar de usted. No quieren hablarlo. Posiblemente estén tan heridos que no puedan manejarlo.
- **Hay falta de confianza:** Cuando las relaciones comienzan a descomponerse, la sospecha penetra. La otra persona comienza a cuestionar los motivos. Quizá tengan un sentir de injusticia o falta de equidad. La confianza que haya estado originalmente allí comienza a deteriorarse.
- **Hay una carencia de pasión para continuar la relación:** Finalmente, la otra persona deja de hacer cualquier esfuerzo por reconstruir la relación o hacerla funcionar. En este punto es frecuente que se retraigan por completo, y se vuelve sumamente difícil que se conecte con ellos. Aun si están juntos, no se están relacionando entre sí.

* * *

Cuando usted ve estas señales, usted debería tratar de reparar la relación. Eso no significa tratar de recuperarla a toda costa. Algunas personas se entregan completamente a tratar de recuperar una relación rota, y dan demasiado. Su meta debería ser reparar la relación, pero hacerlo con integridad. Esto es lo que pienso que se requiere para hacer eso:

1. Tenga la iniciativa de arreglar la relación con ellos

Cuando yo tengo una gran relación y comienza a ponerse tirante o se rompe, siento que es mi responsabilidad ir con la persona para ver qué se puede hacer para arreglarla. Creo que siempre es responsabilidad del líder ser el primero en tratar de arreglar la relación. Necesitamos tomar el teléfono y decir: "Oye, ¿podemos ir a comer? Necesitamos hablar". Eso no significa que siempre funciona. Pero es difícil rescatar una relación si usted no toma la responsabilidad de tomar la iniciativa.

Siempre es responsabilidad del líder ser el primero en tratar de arreglar la relación.

2. Déles el beneficio de la duda

Yo siempre abordo esa conversación suponiendo que yo he hecho algo mal. He descubierto que si hay esperanza para ayudar a que la relación vuelva, la conversación va mejor si estoy abierto y dispuesto a asumir la culpa. Así que supongo que estoy equivocado. Yo pregunto: "¿Te he ofendido? Hay alguna cosa que yo haya hecho que haya afectado nuestra relación? ¿Hay alguna cosa que pueda hacer para compensar la falta? Por favor, dime".

Algunas veces la persona dice: "No, no eres tú", y me explican lo que está sucediendo en su vida que los está llevando a retraerse. Algunas veces dicen: "Sí, hay algo. Esto es lo que hiciste". Y me dicen. Cuando eso sucede, hay una oportunidad de reparar la relación. Cuando es el caso, pido perdón. Aun y cuando lo que hice no haya estado mal, no obstante me disculpo por lo que los hirió. Es difícil avanzar con el peso del bagaje relacional.

3. Esté dispuesto a andar la segunda milla

Creo que es la responsabilidad del líder tomar la iniciativa y andar la segunda milla para tratar de reparar una relación rota. Los líderes necesitan ser rápidos en decir: "Lo lamento". Necesitan estar dispuestos a hacer los cambios necesarios. Eso es parte del liderazgo.

En las relaciones, creo que la persona más fuerte es la primera en volver y ofrecer la reconciliación. La persona más fuerte es la primera en pedir perdón. Generalmente ese es el líder. Aun y cuando el líder haya sido la parte ofendida, necesita tomar la iniciativa. No obstante, la verdad es que la persona más débil controla la relación. Siempre lo hacen y siempre lo harán.

Como el líder usted puede andar la segunda milla, pero no puede determinar el resultado del intento de reconciliación. Habrá ocasiones en las que sin importar qué tanto esfuerzo haya puesto en ello, la relación nunca vuelve a ser la misma que antes. Y usted no puede quedar como rehén de ello. Tiene que aceptarlo porque como líder usted tiene la responsabilidad de ser un buen mayordomo de su equipo u organización. Usted no puede darse el lujo de que sus sentimientos personales de no querer ofender a alguien eviten que usted haga lo que es mejor para la organización. Eso fue difícil de aprender para mí, porque yo soy impulsado por las relaciones.

4. Hable bien de ellos después

Después de haber hablado con las personas y de tratar de resolver los problemas que hubiéramos tenido, mi meta es no tener asuntos pendientes con ellos. Sea que resolvimos los problemas y arreglamos la relación o que hayamos tenido que separarnos, no quiero que haya ningún tipo de resentimiento entre nosotros, y quiero decir solamente cosas positivas acerca de ellos. Si nos vemos el uno al otro en la calle, no quiero evitarlos y no quiero que sientan que necesitan evitarme. Quiero poder ser capaz de saludar, estrechar su mano, darles un abrazo y desearles bien. Creo que si usted es un líder, esa debería ser también su meta.

Creo que muchas relaciones valen la pena salvarlas, pero muchas no se pueden salvar. Creo que tenemos que ser realistas acerca de la relación, y hacer lo mejor que podamos, pero algunas veces tenemos que aceptar que no se puede salvar. Tenemos que aprender a decirnos a nosotros mismos: Está bien. Ya no tengo que mantener esta relación cercana con esta persona. Usted debe tener seguridad en su liderazgo y darse permiso de tener una relación diferente de la que tenían antes. Usted todavía valora a la persona, pero tiene que dejarla ir.

Preguntas relacionadas con trabajar bajo un liderazgo mediocre

1. ¿Cómo puedo triunfar con un líder con el que es difícil trabajar?
2. ¿Cómo puede trabajar con un líder difícil al que usted no le agrada?
3. ¿Cómo poder trabajar con un líder difícil que carece de visión?
4. ¿Cómo trabajaría con un líder difícil que es indeciso e incongruente?
5. ¿Cómo trabajaría con un líder difícil que tiene problemas de actitud y de carácter?
6. ¿Cómo trabajaría con un líder difícil que lo maltrate?
7. ¿Cómo trabajaría con un líder difícil que siempre va a lo seguro?
8. Si alguien con un puesto más alto que el propio no tuviera buenas habilidades de liderazgo, ¿cómo conduciría la organización en una manera respetuosa?

8

¿Cómo puedo tener éxito al trabajar bajo un liderazgo mediocre?

En treinta años de enseñar en congresos de liderazgo, hay una pregunta que he escuchado más que cualquier otra. ¿Cómo trabajo con un líder deficiente? La gente batalla trabajando para quienes no son muy buenos como líderes, o al trabajar con líderes menos talentosos que ellos. Esa es una fuente de interminable frustración. Todo depende del liderazgo. Si usted trabaja para un mal líder, probablemente sienta que casi todo recae... ¡en usted!

En este capítulo expongo este problema. Le proporciono una estrategia para encontrar éxito cuando lidia con un líder con el que es difícil trabajar. Supongo que usted ya ha intentado ser cooperativo y resolver las cosas con él. El proceso que comparto está diseñado para forzar el problema. Y seré muy franco con usted. A veces funciona. A veces no. Usted no tiene el control. Solamente puede controlar lo que usted haga, y cómo responda.

> **"Como lo trate la gente es su karma. Como usted reaccione es el suyo".**
> ***—Wayne W. Dyer***

Si todo marcha bien, usted ha obtenido un tremendo avance. Si las cosas no marchan como usted esperaba o planeaba, posiblemente sea tiempo de irse a otra parte. Si decide permanecer e intentar sacar el mayor partido de la situación, le proporciono algunas estrategias para los problemas más comunes relacionados con los líderes difíciles. Las encontrará más adelante en el capítulo.

Creo que los líderes son responsables de quienes dirigen y de lo que dirigen. Los malos jefes con frecuencia eluden sus responsabilidades e intentan colocarlas sobre el seguidor—usted—, y usted termina llevando la carga. Cuando esto suceda, siempre que sea posible, debe intentar hacerle preguntas a su líder de manera que la responsabilidad vuelva a recaer sobre sus hombros, adonde pertenece.

1. ¿Cómo puedo triunfar con un líder con el que es difícil trabajar?

Existen tantas clases de líderes malos como los hay de personas en el mundo, y ellos crean muchos tipos de dificultad. Pero el resultado de su liderazgo siempre es el mismo. Las personas que están debajo de ellos sufren, al igual que la organización.

Aunque cada problema sea único, el proceso para intentar alcanzar una solución positiva es similar en casi todas las circunstancias. Si usted está trabajando para un líder deficiente o difícil, e intenta mejorar la situación, usted necesita hacer su tarea y pasar por un proceso deliberado para buscar la resolución. Esto incrementará las probabilidades de un resultado positivo. Sin embargo, necesita pasar por el proceso con expectativas realistas. Demasiados líderes deficientes no responden bien cuando sus métodos son cuestionados. De manera que parte de lo que usted estará llevando a cabo será prepararse para lo que hará si no resulta bien.

Eso no significa que deba esquivar la tarea, especialmente si la interacción con su líder está provocando una violación de sus valores, mermando su confianza o socavando su habilidad de tener éxito en su trabajo. Usted necesita avanzar. Así es como sugiero que proceda:

1. Considere si en realidad *usted* puede ser el problema

A menudo es fácil señalar todas las cosas que alguien más está haciendo mal, pero cuando lo hacemos, a veces nos negamos a examinarnos para ver si *nosotros* estamos equivocándonos. Como lo he mencionado antes, el primer desafío que yo enfrento como líder es liderarme a mí mismo.

Alguien dijo una vez: "Las mentes abiertas conducen a puertas abiertas". Si deseo intentar resolver un problema con alguien más, primero necesito reconocer mi parte y trabajar para arreglarlo. Entonces, antes de que comience a buscar lo que está mal con su líder, primero determine lo que está mal con usted.

2. Determine si tiene una evidencia específica que respalde su opinión

El político y filántropo, Bernard Baruch, dijo: "Cada hombre tiene derecho a su opinión, pero ningún hombre tiene derecho a equivocarse en sus hechos". Antes de que decida reunirse con su líder, usted necesita asegurarse de que el conflicto o problema que ve está basado en evidencia sólida—no solamente en sus sentimientos, habladurías de alguien más, ni de conjeturas—. ¿Exactamente qué acciones de su líder han estado mal? ¿Qué palabras específicas escuchó decir a su líder que fueron ofensivas o despectivas? Sea específico. Si no puede ser específico, posiblemente esté equivocado en su evaluación de la situación.

Aunque no pueda citar datos específicos, intente examinarlos racionalmente, sin emoción. El gran orador romano, Cicerón, observó: "Tan cercanas son la línea de la falacia y la verdad que un sabio haría bien en no confiarse en el borde".

Por qué es tan importante ser específico

Entre más altas sean las apuestas, más importante es tener evidencia sólida y específica.

- Entre más importante sea el mensaje, más importante es proporcionar evidencia.
- Entre más importante sea la persona, más importante es proporcionar evidencia.
- Entre más importante sea el momento, más importante es proporcionar evidencia.

3. Evalúe la influencia y la credibilidad que tiene con su líder

Usted puede tener la razón y tener toda la evidencia y la información lista, pero si no tiene influencia con su líder, posiblemente no llegue a ninguna parte. La credibilidad le abre la puerta a la comunicación, y carecer de ella la cierra. Como observó Neil Postman: "La credibilidad del narrador es la prueba suprema de la verdad de una proposición". De manera que aunque lo que usted diga sea correcto, si tiene poca credibilidad a los ojos de su líder, su percepción puede ser que sus observaciones no son verdaderas.

"La credibilidad del narrador es la prueba suprema de la verdad de una proposición".
—Neil Postman

Por tal razón, antes de que intente hacer algo para abordar el problema, usted necesita averiguar en dónde se encuentra con él. ¿Qué tipo de influencia tiene? La ejecutiva hotelera, Maria Razumich-Zec, dice: "Su reputación y su integridad lo son todo. Sea coherente con lo que dice que hará. Su credibilidad solo puede ser construida con el tiempo, y se construye a partir de la historia de sus propias palabras y acciones".

Si no está seguro de dónde se encuentra, hable con sus compañeros de trabajo. Pregúnteles cuánto peso creen que sus palabras tienen sobre el jefe. Si usted tiene cierto grado de credibilidad, su líder puede estar dispuesto a escucharlo cuando tenga cosas difíciles o negativas que decir.

4. Examine cada resultado posible

Cuando la mayoría está insatisfecho con su líder y su situación laboral, la gente recurre a sus compañeros de trabajo para quejarse. No obstante, al planear hablar con su líder, usted está intentando hacer lo correcto. Pero debe sostener la discusión solo con su líder, si está dispuesto a aceptar el resultado. Eso significa que usted necesita dedicar tiempo para pensar acerca de todas las diferentes respuestas que su líder pueda darle y determinar qué haría en cada ocasión.

El autor y filósofo, Bran Blanshard, compartió sus pasos para examinar un problema. Posiblemente desee probarlos:

> El primer paso es hacer el problema específico. El segundo paso es formar teorías libremente acerca de cómo deshacerse de ese peso. El tercer paso es desarrollar una previsión de las consecuencias de sus propuestas. El cuarto y último paso es comparar las consecuencias de sus propuestas para ver cuál es la mejor a la luz de su plan en la vida en su conjunto. Ya escoja vacaciones ya un cónyuge, ya una fiesta ya un candidato, una causa con la que contribuir o un credo por el cual vivir: ¡piense!

Los pasos de Blanshard suponen que usted estará tomando todas las decisiones, lo cual puede no suceder en su caso. Usted no tendrá control sobre cómo reaccione su líder. El presidente, Abraham Lincoln, dijo: "Cuando me estoy preparando para razonar con un hombre, paso un tercio de mi tiempo pensando en mí y en lo que voy a decir; y dos tercios pensando en él y en lo que él dirá". Esa es probablemente una buena regla general. Si usted dedica tiempo, examina las cosas, anticipa las posibles reacciones de su líder, y sabe lo que hará en una situación dada, está tan listo como puede estar.

5. Tome la decisión de actuar

En este punto, usted tiene una decisión que tomar. Para hacer las cosas de la manera correcta, usted necesita ya sea tomar acción o aceptar su situación tal como es. Si decide no actuar, continúe y no les diga nada negativo a los demás acerca de su situación. Nunca se queje acerca de lo que permite. Si lo hace, eso lo coloca a *usted* en la falta. Si se encuentra en una situación adversa para usted, necesita actuar. Solo recuerde, como dijo Jules Ellinger: "Nunca se ha erigido una estatua en memoria de alguien que se haya ido solo lo suficientemente bien".

"Nunca se ha erigido una estatua en memoria de alguien que se haya ido solo lo suficientemente bien".
—Jules Ellinger

6. Solicite hablar en privado con su líder

Uno de los peores errores que puede cometer con líderes difíciles es criticarlos o desafiarlos en público. Eso siempre resulta en una propuesta en la que todos pierden. Así como usted esperaría que su líder lo apartara para compartir una crítica con usted, usted debería hacer lo mismo con él.

7. Reúnase, defina su queja y busque una solución en colaboración

Cuando se reúna con su líder, su objetivo no debe ser descargarse o desquitarse. El objetivo no es quejarse. El objetivo es buscar una resolución positiva. Presente su evidencia en una manera tan positiva, no amenazadora y no acusatoria como sea posible. Explique por qué se le dificulta trabajar y llevar a cabo su trabajo, y pregunte si hay algo que usted y su líder pueden realizar para resolver la situación y trabajar juntos de manera más positiva.

Si es sincero, no obstante trata a su líder con respeto, al final de la discusión pueden salir de la reunión con su integridad intacta, sin importar cuál sea el resultado. Con esperanza, su líder y usted podrán ponerse de acuerdo acerca del curso de acción que les beneficiará a ambos. Si su líder se niega a aceptar la responsabilidad, se vuelve defensivo o propone algo que usted no está seguro si puede aceptar, pídale tiempo para pensarlo. Siempre pueden reunirse de nuevo para volver a buscar una solución positiva. Si él sugiere algo que usted sabe que está bien y es bueno, genial. Avance con ello. Como dijo el fabricante automotriz pionero, Henry Ford: "Si todos están avanzando juntos, entonces el éxito se ocupa de sí mismo".

8. Determine si debe quedarse o si es tiempo de avanzar

Usted tendrá que tomar una decisión luego de reunirse con su líder. ¿Se quedará o se marchará? Posiblemente su líder le diga que cambiará. Si eso resulta ser verdad, grandioso. Tal vez diga que no cambiará. ¿Está usted dispuesto a vivir con eso? Quizá la conversación que sostuvo con su líder le causó un mayor daño a la relación. Como alguien dijo una vez: "Las relaciones son como el cristal. A veces es mejor dejarlas rotas que herirse tratando de unirlas". Al final, posiblemente no pueda cambiar a la gente que lo rodea, pero sí puede cambiar la gente de la cual elije rodearse.

Si continúa dificultándosele intentar decidir si permanecerá o se marchará, hágase esta pregunta: si no estuviera trabajando aquí, sabiendo lo que sé ahora, ¿me gustaría ser parte de esta organización? Si la respuesta es no, es tiempo de marcharse. Si la respuesta es: "No lo sé", hágase la pregunta de nuevo en seis meses. Si la respuesta es sí, quédese y aprenda a trabajar con su líder.

9. Si decide que puede quedarse, haga su mejor esfuerzo y apoye públicamente a su líder

Si piensa que puede desear quedarse y continuar trabajando con su líder, usted necesita hacerse dos preguntas cruciales:

¿Podré añadir valor?
¿Podré serme fiel a mí mismo?

Si no puede responder sí a ambas preguntas, será mejor que se marche. Pero si puede añadir valor y ser fiel con usted mismo, necesita apoyar públicamente a su líder. Guárdese las cosas negativas que sabe acerca de él. Cuando se sienta tentado a decir algo negativo, diga algo agradable a cambio. Y si necesita discutir un problema o abordar una dificultad, hágalo tras puertas cerradas. Nunca debería hacer nada que comprometa su integridad, pero necesita continuar apoyándolo luego de la discusión. El entrenador de la NFL, Vince Lombardi, señaló: "El compromiso individual con un esfuerzo grupal es lo que compone el trabajo de un equipo, el trabajo de una empresa, el trabajo de una civilización". Si usted no apoya al equipo con su esfuerzo individual, está lastimando al equipo.

La mayor parte de mi carrera yo fui el líder principal de la organización. Eso no siempre significó que yo fuera quien más influencia tenía, pero sí significó que no tenía un jefe dirigiéndome en mi trabajo. Las iglesias pertenecían a una entidad mayor, una denominación, pero las iglesias locales, como la que yo dirigía, eran bastante autónomas.

A los diez años de mi carrera, yo quise ejercer un mayor impacto sobre más líderes, de manera que decidí dejar la iglesia local que estaba dirigiendo y trabajar para la denominación en las oficinas centrales. En el mundo corporativo, es como una persona que posee una franquicia de restaurante, quien traspasa su restaurante y se va a trabajar para la empresa matriz.

Lo hice porque deseaba capacitar y afectar a otros líderes más allá de mi propia iglesia local, y pensé que esa era la mejor manera de llevarlo a cabo. De lo que no me di cuenta fue de que me sentiría restringido en una sola denominación. Y de que le estaría reportando a alguien que no era un buen líder. Él pensaba como un gerente o como un burócrata, no como un empresario o un líder. Eso no era lo ideal para mí, y lo percibí con bastante rapidez.

Pasaba la mayor parte de mi tiempo en el campo capacitando a líderes, y todavía tenía que responderle a este líder, y estábamos en páginas completamente distintas la mayor parte del tiempo. Entonces hice una cita para reunirme con él y discutir los problemas. Luego de la reunión, me di cuenta de que mi tiempo ahí había terminado. Tenerlo como líder directo no iba a funcionar. Yo trabajé en ese puesto durante dieciocho meses. Luego de darme cuenta de que necesitaba hacer un cambio, cuando había un problema, acudía a él en privado para discutirlo, e intenté trabajar con él tanto como pude. Mientras tanto buscaba la oportunidad adecuada en otro lado. Pero nunca lo critiqué delante de los demás. De hecho, en los treinta y cinco años desde que me marché, esta es la primera vez que hablo al respecto públicamente sobre el asunto.

2. ¿Cómo puede trabajar con un líder difícil al que usted no le agrada?

Resulta difícil trabajar con alguien a quien usted piensa que no le agrada, especialmente cuando es su líder. La mayoría no responde bien a ello. A menudo hacen una de las siguientes cosas:

- **Se esconden de la persona:** Mucha gente intenta ponerse en estado de evasión. La buena noticia es que no hay un conflicto directo. La mala noticia es que cuando se gasta energía en esconderse, se pierde fuerza.
- **Obstaculizan a la persona:** Otra respuesta común es

volverse pasivo-agresivo. No hacemos nada directamente destructivo. Solamente nos aseguramos de no ser muy cooperativos. El problema con esto es que lastima al equipo y nos hace desenfocarnos.

- **Dañan a la persona:** La peor de todas las respuestas es intentar castigar o dañar a la persona a quien no le agradamos. Eso nos hace perder la integridad.

En cambio, usted necesita tomar el camino hacia el éxito. No puede controlar la respuesta que le da su líder. Posiblemente nunca le agrade trabajar con usted. Pero usted puede hacer todo lo que está en su poder para asegurarse de no ser la causa del problema. Hágalo mediante...

Procesar sus emociones

Con el tiempo, si sus emociones negativas se desenfrenan y les permite desarrollarse, estas se desbordarán en cada área de su vida laboral—y posiblemente de la personal también—. Estas emociones negativas pueden influir en nuestra toma de decisiones, contaminar nuestra manera de ver las relaciones y afectar la manera en que dirigimos a nuestra gente. Por tal razón, necesitamos sentir nuestras emociones regularmente. Debemos reconocer cómo nos sentimos, trabajar cualquier sentimiento de herida y avanzar. De otra manera, es probable que guardemos resentimiento.

Buscar puntos en común

Todos ven el mundo desde su perspectiva única. Terry Felber, autor de *¿Me explico?,* escribió: "Si puede aprender a señalar cómo experimentan el mundo quienes lo rodean, y realmente intenta experimentar el mismo mundo que ellos, usted se asombrará de cuán efectiva se volverá su comunicación".

Cuando y donde sea posible, busque puntos de acuerdo con su líder. Y cuando los encuentre, enfóquese en las cosas que tienen en común, en lugar de enfocarse en las diferencias que los separan. Si están unidos en un objetivo común, comiencen ahí.

Ser consistentemente agradable

La célebre anfitriona, Lady Dorothy Nevill, observó: "El arte real de la conversación no es solamente decir lo correcto en el lugar correcto, sino dejar sin decir lo incorrecto en el momento tentador". Eso significa ser consistentemente agradable todo el tiempo.

> **"La ternura y la bondad no son signos de debilidad y desesperación, sino manifestaciones de fuerza y resolución".**
> ***—Kahlil Gibran***

¿Alguna vez ha escuchado la frase "mátalos con bondad"? La gente con frecuencia se suaviza si uno se mantiene constante cuando ellos no—cuando somos sinceros, amables, serviciales y agradables, a pesar de sus elecciones y su comportamiento—. Y recuerde, como el poeta, Kahlil Gibran, aseveró: "La ternura y la bondad no son signos de debilidad y desesperación, sino manifestaciones de fuerza y resolución".

Solucionar problemas

Una de las mejores maneras de ganarse a un líder es ser un buen solucionador de problemas. Resulta fácil ver y señalar los problemas. Es mucho más difícil—y valioso—ofrecer e implementar soluciones. Añadirles valor a los demás siempre funciona para su beneficio. Si usted incrementa su valor al volverse bueno en ofrecer e implementar soluciones, eso facilitará el trabajo de su jefe, y su actitud hacia usted puede suavizarse.

Hacer el máximo esfuerzo

El director cinematográfico, William C. De Mille, bromeó: "Siempre he admirado la habilidad de arrancar de un mordisco más de lo que uno puede masticar, y luego masticarlo". Si usted desea agradar a la gente, vaya por encima de las expectativas. La mayoría de las diferencias entre la gente promedio y la gente superior puede explicarse en tres palabras: "y hasta de más". Si usted realiza su trabajo y hasta de más, la gente será atraída a usted, posiblemente incluso su jefe.

A veces a una persona no le agrada otra sin haber buenas razones. Eso podría ser el caso entre usted y su líder. Todo lo que usted puede hacer es conectarse en los puntos en común y ser un grandioso empleado. Resulta difícil que no le agrade alguien que constantemente trata a la gente con amabilidad, realiza bien su trabajo y va más allá de lo que se espera. Si usted hace todo ello y continúa sin agradarle a su líder, puede descansar sabiendo que probablemente usted no sea la causa del problema.

3. ¿Cómo poder trabajar con un líder difícil que carece de visión?

El entrenador ejecutivo, Mike Myatt, dice: "Luego del carácter, la habilidad de crear, articular, evangelizar y ejecutar en su visión es determinante en su transformación como líder". De ahí que sea tan difícil trabajar con un líder que carece de visión. La ausencia de visión provoca una gran insatisfacción y desánimo. Sin ella, los líderes carecen de la habilidad de transmitirle a su gente motivación, impulso y propósito.

Si va a quedarse y trabajar bajo un líder que carezca de visión, ¿qué puede hacer?

Introdúzcase a la visión más extensa de la organización

Si trabaja para una organización más extensa, de la que su jefe es solamente uno de muchos líderes, usted puede introducirse en la visión de la organización misma. Cuando la visión de la organización es clara, la visión de cualquier líder individual, equipo o departamento dentro de la organización, de todas formas debe contribuir con esa visión más extensa. Usted debe operar dentro de ese contexto.

¿Cómo apoya la visión más extensa de la organización su equipo o departamento? ¿De qué forma añade el mayor valor su equipo o departamento? ¿Cómo puede hacer avanzar el propósito de la organización de manera significativa? ¿Cómo puede mejorarla?

Identifique una visión para la organización y compártala con su líder

Si usted trabaja para una organización más pequeña en la que su líder es el principal, posiblemente deba intentar descubrir y desarrollar una visión para la organización que la ayude a triunfar. Una vez que lo haya hecho, usted puede compartirla con su líder, y si su nivel de influencia es fuerte, su líder podrá acogerla y adoptarla.

Si lo hace, solo asegúrese de que la visión sea consistente con los valores y las metas que usted sabe que su líder posee. Si no lo es, su líder probablemente no la reciba.

Desarrolle su propio sentido de propósito

El filósofo escocés, Thomas Carlyle, aseveró: "Una persona con un claro propósito progresará en la senda más escarpada. Una persona sin propósito no progresará en la más lisa de las sendas". Qué gran imagen. El propósito nos da impulso. Nos muestra un destino. Esboza una imagen de nuestro futuro. Nos energiza. Y hace que los obstáculos y los problemas parezcan pequeños a comparación de su importancia.

No puede permitir que la falta de visión de su líder evite que usted progrese en la vida. Conéctese con su propio propósito y desarróllelo. Mientras realice un trabajo congruente con él, no le molestará tanto la falta de visión de su líder para la organización. Usted solo necesita estar seguro de que está haciendo aquello para lo que fue creado.

Para descubrir su propia sensación de propósito...

Escuche su voz interna: aquí es donde recibe su misión.

Escuche la voz insatisfecha: aquí es donde recibe sus ideas.

Escuche la voz del éxito: aquí es donde recibe su consejo.

Escuche la voz de su cliente: aquí es donde recibe su realimentación.

Escuche la voz superior: aquí es donde recibe su actitud.

La visión es imprescindible para un buen liderazgo. Todavía no he conocido a un buen líder que carezca de visión. Al discutir sobre directores generales, Mike Myatt dice:

> Los líderes sin visión fracasarán. Los líderes que carecen de visión no pueden inspirar equipos, motivar el desempeño ni crear un valor sustentable. La visión deficiente, la visión estricta, la visión variable o la visión inexistente provocarán que los líderes fracasen. El trabajo de un líder es alinearse con la organización alrededor de una visión clara y alcanzable. Esto no puede suceder cuando los ciegos guían a los ciegos".[27]

Estoy completamente de acuerdo en que cualquier organización cuya estructura principal carezca de visión está en problemas. Más allá de la cadena de liderazgo, ¿es ideal tener líderes sin visión? No. Pero es posible que alguien dirija la organización para influir en un líder sin visión. No es fácil, pero es posible.

4. ¿Cómo trabajaría con un líder difícil que es indeciso e incongruente?

El psicólogo William James dijo: "No hay ser humano más miserable que alguien en quien nada es habitual más que la indecisión". Posiblemente tenga que diferir. Creo que quienes tienen a ese ser humano indeciso como líder y tienen que trabajar para él, al menos son igualmente miserables.

Los líderes que no pueden tomar decisiones son como langostas, de acuerdo con el autor y físico, Orison Swett Marden. Él escribió:

> Una langosta, cuando se le deja encallada en la roca, no tiene el suficiente sentido para tratar de regresar al mar, sino espera que el mar se le acerque. Si no se acerca, permanece donde está y muere, aunque el menor esfuerzo le permitiría alcanzar las olas, las cuales tal vez están a un metro de ella. El mundo está lleno de langostas humanas; personas atoradas en las rocas de la indecisión y la postergación, quienes, en lugar de invertir su propia energía, están esperando que una nube de buena suerte los lleve a flote.

Si puede ver las soluciones al alcance de la mano, no obstante su líder evita que las implemente, usted se frustrará continuamente. ¿Qué puede hacer para lidiar con esta situación?

Pida permiso para tomar decisiones

Las decisiones de liderazgo siempre deben hacerse al nivel más bajo posible. La gente que se encuentra al frente normalmente conoce mejor los problemas y las soluciones. Además son los más cercanos a los problemas y normalmente pueden actuar con rapidez. De manera que si usted sabe qué decisiones deben tomarse, pregúnteles a sus líderes si están dispuestos a permitirle tomarlas. Si parecen inseguros, ofrezca comenzar con decisiones menores que no afecten al equipo. De esa forma, usted puede desarrollar credibilidad y un historial positivo. Si ellos dicen que sí y usted está dispuesto a tomar la responsabilidad de sus propias decisiones y acciones, el problema está resuelto.

Las decisiones de liderazgo siempre deben hacerse al nivel más bajo posible.

Ofrezca ayudar a sus líderes a procesar las decisiones

Si usted es bueno en tomar decisiones y puede ver las soluciones fácilmente, pero sus líderes no desean darle libertad para actuar independientemente, ofrezca procesar las decisiones en privado con ellos. Reúna información y presénteselas. Defina cada problema tan específicamente como pueda. Ofrezca una variedad de soluciones, tomando en cuenta sus valores, motivaciones, prioridades y objetivos. Explique las implicaciones de cada decisión a medida que las vea. Luego pida una decisión.

Si están dispuestos a llegar a una conclusión, pida una realimentación. Intente averiguar qué soluciones prefieren y cuáles descartan. De esta forma, usted puede indagar cómo piensan e intentan restringir las opciones. Si aún así no toman una decisión, intente comprometerlos a una fecha límite. Luego regrese para intentar asentar la decisión.

Pregunte qué debe hacer cuando se *deba* tomar una decisión

Si usted tiene líderes que no le permiten tomar decisiones ni ayudarlos a tomarlas, su único camino es ser muy directo con ellos y hacerles una pregunta en privado: "¿Qué desea que haga cuando se *deba* tomar una decisión pero usted no la esté tomando?". De igual manera, si usted trabaja con líderes incongruentes, debe hacer una pregunta similar cuando cambien de opinión: "Anteriormente decidió eso; ¿cómo desea que proceda ahora que ha decidido esto?".

Al hacer estas preguntas, usted está aventando la pelota de vuelta a la cancha de sus líderes, a donde pertenece. Ellos son los responsables de tomar decisiones. Pero si no toman la responsabilidad, al menos usted tiene un procedimiento que ellos le han pedido que lleve a cabo en esas situaciones, y cuando cambien de opinión otra vez, usted puede decir con integridad: "La última vez que hablamos, usted dijo que deseaba que hiciera esto, y eso es lo que he hecho".

5. ¿Cómo trabajaría con un líder difícil que tiene problemas de actitud y de carácter?

Uno de los mayores peligros de trabajar para líderes que tienen problemas de actitud y de carácter es que continuamente están intentando llevarlo hacia donde ellos estén. Las malas actitudes son contagiosas. Es difícil permanecer positivo cuando quienes le rodean son continuamente negativos. Y la gente que engaña o que esconde cosas de su vida, inevitablemente le pedirá que haga lo mismo, y no desearán un no como respuesta cuando usted se niegue a compartir sus métodos.

Los líderes con este tipo de problemas son como cangrejos en un balde. Si alguna vez ha atrapado cangrejos o ha visto a alguien hacerlo, sabe que si arroja dos cangrejos en un balde, nunca tendrá que preocuparse por que alguno se aleje de usted. Los cangrejos están tan enfocados en jalarse uno al otro que nunca piensan en salir por sí mismos del balde. Así es como probablemente se sentirá en ese ambiente. Para usted será una constante lucha mantener una actitud positiva y conservar sus valores.

Si está determinado a permanecer en un ambiente tal, lo mejor que puede intentar hacer es llevar a la gente a un nivel más alto. Así es como puede hacerlo:

Usted mismo viva en un nivel más alto

Usted no desea permitir que las transigencias de otras personas comprometan sus propios valores. Pero solo eso no es suficiente. Uno de sus objetivos como líder y como persona debe ser siempre ser una influencia positiva en los demás en las áreas importantes de actitud y carácter. Si sus líderes no son fuertes en esas áreas, intente dirigir y ayudarlos a ellos, así como a sus compañeros y a quienes dirija.

La manera de comenzar a hacerlo es manejándose con el estándar más alto posible. No puede llevar a la gente a donde usted no ha estado. A medida que comience a obtener una reputación de ser positivo y confiable al mantener estándares altos, su credibilidad incrementará, al igual que su influencia. Posiblemente tenga oportunidades de ayudar a los demás a darse cuenta de que hay una mejor manera de hacer las cosas y tomar mejores decisiones.

Sepárese tanto como sea posible de las influencias negativas

Intentar ayudar a los demás a ser positivos y honestos al utilizar solo la influencia, no siempre funciona. La gente posee libre albedrío y toma sus propias decisiones en la vida. Si usted ha hecho su mejor esfuerzo por ayudar a sus líderes, pero comienza a sentir que su influencia está afectando negativamente su actitud y sus valores, sepárese de ellos tanto como pueda. Si el tiempo y la distancia parece que no están ayudando, considere dejar su puesto. No vale la pena intercambiar ningún empleo por su integridad.

Ponga las cosas por escrito cuando sea posible

En gran medida, usted puede evitar una mala actitud. Sin embargo, necesita protegerse de alguien que carece de integridad. Como ya hemos mencionado, la mejor manera de hacerlo es marcharse de manera que no se vuelva parte de nada poco ético. Pero si no puede marcharse de inmediato o si necesita permanecer durante una temporada, ponga por escrito tanto como pueda comunicar. Usted deseará mostrar evidencia de rectitud si en algún momento su jefe es acusado de algún delito.

6. ¿Cómo trabajaría con un líder difícil que lo maltrate?

Leí en *Forbes* que una encuesta de 2010 realizada por el Workplace Bullying Institute reporta que el 35% de la fuerza laboral estadounidense ha experimentado "repetido maltrato por parte de uno o más empleados en forma de abuso verbal, amenazas, intimidación, humillación o sabotaje en su desempeño laboral". Aproximadamente 72% de tales intimidadores son jefes.[28] Ese es un alto porcentaje, y es un indicio de que mucha gente que detenta posiciones de liderazgo o títulos no comprende cómo funciona el liderazgo: está basado en la invitación, no en la intimidación.

Tener jefes que actúan como intimidadores hace que la vida sea difícil. A nadie le gusta sentirse maltratado. Si usted decide permanecer en un ambiente tal, su mejor apuesta es intentar dejar que lo que ellos digan se le resbale como agua en el lomo de un pato. No intente creer lo que ellos afirman. No será fácil, por lo que aquí hay algunas sugerencias para ayudarle:

1. Confíe en su propio valor

La ex primera dama, Eleanor Roosevelt, dijo: "Nadie puede hacerlo sentir inferior sin su consentimiento". Los líderes no pueden devaluarlo sin su permiso. Los jefes desagradables pueden decir lo que deseen de usted, pero si no es verdad, usted no necesita creerlo. Eso lo evita al ver el valor en sí mismo y estar confiado en él.

"Nadie puede hacerlo sentir inferior sin su consentimiento".
—Eleanor Roosevelt

Usted tiene valor. Todos lo tienen. Usted tiene talentos y habilidades que pueden añadirles valor a los demás. Tiene recursos y oportunidades que nadie más tiene. Tiene un valor intrínseco simplemente porque es un ser humano. Necesita estar consciente de ello. El filósofo y poeta, Ralph Waldo Emerson, dijo: "Sáquese el mayor provecho, porque es todo lo que tiene".

Aunque haga todo bien, no hay garantía de que los demás no lo tratarán mal. La gente puede decidir que no les agrada sin tener una razón legítima. Usted no puede controlarlo. En cambio, siéntase confiado y piense en las palabras de Winston Churchill, quien fue primer ministro de Gran Bretaña durante la Segunda Guerra Mundial: "¿Tiene enemigos? Bien. Eso significa que defendió algo alguna vez en su vida". Desarrolle una piel gruesa y sus críticos no le molestarán tanto.

2. No acepte la culpa que no le pertenece

El autor y conferencista, John Killinger, cuenta una historia acerca de un entrenador de béisbol de un equipo de ligas menores, quien estaba frustrado por el mediocre juego de su jugador del jardín central. Finalmente, disgustado, caminó hacia el jardín central, le dijo al jugador que estaba fuera del juego, y él mismo tomó su lugar.

La primera bola que le llegó tuvo un mal rebote y le pegó en la boca. La siguiente fue una bola alta, la cual perdió con la luz del sol y le pegó en la frente. La tercera bola fue un batazo de línea hacia la que avanzó con los brazos estirados para atraparla; se resbaló y la bola le dio en el ojo. Cuando la entrada terminó, corrió a la banca, tomó a su jugador de jardín central del uniforme y le gritó: "¡So tonto! ¡Hiciste un desastre tan grande con el jardín central que ni yo puedo hacer algo con él!".

Los intimidadores siempre están buscando a quién culpar. No les permita culparlo por lo que no es responsable. Si algo es su culpa, acéptelo. Si no lo es, rehúsese a tomar la culpa.

3. Rehúsese a ser una víctima

Una de las razones por las que algunas personas permiten que las intimiden es que sienten que no tienen poder de hacer nada respecto de lo que les está sucediendo; ellos creen que son víctimas. Es importante que usted no se permita pensar de esa manera. No puede desarrollar una mentalidad de víctima y ser exitoso.

La primera dama, Michelle Obama, explicó: "Una de las lecciones con la que crecí fue siempre serme fiel y nunca dejar que alguien más me distrajera de mis objetivos. Y, entonces, cuando escucho ataques falsos y negativos, en realidad no invierto energía en ellos, porque sé quién soy".

Si usted sabe quién es y adopta una perspectiva proactiva de la vida, es menos probable que se sienta como víctima. No puede hacerlo todo, pero puede hacer algo. No puede evitar que los demás lo traten mal, pero puede decidir cómo responderá.

Albert Ellis aseveró: "Al no preocuparme demasiado por lo que la gente piense, yo puedo pensar por mí mismo y propagar las ideas que a menudo son impopulares. Y tengo éxito". Ese es su objetivo.

7. ¿Cómo trabajaría con un líder difícil que siempre va a lo seguro?

El experto en administración, Peter Drucker, dijo: "Es más fácil que las compañías elaboren ideas nuevas que dejar ir las viejas". ¿Por qué? Mucha gente teme al cambio, al riesgo, al fracaso. No desean soltar lo conocido, porque temen lo desconocido.

Una vez vi un artículo en el *Sunday Evening Post* que hablaba acerca del temor. Decía que mucha gente teme morir en un accidente aéreo, no obstante las probabilidades de que eso suceda son de 250 000 en una. Es más probable que una persona muera por la patada mortal de un asno que en un accidente aéreo. La gente también teme ser asesinada, no obstante es ochenta veces más probable que una persona muera jugando un deporte que al recibir el disparo de un extraño. La gente teme morir en la plancha de operación durante la cirugía, no obstante es veinte veces más probable que muera en un accidente automovilístico. A la vez, millones de personas esperan y oran ganarse la lotería. La verdad es que es tres veces más probable que los golpee un rayo.

Los temores y las preocupaciones de la gente en ocasiones son exagerados. Muchas veces no están basados en la realidad. Sin embargo, de todas formas estas preocupaciones evitan que sean productivos y exitosos. Si usted tiene líderes que siempre van a lo seguro, posiblemente usted pueda ayudarlos. Intente realizar lo siguiente:

Póngase en sus zapatos

La historia cuenta que cuando Michael Faraday inventó el primer motor eléctrico, deseaba el interés y el apoyo del primer ministro británico, William Gladstone. Entonces Faraday le llevó al político un modelo simple compuesto por un pequeño cable enredado en un imán, y se lo mostró. Gladstone mostró poco interés y le preguntó: "¿Para qué sirve esto?".

El inventor, pensando rápidamente, respondió: "Algún día podrá gravarlo". Faraday no intentó explicar el aparato. Él no intentó persuadir a Gladstone. Simplemente se puso en los zapatos del interrogador. Y rindió frutos. Recibió el apoyo que necesitaba.

Si usted desea intentar ponerse en los zapatos de sus líderes, hágase tres preguntas:

- **¿En dónde han estado?** Esto se relaciona con sus experiencias. ¿Cuál es su trasfondo? ¿Qué han hecho en el pasado? ¿Qué clase de cosas les han sucedido que pueden estar causando que teman al cambio?
- **¿Qué sienten?** Esto se relaciona con sus emociones. La mayoría de la gente que no toma riesgos, teme. Intente averiguar no solo cómo se sienten, sino cómo procesan sus emociones y lidian con cosas como el estrés.
- **¿Qué desean?** Esto se relaciona con sus expectativas. ¿Qué es lo que realmente les importa en la vida? ¿Cuáles son sus esperanzas

y sus sueños? Mi amigo, Zig Ziglar, dijo: "En la vida puede obtener todo lo que desee, si ayuda a suficientes personas a obtener lo que desean". Si usted sabe qué desean y los ayuda a obtenerlo, posiblemente usted también obtenga lo que desee.

Tom Hopkins, el experto en ventas que escribió *How to Master the Art of Selling* [Cómo dominar el arte de vender], aconseja que si desea cerrar un trato, usted debe ver a través de los ojos del cliente. Lo mismo sucede cuando se está trabajando para líderes débiles. Si desea comprenderlos y trabajar *con* ellos, usted debe ver las cosas desde su perspectiva. Esa es la mejor manera de ayudarlos a ellos y ayudarse a sí mismo.

Reconozca sus sentimientos

Los líderes que evitan el riesgo, generalmente lo hacen porque no tienen la confianza de creer en su propio éxito. No ignore esos sentimientos de temor e incompetencia. En cambio, reconózcalos. Y, al grado de lo posible, ayúdelos a obtener pequeñas victorias. Esto puede ayudarles a edificar su confianza.

Ayúdelos a actuar

A veces lo que la gente necesita son hechos. Necesitan ver el valor mayor de un cambio específico. Sí, todos podemos ser lastimados. Todos podemos fracasar y en ocasiones lo hacemos. Pero el progreso siempre requiere de riesgo. Ayude a sus líderes a sopesar las ganancias y las pérdidas potenciales de actuar contra el potencial de las ganancias y las pérdidas de no arriesgarse. Si puede soportar lo peor, asuma el riesgo. Como dijo el general George S. Patton: "Un buen plan ejecutado vigorosamente ahora mismo es mucho mejor que un plan perfecto ejecutado la próxima semana".

8. Si alguien con un puesto más alto que el propio no tuviera buenas habilidades de liderazgo, ¿cómo conduciría la organización en una manera respetuosa?

A menudo, quienes trabajan para jefes con deficientes habilidades de liderazgo intentan combatir la situación. Es poco probable que esa aproximación funcione. En cambio, necesitan intentar ayudar a sus jefes a triunfar, porque si *nosotros* deseamos ser exitosos, debemos intentar ayudar a los demás a triunfar. No podemos socavar a nuestros líderes y esperar que nuestro equipo sea exitoso. Y si son inteligentes, ellos comprenderán que no pueden lograrlo sin nosotros. Nos necesitamos mutuamente.

1. Comprenda a su líder

Cuando la gente me pregunta acerca de trabajar para líderes deficientes, a menudo me doy cuenta de que en realidad no conocen a esos líderes. Están tan preocupados por lo que sus líderes no están haciendo bien que ni siquiera intentan averiguar quiénes son. Ese es un error. Para ayudarse a sí mismo, usted necesita ayudarlos a ellos. Para ayudarlos, usted necesita saber lo que les importa.

Pregúntele a su líder…

- **¿Qué le apasiona?** Hay cosas que le importan a sus líderes. Mientras esté en su poder, proporcióneselas.
- **¿Qué espera?** Estas son cosas que sus líderes desean que usted realice. Mientras concuerde con sus valores, realícelas.
- **¿Qué le lastima?** Estas son cosas que sus líderes desean evitar. A medida de lo posible, proteja a sus líderes de ello.

- **¿En qué puedo ayudar?** Hay muchas cosas que sus líderes desean que usted haga, pero que no puede hacer solo. Su tarea es trabajar en conjunto con ellos para llevar a cabo las cosas.

A medida que conozca a sus líderes e intente ayudarles, usted comenzará a percibirlos primero como personas y luego como líderes. Su comunicación con ellos mejorará, al igual que su conexión. Incluso posiblemente comiencen a disfrutar trabajar juntos.

Cuando hacemos nuestro propio trabajo y completamos con éxito nuestros deberes, nos colocamos en la posición correcta para el ascenso. Cuando contribuimos con el éxito de nuestros jefes, ellos son colocados en la posición correcta para subir. Cuando lo hagan, ¿adivine a quién van a desear junto a ellos? A quienes los ayuden a ganar. Como dice John Mason: "Hacer que los demás sean mejores es un búmeran".

2. Comprenda su papel de apoyo

Aunque sus habilidades de liderazgo puedan ser mayores que aquellos para quienes trabaja, si usted desea ser exitoso, tiene que jugar su papel. Usted ha sido contratado para jugar un papel de apoyo. Haga su mejor esfuerzo para llevarlo a cabo con excelencia.

3. Dé fruto donde está plantado

Pocas cosas les impresionan a los líderes, ya sean fuertes o débiles, como un empleado que comienza y termina las cosas. Si usted tiene iniciativa y es un emprendedor que hace su trabajo con alegría, todos desearán trabajar con usted. Si usted completa las tareas y los compromisos, la gente le dará cada vez mayores responsabilidades. La medida de una persona no es si es parte de la reunión de personal, sino de lo que hace cuando la reunión termina.

4. Sobrepase a los demás con una actitud correcta

A la mayoría que trabaja para líderes débiles le resulta difícil mantener una actitud grandiosa. Si usted puede ser positivo y servicial mientras quienes le rodean son negativos o quejumbrosos, usted sobresaldrá y la gente será atraída a usted. Recuerde, los buenos empleados no son personas con un cierto conjunto de circunstancias; son personas con un cierto conjunto de actitudes.

5. Triunfe bajo los términos de ellos

Cuando está trabajando en una organización con líderes encima de usted, su éxito con frecuencia se da bajo los términos de alguien más. Usted no está a cargo de la definición de éxito. No puede reescribir las reglas del juego. El camino hacia el éxito ha sido establecido por otros. Lo único que puede hacer es triunfar bajo los términos de los demás. Esta idea puede frustrarlo, pero la realidad es que todos le reportan a alguien y deben triunfar bajo los términos de otros.

Las mejores recompensas de la vida provienen de su interior, de las decisiones que toma, de cómo decide vivir bajo cualquier circunstancia en la que se encuentre.

Al final, lo único que puede hacer es dirigir su propia vida. Si no lo hace, los demás lo harán al determinar lo que le sucederá. Las mejores recompensas de la vida provienen de su interior, de las decisiones que toma, de cómo decide vivir bajo cualquier circunstancia en la que se encuentre.

Preguntas relacionadas con la manera en que se navegan las transiciones de liderazgo

1. ¿Cuándo es el momento correcto para que un líder exitoso avance a una nueva posición?
2. ¿Qué pasos puede dar un líder para implementar los cambios que necesita una organización para ser exitosa pero que se resiste a realizar?
3. ¿Cómo cambio mi mentalidad de productor a líder?
4. Cómo líder empresario de una organización de rápido crecimiento, ¿cómo sé si debo hacer la transición en mi papel para crear estructura y estabilidad, o contratar líderes que satisfagan las nuevas necesidades?
5. ¿Qué principios de liderazgo le permiten a un líder fracasado dirigir de nuevo exitosamente?
6. ¿Por qué algunos líderes no logran tener un sucesor?
7. ¿Cuáles son algunas de las cosas más importantes que un líder que se está dirigiendo a otra posición puede hacer para asegurar el éxito de la persona que está asumiendo el cargo?
8. ¿Cómo se maneja el marcharse y darle la noticia a un equipo de grandiosas personas que llegaron a su compañía porque usted se los pidió?
9. ¿Cuál debe ser el legado de un líder exitoso?

9

¿Cómo puedo navegar con éxito las transiciones de liderazgo?

Nosotros vivimos en una época de cambio. Se dice que en esta década se necesitan solamente dos días para que la gente genere la cantidad de información nueva que le tomó a toda la civilización generar desde el principio de los tiempos hasta 2003.[29]

Y algunos expertos estiman que la mayoría de los trabajadores estadounidenses de la actualidad cambiarán de empleo de quince a veinte veces en una carrera.[30] Se han ido los días de encontrar un empleo y permanecer en él hasta recibir un reloj de oro y una pensión.

La vida significa transición. La mayoría comprende intuitivamente que el mundo se está moviendo con rapidez, no obstante continúa teniendo dificultades con ello. Brian Tracy tenía razón cuando dijo: "En un tiempo de cambio veloz, permanecer inmóvil es el procedimiento más peligroso". Si no aprende cómo hacer buenas transiciones, es arrollado o se queda atrás.

Una de las características de los buenos líderes es su habilidad para navegar por las transiciones. Eso siempre ha sucedido. Ellos son capaces de hacer transiciones fluidas. Y además logran ayudar a los miembros de su equipo y a sus organizaciones a hacer lo mismo. Las preguntas de este capítulo le ayudarán a enfrentar mejor la transición, y a ganar a través de ella.

1. ¿Cuál es el momento correcto para que un líder exitoso avance a una nueva posición?

Los líderes con frecuencia se impacientan. Cuando lo hacen, comienzan a explorar oportunidades y nuevas montañas que escalar. Entre más emprendedores sean los líderes, más cortos son a menudo sus períodos de atención. La clave para saber si es tiempo de una transición es reconocer que hay dos clases de inquietud: la buena y la mala.

La inquietud buena es saludable. Lo empuja hacia la mejora. Proviene de su deseo de crecer, de ejercer un mayor impacto, de servir a los demás con mayor efectividad. Cada decisión crucial de crecimiento que he tomado en la vida surgió de esta clase positiva de inquietud. Surgió cuando pensé: *Puedo hacerlo mejor. Hay más en mí, y deseo acceder a ello.*

La inquietud mala proviene del aburrimiento o la insatisfacción. Surge de un deseo de escapar. Lo hace ser impaciente. A menudo sale repentinamente de dónde está, pero no *hacia* nada específico. Y como resultado, eso en realidad puede colocarlo en un lugar peor. He visto a demasiadas personas infructuosas permitir que este deseo de escapar los lleve de un lado a otro, y con el tiempo, que sus situaciones decaigan. Las personas que experimentan la clase de inquietud positiva están dispuestos a mantenerse firmes hasta que haya una oportunidad para dirigirse a algo mejor. Como mi amigo Elmer Towns, cofundador de la Universidad Liberty, dice: "No abandone algo; diríjase hacia algo".

"No abandone algo; diríjase hacia algo".
—Elmer Towns

Hay algo más que observar para determinar si la inquietud que siente es buena o mala. Pregúntese si ha dado lo mejor que tiene donde se encuentra ahora. No se vaya a ningún otro lugar hasta que lo haya hecho. No busque mudarse solo para facilitarse las cosas. Para hacer una transición con integridad usted necesita haber hecho el mejor trabajo posible. Entonces podrá marcharse con un corazón y una mente claros. Además, usted siempre desea marcharse con broche de oro. Si usted está entre los mejores de su juego y ha dado lo mejor que tiene —está en una cima—, puede ver más lejos que si estuviera en el valle.

Reconozca qué tipo de inquietud está experimentando

Si se está sintiendo inquieto y desea moverse de su posición, su papel o su organización actual, hágase las siguientes preguntas:

1. ¿Deseo *alejarme* de algo o ir *hacia* algo?
2. ¿He dado lo mejor donde me encuentro ahora?
3. ¿Estoy intentando huir del dolor o dirigirme hacia el crecimiento?
4. ¿Estoy dispuesto a ser paciente y esperar hasta que se presente una oportunidad fantástica?

Una vez que esté seguro de que su deseo de hacer una transición está motivado por las razones correctas, utilice los siguientes pasos para ayudarse a moverse a través del proceso de la manera adecuada.

1. Considere sus posibilidades

Cada transición en la vida es un intercambio. Aun y cuando se marche de un lugar negativo, dejará detrás algunas cosas buenas. Aunque vaya a un lugar grandioso en su nuevo puesto, habrá algunas cosas de este que no le agradarán. No es negro y blanco. Y entre más exitoso sea, más difícil será hacer estos intercambios, porque sacrifica más cuando intercambia y hace una transición. Es por ello que algunas personas se vuelven exitosas y luego se desinflan.

Como ya lo he explicado, si usted está experimentando la clase correcta de inquietud, no será impulsado a salir repentinamente hacia algo más. La paciencia y la madurez le capacitarán para considerar sus posibilidades a medida que busque hacer la transición. Durante ese tiempo, estudie, reflexione, ore, planee, lea y escriba. Busque oportunidades. Entreviste a personas que le lleven la delantera en el viaje. Utilice el tiempo para su beneficio.

2. Sopese los riesgos y las recompensas

Si es paciente y mantiene los ojos abiertos, usted encontrará una oportunidad. Antes de hacer la transición, es sabio evaluar los riesgos. A veces cuando lo hago, de hecho me siento con mi libreta y hago dos columnas: una titulada "riesgo" y la otra "recompensa". Luego anoto cada riesgo y cada recompensa que me vienen a la mente en las columnas, y comparo las dos. No solo se trata de qué lista es más larga. No todas las entradas equivalen. Un solo riesgo o recompensa pueden conllevar tanto peso que la balanza se incline hacia un lado.

A medida que evalúe los riesgos contra las recompensas, asegúrese de tomar en cuenta las cosas que entren en su pasión, dándoles un peso extra. Y hágase las siguientes preguntas:

- **¿Las recompensas potenciales son mayores que los riesgos?** Sea tan específico como pueda con respecto a las recompensas. Usted no desea dar un paso gigante por una pequeña recompensa, ni arriesgarse demasiado por el potencial de una pequeña ganancia.
- **¿Lo que espera es factible?** No hay garantías en la vida. Posiblemente usted no esté seguro acerca de su habilidad para llevar a cabo lo que desea. Pero debe saber que es posible realizarlo.
- **¿Puede recuperarse de la desventaja?** Necesita saber cuáles son las desventajas y saber que si el resultado es un desastre, usted

logrará recuperarse de él. Está bien fracasar. Fracasar de manera que no pueda recuperarse no es inteligente.

Generalmente, no es sabio hacer una transición sin tener claridad acerca de a dónde desea dirigirse. Puede seguir su instinto, pero no desea hacerlo desinformado.

3. Reciba afirmación de su círculo interno

La persona más importante de la que necesita afirmación cuando toma una decisión de transición es de usted mismo. Necesita saber sus propias intenciones. Necesita tener confianza. No debe hacer un movimiento si no puede encontrar paz en su interior. De otra forma, estará lleno de dudas si algo sale mal. Y eso dificulta que se mantenga firme y persevere.

Habiendo dicho lo cual, es sabio que tenga aportación de sus más cercanos y de personas sabias que le llevan la delantera. Yo busqué consejo de las personas en cada transición importante que he hecho. Busqué consejo para obtener claridad, pero no para obtener confianza. Las opiniones, los pensamientos, las perspectivas y la experiencia de las personas correctas pueden proporcionarle una tremenda claridad. Pueden aclararle las cosas rápidamente. Otras personas pueden ayudarle a ver el panorama general, especialmente cuando su cabeza se ha hundido en los detalles. Si su decisión es correcta, su contribución debe aclararle más las cosas a usted.

La persona más importante de la que necesita afirmación cuando toma una decisión de transición es de usted mismo.

4. Actúe y avance

Al final, si cree que la decisión de hacer la transición es correcta y sabe a dónde desea dirigirse, necesita actuar. He conocido a mucha gente que no dio el salto cuando pensó que debía hacerlo, y que más tarde lamentó no haberlo dado. La mayoría de las personas que lo intentan, se arriesgan y fracasan están satisfechas, porque tuvieron la valentía de intentarlo. Ellos sienten respeto por sí mismos, aunque no obtuvieron lo que esperaban. No todos esperan llegar a la cima, pero a todos les gustaría tener la oportunidad. La indecisión y la inacción son lo que más lastima a la gente. Quienes no dan el salto cuando piensan que deberían, mueren lentamente. Piensan en lo que pudo haber sido—especialmente al entrar a los cuarenta o cincuenta años de edad—. La mayoría de las decisiones que la gente lamenta en la vida son aquellas que toman y que los llevan a la inacción. Si usted está envejeciendo, lo único peor que no haber tomado una decisión cuando fue más joven es no tomarla ahora si todavía puede hacerlo. No viva perseguido por la pregunta: ¿Y si...?

Yo nunca he tenido total claridad cuando era hora de hacer un cambio. Nunca he tenido una visión en la que todo me era claro. Mi necesidad de hacer una transición siempre ha venido cuando comienzo a sentirme insatisfecho y a pensar acerca de otras posibilidades. Cuando me encuentro en el lugar correcto haciendo lo correcto, no pienso en ninguna otra posibilidad. Simplemente me encanta lo que estoy haciendo y no puedo imaginarme haciendo otra cosa. Me emociono y deseo que todos los que me rodean se emocionen. Deseo que tengan una oportunidad de involucrarse y beneficiarse de lo que está sucediendo. Cuando comienzo a sentir algo de insatisfacción, a menudo se debe a que ya no puedo crecer y que mi situación actual está limitando mi potencial. Es entonces cuando comienzo a abrirme a nuevas posibilidades y a moverme de una sensación intuitiva de transición al proceso más concreto que he descrito.

"Si desea hacer enemigos, cambie algo".
—Woodrow Wilson

2. ¿Qué pasos puede dar un líder para implementar los cambios que necesita una organización para ser exitosa, pero que se resiste a realizar?

El ex presidente Woodrow Wilson dijo: "Si desea hacer enemigos, cambie algo". A pocas personas les agrada el cambio y lo acogen. Yo solía pensar que a los líderes les gustaba cambiar y a los seguidores no; pero la verdad es que a los líderes no les agrada más que a los demás, ¡a menos que sea su idea!

El cambio no representa progreso, pero sin cambio no puede haber progreso. A menudo depende de los líderes iniciar e implementar los cambios. Pero aquí está la buena noticia: si la gente necesita un cambio, con frecuencia buscan a los líderes para obtener inspiración y dirección. El líder de los derechos civiles, Martin Luther King Jr. observó: "La gente es a menudo dirigida a causas y con frecuencia se compromete con grandes ideas a través de personas que encarnan esas ideas. Ellos tienen que encontrar la personificación de la idea en carne y hueso para comprometerse con ella".

Si usted se encuentra en una posición en la que usted es el líder que debe dirigir la carga para el cambio, tenga en mente las siguientes directrices:

Cambie lo que necesite cambiarse, no lo que resulta fácil cambiar

Cuando las organizaciones están teniendo dificultades, los líderes instintivamente conocen los cambios que necesitan hacerse. Una cuestión es si realizarán los cambios necesarios o meramente los cambios cosméticos. Los cambios cosméticos son relativamente fáciles de hacer. Dan la apariencia de cambio, pero a menudo no producen resultados positivos.

Los cambios que hacen una diferencia son más difíciles. Por

ejemplo, resulta difícil cambiar la cultura organizacional cuando es poco saludable. De igual manera lo es cambiar los valores. O a los líderes y la manera en que están desarrollados. Pero esta clase de esfuerzos son lo que realmente cambia una organización.

La segunda organización que dirigí se había estancado antes de que yo llegara. En un esfuerzo por comenzar de nuevo el proceso, se hicieron cambios, pero solamente fueron cosméticos. Cambió su nombre—una estrategia común que produce poco beneficio positivo si es lo único que se lleva a cabo—. Produjo pocas mejorías a las instalaciones. Cambio los tiempos de reunión. Esto no generó crecimiento.

Lo que necesitaba un cambio era la cultura. Tan pronto como llegué ahí, comencé a desarrollar y a equipar a líderes. Ese fue un proceso lento y complicado; pero produjo un cambio duradero. Año tras año, la organización comenzó a crecer. No pasó mucho tiempo antes de que comenzáramos a planear la construcción de instalaciones más grandes.

Mientras escribo esto, me encuentro trabajando en facilitar un cambio importante en una de mis organizaciones, EQUIP. Durante más de diez años hemos estado capacitando a líderes, y hemos sido muy exitosos. EQUIP es la organización de capacitación de liderazgo más exitosa del mundo, habiendo capacitado a más de cinco millones de líderes en casi todos los países del mundo. Pero yo creo que EQUIP es capaz de más. Estamos trabajando para pasar de capacitación a transformación. Deseamos ejercer un impacto significativo en la gente de los países donde opera EQUIP.

¿Eso representará un cambio fácil? No. ¿Hay alguna garantía de que será exitoso? No. Pero estamos dando nuestro mejor esfuerzo, porque si tenemos éxito *de verdad*, ayudaremos a transformar la vida de la gente. Y si usted ayuda a suficientes personas a transformarse, ellos transformarán otras naciones.

Deje atrás el ayer para poder ir hacia el mañana

Bill Gates, cofundador y ex director general de Microsoft, dijo una vez: "En tres años, cada producto que mi empresa fabrique será obsoleto. La única pregunta es si nosotros lo haremos obsoleto o si alguien más lo hará". Debido a la velocidad del cambio de la tecnología en la actualidad, la gente que trabaja en esa área acepta que debe dejar atrás el ayer y abrazar el cambio por el bien del mañana. Tal parece que quienes no somos técnicos ni trabajamos en industrias similares, se nos dificulta comprender este concepto.

Los autores y consultores, Eric Harvey y Steve Ventura, aseveran: "Nuestros cerebros son como roperos. Con el tiempo, se llenan de cosas que ya no utilizamos—cosas que no nos quedan bien—. De vez en cuando, el ropero necesita ser limpiado". Si dirigirá el cambio, usted necesita limpiar su ropero y necesita ayudar a la gente a quien dirige a hacer lo mismo. Con frecuencia eso es no solo es un ejercicio práctico o intelectual, sino un ejercicio emocional.

Reconozca la importancia de su pasado. Honre a las personas que han hecho contribuciones en el pasado. Pero también muéstreles por qué no pueden permanecer donde están, y por qué el lugar a donde usted desea llevarlos es mucho mejor.

Comunique el mensaje con simplicidad y poder

Los buenos líderes toman lo complejo y lo hacen simple. Ese es una marca de un buen comunicador. No es fácil. Pero, ¿quién dijo que el liderazgo debía ser fácil?

En un simple mensaje claro yace un gran poder. Un muy buen ejemplo del poder de un líder para comunicarse claramente proviene del liderazgo de Roberto Goizueta, de la Coca-Cola Company, en la década de 1980. Goizueta fue uno de los directores generales más exitosos de la historia de la Coca, e hizo de Coca-Cola la marca más prominente del mundo. Una de las cosas que a menudo decía para enfatizarle a la gente el potencial de crecimiento de la Coca era lo siguiente: cada una de los seis mil millones de personas de este planeta bebe, en promedio, 1,89 l [1,99 qt] de fluidos diariamente, de los cuales solamente 0,05 l [0,05 qt] son Coca-Cola. Una imagen muy clara. Cerrar la "brecha de 1,83 l [1,93 qt]" se volvió el centro de la inspiración y la motivación de la empresa. La gente acogió el cambio con el fin de conseguirlo.

Lo otro que necesita hacer cuando comunique la visión para cambiar es proporcionarle a la gente múltiples razones para ello. Entre más razones hayan para cambiar será más probable que la gente lo acepte. Definitivamente, la razón principal probablemente será que es mejor para la organización. Pero, ¿cómo es que es igualmente mejor para los compradores, los clientes y la comunidad? ¿Y cómo es mejor para la gente de la organización que implementará el cambio?

Nunca subestime la importancia de responder a la pregunta: "¿Qué hay para mí en ello?".

Active la convicción de la gente

A medida que trabaje para implementar cambios, usted debe creer en ellos. Sin convicción, usted no dará el 100% en los cambios. La gente lo percibirá y no lo seguirá. Pero creer en la causa no es suficiente. Usted debe creer también en la gente que realiza el cambio. Sin esa convicción no avanzarán. El ex director general de General Electric, Jack Welch, observó: "Cuando hay un cambio, hay una oportunidad. Por lo tanto es primordial que una organización se llene de energía en lugar de paralizarse".

Usted llena de energía una organización al energizar a su gente. Usted activa su convicción en sí mismos. Su confianza en ellos les proporcionará la confianza en sí mismos. Como dijo Sterling Livingstone: "La gente se desempeña conforme perciben que usted espera que se desempeñen".

Si encuentra barreras

Resulta fácil acostumbrarse a las barreras y comenzar a pensar que son normales y que no hace falta cambiarlas. Posiblemente necesite revolucionar su pensamiento con el fin de avanzar. Pregúntese:

1. ¿Qué barreras internas necesito eliminar personalmente para ayudar a facilitar los cambios necesarios?
2. ¿Qué políticas son antitéticas a los cambios necesarios y cómo puedo eliminarlas?
3. ¿Qué tareas innecesarias pueden eliminarse con el fin de darle libertad a la gente para que implemente los cambios necesarios?
4. ¿Qué recursos pueden ponerse a disposición para ayudar a hacer posibles los cambios necesarios?
5. ¿Quién está intentando obstruir los cambios necesarios y cómo puedo lograr que esas personas cambien?

Elimine las barreras que obstruyen a la gente

Una vez que comunique la necesidad y la visión del cambio, y ayude a la gente a creer que ellos *pueden* cambiar, su primordial tarea como líder es comenzar a eliminar las barreras que evitarán que la gente ejecute el plan. Las barreras generalmente son creadas por sistemas obsoletos, procedimientos complicados, personas difíciles o recursos gastados. Para hallar las barreras, vaya entre la gente, observe lo que están haciendo y escuche sus quejas.

Dirija con velocidad

La velocidad es importante para crear victorias a corto plazo. Nunca subestime la importancia de las primeras victorias para darle a la gente confianza para continuar avanzando. Las victorias alimentan la fe en el esfuerzo por el cambio. Estas le proporcionan un estímulo emocional a la gente que está llevando a cabo e implementando el cambio. Y son críticos silenciosos. Cada victoria ayuda a crear ímpetu, el mejor amigo del líder. Como dijo el ex entrenador de fútbol universitario, Darrel Royal: "La fortuna le sigue a la velocidad".

3. ¿Cómo cambio mi mentalidad de productor a líder?

La mayoría de nosotros obtenemos nuestra primera oportunidad para dirigir, porque somos personalmente exitosos. Producimos para la organización, y algún líder de esta desea que ayudemos a los demás a realizar lo mismo. Cuando eso sucede, necesitamos cambiar nuestro enfoque.

PRODUCTOR	LÍDER
Se concentra en las tareas	Se concentra en el equipo
Se siente indispensable en lo que hace	Se siente responsable por lo que hacen los demás
Posee una visión de túnel	Posee una visión de equipo
Piensa: "¿En qué puedo ayudar?"	Piensa: "¿Quién puede ayudarnos?"
Pregunta: "¿Qué puedo hacer?"	Pregunta: "¿Qué podemos hacer?"
Produce mediante sumar	Produce mediante multiplicar

En pocas palabras, para pasar de ser productor a líder, una persona debe cambiar de pensar en *mí* a *nosotros*.

Si usted es un buen productor, probablemente sepa cómo contribuye personalmente con la visión de la organización. Pregúntese: "¿Cómo contribuye este equipo con la visión?", y: "¿De qué manera cada individuo puede contribuir con el equipo?". Su trabajo es maximizar el esfuerzo del equipo para llevar a cabo la visión.

Además, usted necesita trabajar para construir relaciones con la gente de su equipo. Si usted es una persona orientada a las tareas naturalmente, esto puede representar un esfuerzo. Conozca a cada persona de su equipo e intente conectarse con ellos. Busque maneras de añadirles valor. Encuentre formas de levantarlos con ánimo y gratitud. En realidad no puede saber cuál es la mejor contribución de todos hasta que conoce a todos.

Como productor, usted ya sabe cómo ganar. Como líder, su trabajo es ayudar a todo el equipo a ganar. Usted sabe cómo cruzar la línea de llegada individualmente. Ahora halle maneras de reunir y guiar a todos los miembros de su equipo a cruzar juntos la línea de llegada.

4. Como líder empresarial de una organización de rápido crecimiento, ¿cómo sé si debo hacer la transición en mi papel para crear estructura y estabilidad, o contratar a líderes que satisfagan las nuevas necesidades?

El éxito de una organización con frecuencia produce tanta necesidad de cambio como la falta de éxito. Mucha gente no lo reconoce. Es evidente que en una organización que no está teniendo éxito, los líderes necesitan crear cambio para conseguir progreso y crear velocidad. Sin embargo, cuando las organizaciones son altamente exitosas, especialmente las organizaciones pequeñas, los líderes deben implementar cambios para mantener el éxito e incrementar la velocidad. Si ellos se apoyan demasiado en los éxitos del pasado y continúan haciendo lo que siempre han hecho, al final la organización se topará con un muro.

En pequeñas organizaciones empresariales, los líderes principales a menudo son los catalizadores de las organizaciones. Ellos son quienes ven las oportunidades, producen la energía organizacional y crean sinergia entre la organización y sus clientes. Su pasión y su personalidad han conducido los éxitos de la organización. Probablemente han realizado la mayoría, si no es que todas las decisiones clave. Y han logrado impactar todo y a todos los de la organización para mantenerla en pie.

A medida que crece la organización, ellos pueden continuar llevándolo a cabo. Ellos ven y sienten la necesidad de estructura y proceso. Por lo que la pregunta es: ¿cómo cambia su papel? ¿Intenta enfocarse en crear estabilidad y estructura para la organización?

Si usted es el catalizador de su organización, mi consejo es que no pierda su fuerza. Las pequeñas organizaciones son motivadas por la personalidad. La pasión del líder lo conduce todo. Y el líder infunde fuego en la gente. En su necesidad de resolver problemas o su deseo de crecer no institucionalice su organización con demasiada rapidez. En lugar de cambiar su papel, canalice su energía. Hágalo así:

Invite a su círculo interno a ayudarle a enfocar su energía

La mayoría de los líderes empresariales no luchan para encontrar oportunidades. Ellos luchan para enfocarse en las mejores oportunidades. Y entre más dotados sean los líderes, mayor es la cantidad de opciones disponibles.

Hubo aproximadamente una década en mi liderazgo en que fui bombardeado por oportunidades, pero no siempre estuve seguro de cuáles perseguir. Todavía me encontraba haciendo ajustes en mi liderazgo y mi comunicación, y había muchas direcciones distintas en las que podía ir. Resolví el problema de enfoque al formar lo que llamé el Comité Destral. Se componía de varios líderes clave, además de mi esposa y mi asistente. Nos reuníamos una vez al mes para revisar oportunidades, discutir estrategias y sopesar las opciones. Ellos compartían sus perspectivas, ofrecían su conocimiento y me recordaban permanecer en mi zona de fortaleza cuando salía de mi zona de comodidad. La organización y yo nos beneficiamos bastante de su contribución.

La mayoría de líderes empresariales no luchan para encontrar oportunidades. Ellos luchan para enfocarse en las mejores oportunidades.

Si usted decide realizar algo similar, asegúrese de tener a las personas correctas en la sala. Ellos necesitan comprender la importancia de su espíritu empresarial y tener sabiduría y habilidad para canalizarlo, no controlarlo ni intentar detenerlo para su propia comodidad o conveniencia. Además, le recomiendo que se reúnan con bastante frecuencia. Esta no es una actividad de una sola vez, especialmente para una organización empresarial en la que el panorama cambia constantemente y en la que usted está reevaluando constantemente sus oportunidades. Nosotros nos reuníamos mensualmente. Posiblemente usted necesite hacerlo con más frecuencia. Averigüe cuál debería ser su ritmo.

Reclute a personas que maximicen y magnifiquen su energía

Una vez que ha reducido su enfoque a aquello que posee el mayor potencial, usted necesita sacarle el mayor provecho. Una de las cosas que siempre busqué en la gente de mi equipo es la habilidad de maximizar las oportunidades que tenemos.

Por ejemplo, cuando mi organización monta un evento en el que voy a hablar, la cantidad de tiempo que tengo para prepararme personalmente es el mismo si me comunicaré con cincuenta personas que con mil. Si mi equipo puede hacer el trabajo de reunir a más personas en la sala, eso magnifica mi energía y le saca un mayor provecho.

Cada experiencia que involucre a otras personas puede ser magnificada por quienes comprendan el valor de una oportunidad, la importancia de la coordinación del tiempo, la calidad de la experiencia y el impacto de las cantidades. Si usted es quien ve y aprovecha las oportunidades, rodéese de líderes y personal de apoyo que pueda sacarles el mayor provecho a esas oportunidades.

Otórguele poder a quien tiene habilidad y energía en áreas en las que usted carece de ellas

Yo no soy muy bueno con la estructura. Creo que demasiadas organizaciones ponen demasiado énfasis sobre ella. Y creo que muchas organizaciones utilizan la reorganización para intentar resolver problemas cuando no saben qué más hacer. En cambio, yo prefiero un modelo de organización impulsado por el liderazgo. Coloque a los líderes correctos, capacítelos y desarróllelos bien, luego otórgueles poder para hacer un impacto en su área.

Con los años he tenido la suficiente dicha de emplear buenos líderes que poseen habilidades en áreas en las que yo carezco o en las que tengo poca paciencia. Ellos han puesto en marcha la estructura y los procesos que han creado estabilidad en mis organizaciones, pero continuamos siendo emprendedores. La estructura necesita servir a la visión y al liderazgo, no al revés.

A medida que crezca su organización, busque personas que compartan sus valores y aprecien profundamente la oportunidad y el impacto, pero que puedan contribuir con habilidades organizacionales para ayudarle a construir un marco que haga crecer la visión y le sirva todavía más. La energía que usted proporcione y que ya se siente en toda la empresa será mucho mejor cuando se canalice correctamente.

5. ¿Qué principios de liderazgo le permiten a un líder fracasado dirigir de nuevo exitosamente?

Cuando los líderes fallan, ya sea que el colapso ocurrió como resultado de un carácter deficiente, del mal juicio o de la carencia de habilidades, una de las primeras cosas en que piensan a menudo es cómo regresar al liderazgo. Creo que eso es algo natural, debido a que a los líderes les encanta dirigir. Sin embargo, creo que yerran al no detenerse primero y dedicar tiempo para corregir los problemas que tuvieron. Si no lo hacen, es muy probable que continúen repitiendo los mismos errores.

Si usted ha fallado como líder y perdió su posición, necesita considerar lo siguiente antes de intentar regresar al liderazgo:

Evaluación: ¿Qué salió mal?

Antes de que pueda regresar a la labor de liderazgo, usted necesita arreglar los problemas que tiene en su liderazgo. No puede llevarlo a cabo si no sabe cuáles son. ¿En dónde se equivocó? ¿Fue un error de estrategia? ¿Le faltaron las habilidades necesarias para un buen liderazgo? ¿Sus problemas provienen de un liderazgo propio deficiente? El último es el problema más común de los líderes fracasados, pero con frecuencia es el que más se les dificulta ver por sí solos. Si no está seguro de qué salió mal, hable con la gente que posee un conocimiento de primera mano para obtener su perspectiva.

Fuerza emocional: ¿Puede recuperarse?

Yo creo firmemente que la gente necesita aprender a fracasar y avanzar, y creo que pueden hacerlo. Sin embargo, eso requiere de fortaleza emocional. Si usted ha fracasado, necesita ser capaz de enfrentar su fracaso, aceptarlo y procesarlo emocionalmente. Además necesita recuperar su punto de apoyo y edificar su fuerza emocional antes de intentar dirigir de nuevo a los demás. Si no ha recuperado su fortaleza emocional, es probable que repita los mismos errores, especialmente si los problemas de carácter y liderazgo propio fueron la raíz de los problemas del pasado.

Evolución: ¿Puede hacer los ajustes necesarios para el éxito futuro?

Luego de haber identificado lo que resultó mal y recobrado su fuerza emocional, usted todavía tiene mucho trabajo interno por hacer. Necesita realizar los cambios en sí mismo con el fin de prepararse para el éxito futuro. Posiblemente necesite colocarse en un plan de crecimiento personal a través del cual lea una docena de libros y asista a algunos congresos. Quizá necesite buscar consejo que le ayude con los problemas de carácter. Tal vez necesite encontrar un mentor. Posiblemente necesite profundizar su educación. O necesite una mayor responsabilidad. Necesita averiguar cuáles son los ajustes necesarios e implementarlos. Si no está dispuesto o no logra hacerlo, probablemente no deba regresar al liderazgo.

Una vez que ha terminado de trabajar en sí mismo, aún necesita hacer mucho trabajo con los demás. Tiene que ganarse el respeto y reconstruir la confianza de la gente. Cuando está dirigiendo a otras personas, usted tiene "dinero suelto" relacional en el bolsillo que le permite dirigir. Como el fundador de FedEx, Fred W. Smith, observó: "Liderazgo es lograr que la gente trabaje para usted cuando no está obligada a hacerlo". Mientras usted tenga dinero suelto en el bolsillo, la gente trabajará para usted. Cada buena decisión, cada victoria para el equipo, cada conexión relacional positiva con los miembros del equipo crean dinero suelto adicional. Añadir cambio toma tiempo. Cada mala decisión, cada derrota, cada pifia relacional se lleva el cambio. Es mucho más rápido perder el cambio que ganarlo.

> **"Liderazgo es lograr que la gente trabaje para usted cuando no están obligados a hacerlo".**
> ***—Fred W. Smith***

Algunas personas utilizan su cambio lentamente. Otros lo pierden todo de una sola vez. Si usted fracasó como líder y perdió su posición, se debió a que se le acabó el cambio. Lo último que hizo mal pudo no haber sido lo peor que hizo. Esté consciente o no de ello, fue lo último que hizo luego de que se le terminó el cambio.

Si desea dirigir otra vez, usted necesitará reconstruir la confianza y volverse a ganar el cambio. El consultor y ex ejecutivo de empresas de la lista de las 50 de *Fortune*, Michael Winston, asevera: "En todos los estudios importantes sobre las prácticas de los líderes efectivos, la confianza en el líder es esencial para que los demás sigan a la persona con el tiempo. La gente debe experimentar a los líderes como creíbles, fiables y dignos de confianza. Una de las maneras en que se desarrolla la confianza—ya sea en el líder o en cualquier otra persona—es a través de la coherencia de comportamiento. La confianza se establece cuando las palabras y los hechos son congruentes".

El proceso de construir la confianza comienza al ser sincero y transparente acerca de sus debilidades, flaquezas y errores. La gente no espera que sus líderes sean perfectos, sino esperan que sean sinceros. Si usted comprende su humanidad, puede aceptarla y ser abierto al respecto, se encuentra en una posición correcta para pedir el perdón de la gente. Ahí es donde comienza el proceso para construir la confianza. Muchas personas no confiarán hasta que usted les pida perdón. Algunos no confiarán ni aun así, pero si es sincero y humilde acerca de su fracaso, pide perdón, intenta resarcirse y demostrar una disposición para cambiar, usted ha hecho lo que puede para continuar. No tiene control sobre si los demás lo perdonarán o confiarán de nuevo en usted. Solamente puede hacer lo que esté en su poder para ganarse la confianza de aquellos con quienes trabaja. Solo asegúrese de volverse a ganar su confianza, avanzar con integridad y no cometer violaciones a sabiendas de nuevo.

6. ¿Por qué algunos líderes no logran tener un sucesor?

He observado que hay dos razones principales por las que las organizaciones no tienen sucesores. La primera es que algunos líderes no logran planear la sucesión. A algunas personas no les gusta contemplar el fin del camino de liderazgo para sí mismos, de manera que simplemente se niegan a pensar en ello. Actúan como si fueran a vivir y dirigir para siempre, y mueren asidos a su posición o son eliminados una vez que dejan de ser eficaces.

Una vez escuché sobre un líder que fundó una organización y se negó rotundamente a crear un plan de sucesión. Cuando los demás líderes de su organización lo orillaron a hacerlo, él se aferró. Dijo que no deseaba que nadie más se llevara el crédito de su logro. Deseaba que la organización muriera junto con él. Yo lo encuentro muy egoísta.

Cuando las organizaciones no logran tener un sucesor, normalmente no se debe a que el líder no lo desee. Casi siempre se debe a que sucede una de las siguientes cosas:

- **La organización no acepta al nuevo líder.** A veces la gente de la organización está tan arraigada a su antigua manera de pensar que no permitirá que una nueva persona los dirija.
- **Al nuevo líder no le agrada la organización.** A veces nadie encaja bien y no se descubre hasta que el nuevo líder toma las riendas.
- **El nuevo líder no encaja con la cultura corporativa.** Cada organización tiene su propia cultura. Si la visión y los valores del líder no encajan con los de la organización, habrá una colisión.
- **El nuevo líder no logra producir cambios exitosos.** A veces la persona elegida para suceder a un líder no es tan buena como se esperaba. El fracaso puede suceder debido a la falta de habilidad, capacidad, experiencia, conocimiento y conexión relacional.
- **La vieja guardia sabotea los esfuerzos del nuevo líder.** Cuando una organización contiene líderes que creen que fueron ignorados en favor de otro líder, hay peligro de que puedan hacer lo que esté en su poder para que el nuevo líder fracase.
- **El antiguo líder sabotea los esfuerzos del nuevo líder.** Ocasionalmente, a la persona que deja el cargo se le dificulta ver que alguien más suceda en la posición.

El valor duradero de un líder se mide por la sucesión.

Definitivamente no hay garantías cuando se trata de la sucesión; no obstante, creo que es algo por lo que vale la pena luchar. La Ley del Legado que se encuentra en *Las 21 leyes irrefutables del liderazgo,* declara: "El valor duradero de un líder se mide por la sucesión".

Mientras escribo esto, tengo sesenta y siete años. No creo que sea tiempo de abandonar el liderazgo. Creo que todavía tengo más que dar. Pero he estado pensando acerca del liderazgo y la sucesión desde hace varios años. Mi deseo es construir organizaciones que sobrevivan después de mí y continúen haciendo una diferencia. Estoy trabajando para ayudarles a los líderes de la John Maxwell Company, del John Maxwell Team y de EQUIP a pensar más allá. Juntos, estamos planeando el día en que mi carrera se termine y alguien más pueda lograr añadirle valor a la gente de mejor manera.

7. ¿Cuáles son algunas de las cosas más importantes que un líder que se está dirigiendo a otra posición puede hacer para asegurar el éxito de la persona que está asumiendo el cargo?

Bob Russell y Bryan Bucher, autores de *Transition Plan* [El plan de transición], equiparan el proceso de sucesión con pasar el testigo en una carrera de relevos, la cual creo que es una descripción adecuada. Estos son los puntos clave sobre cómo ambos procesos son similares. Ellos dicen:

- Quien pasa el testigo debe continuar corriendo a toda velocidad hasta que se pasa el testigo.
- Quien recibe el testigo debe comenzar a correr antes de recibirlo.
- Ambos corredores deben permanecer en el mismo carril.
- El testigo debe pasarse a tiempo.
- Si el intercambio se hace apropiadamente, es posible ganar un paso en la transición, en lugar de perder un paso.
- Una vez que se intercambia el testigo, quien lo pasa no corre junto con el siguiente corredor, instruyéndolo; sino se detiene,

> recobra el aliento y camina por la cancha para animar al sucesor en la línea de meta.[31]

Si se está preparando para pasarle el testigo del liderazgo a un sucesor, eso necesita ser su enfoque principal como líder. A Jack Welch, ex director ejecutivo de General Electric, se le ha citado con las siguientes palabras: "A partir de ahora, elegir a mi sucesor será la decisión más importante que tome. Eso ocupa una parte considerable de mi pensamiento casi todos los días". Él lo dijo en 1991, nueve años antes de su verdadero retiro.

Si usted está pensando acerca de la sucesión, ya sea por una transición a otra organización o debido a que cree que su tiempo para dirigir está llegando a su fin, yo creo que usted, su organización y su sucesor se beneficiarán si procede de la siguiente manera:

1. Planee con antelación

Como el líder saliente, usted debe hacer su mejor esfuerzo por prepararse a sí mismo, a su sucesor y a su organización para la transición inminente. Es su responsabilidad con la gente que dirige hacer el cambio tan tranquilo como sea posible.

Yo lo aprendí a la manera difícil cuando dejé mi primer puesto de liderazgo y me mudé a otra organización. Yo era un líder joven de veintitantos años, y nunca se me ocurrió planear la sucesión. Cuando me quedó claro que mi tiempo ahí estaba terminando y que necesitaba buscar otras oportunidades de crecimiento, me abrí a otras posibilidades. Cuando tuve una oportunidad de tomar un puesto que me exigiría como líder e incrementaría mi impacto, la tomé. No hice nada para preparar a la organización de la que me marché para hacer la transición. No sabía que debía hacerlo, y no sabía cómo hacerlo. No fue sino hasta después, cuando vi que la organización perdió pie de donde la dejé, que se me ocurrió que debí haber hecho algo.

2. Elija a su sucesor

En algunas organizaciones no se permite elegir a su sucesor. Eso lo hace otro líder o una barra de directores. Sin embargo, si está dentro de su poder, elija a alguien que tenga el potencial para llevar a la organización más allá de donde usted la llevó. Obviamente usted busca un alto don de liderazgo y fuertes habilidades para su industria. Pero también tenga en mente cuánto tiempo tendrá la persona para dirigir. Russell y Bucher explican que Zenith, un antiguo productor de productos electrónicos de consumo, comenzó a declinar cuando su fundador le entregó la empresa a un sucesor de setenta años de edad. El hombre dirigió la empresa solamente durante dos años antes de dimitir.

Cómo planear la sucesión

1. **Prepárese.** A muchos líderes se les dificulta soltar su posición de liderazgo. Algunos no pueden manejarlo emocionalmente. Otros no se han preparado financieramente. Algunos otros no lo han hablado con su familia. Prepárese para la idea.
2. **Busque a varios sucesores potenciales.** Si usted tiene el poder de elegir a su sucesor, busque a varias personas con el potencial para reemplazarlo. Idealmente, usted tiene un grupo de personas de entre las cuales escoger.
3. **Deje que la organización sepa que el cambio está a la vista.** Las transiciones de un líder a otro pueden ser traumáticas. No sorprenda a la gente. Hágaselos saber con bastante antelación si eso está en su poder.

Jack Welch dijo de su proceso de selección: "Deseaba escoger a alguien suficientemente joven que estuviera en el puesto durante al menos una década. Aunque un director general tiene un impacto inmediato, yo siempre sentí que la gente debía vivir con sus decisiones y especialmente con sus errores. Yo definitivamente lo hice. Alguien con menos tiempo puede sentirse tentado a hacer movimientos dementes para poner su sello en la empresa. He visto demasiados ejemplos de ello".

Probablemente usted gravite naturalmente hacia las personas de su propio grupo etario. Dios los cría y ellos se juntan. Si usted tiene mi edad, no se permita pensar en sucesores de su propia generación. Profundice. Busque líderes jóvenes con potencial. Posiblemente ellos no tengan tanta aclimatación ni experiencia, pero le proporcionan a la organización una mejor oportunidad de triunfar a largo plazo.

3. Prepare a su sucesor

Enfoque sus esfuerzos en darle a su sucesor inminente cada oportunidad posible para tomar responsabilidad, tomar decisiones e influir en la organización *antes* de la transición. El autor de liderazgo, Marshal Goldsmith, tiene razón al decir: "Los planes de sucesión no desarrollan a nadie...solamente las experiencias de desarrollo desarrollan a la gente".

Su objetivo como líder debe ser esforzarse para dejar el empleo. Desarrolle a su sucesor como persona y como líder. No piense únicamente en términos del empleo. Intente reproducirse. Equipe y otórguele poder a su sucesor al grado que ellos puedan realizar el trabajo tan bien como usted...y hasta más. Si usted da todo lo que puede y añade todo lo que ellos son y pueden traer a la mesa, usted les da a la persona y a la organización una buena oportunidad para triunfar.

Su objetivo como líder debe ser esforzarse para dejar el empleo.

4. Ocúpese de todos los negocios inconclusos

Si usted está dejando una organización con broche de oro, probablemente tenga una perspectiva clara de su organización. Eso significa que sabe dónde se encuentran los problemas. Nadie se encuentra en una posición mejor que usted para ocuparse de los negocios inconclusos. Usted posee el respeto de la gente y tiene el poder para resolver las dificultades para su sucesor. Entonces, ¿por qué no lo hace? Usted puede darse el lujo de recibir golpes, porque tiene demasiada credibilidad. Puede crear espacio para que su sucesor avance sin esas dificultades. Es un regalo fantástico.

5. Diga adiós

Cuando sea tiempo de renunciar, márchese. Pocas cosas son más debilitadoras para un nuevo líder que tener a su predecesor entrometiéndose en la organización y socavando su liderazgo. Jeffrey Immelt, el sucesor de Jack Welch, de General Electric, aseveró cuando tomo el cargo de director ejecutivo: "Lo más importante que Jack puede hacer ahora, para que yo pueda tomar las riendas realmente, es marcharse. Yo siempre podré llamarlo y pedirle consejo. Pero físicamente, el negocio solamente puede tener un líder".

Cuando usted deje el cargo de liderazgo de su organización, sálgase del camino. Deje que su sucesor haga el trabajo fuera de su sombra. Como observó Marshall Goldsmith: "Lo mejor que un director general puede hacer es mostrar integridad en su salida al hacer todo lo posible por asegurar que el siguiente director general sea exitoso". Ello incluye alejarse para que su sucesor pueda dirigir y la gente de la organización pueda seguirlo.

6. Esté a disposición de su sucesor

Parte de despedirse es no ofrecer consejo no solicitado. Sin embargo, su sucesor apreciará que usted esté a su disposición cuando él elija ponerse en contacto con usted. Hay cosas que solo usted puede saber. Usted tiene una perspectiva única y valiosa. Ofrézcasela cuando se la pida.

Mencioné que cuando dejé mi primera posición de liderazgo, no hice un muy buen trabajo de colocar a la organización en el lugar correcto para el éxito. Cuando dejé Skyline, luego de veintiséis años en el liderazgo ministerial, desempeñé un mejor trabajo. Durante catorce años había planeado por adelantado al desarrollar a líderes. Desarrollé al personal y se volvieron un equipo fantástico. Además desarrollé a mi junta de directores. Aunque fue verdad que no pude elegir a mi sucesor, debido a que eso no concordaba con las leyes de la organización, yo había desarrollado a los líderes de la junta que hicieron la elección. Y cuando dejé mi puesto, me despedí. De hecho, en mí último acto oficial como líder, les dije a todos los de la organización que cuando me marchara, ya no sería su líder.

Luego de hacer la transición, intenté hacer todo lo que estaba en mi poder para ayudar a mi sucesor, Jim Garlow, a ser exitoso, además de mantener la puerta abierta para cuando él deseara discutir un asunto o preguntar acerca de la historia de la organización. Siempre me alegra ayudar en lo que pueda. A mí me encanta Skyline y su gente, y deseo lo mejor para ellos. Cuando Jim gana, la gente gana—y yo también—.

8. ¿Cómo se maneja el marcharse y darle la noticia a un equipo de grandiosas personas que llegaron a su compañía porque usted se los pidió?

Decirle adiós a la gente puede ser difícil. La columnista ganadora del premio Pulitzer, Ellen Goodman, escribió: "Hay un truco para marcharse con gracia. Comienza con la visión para reconocer cuando un empleo, una etapa de la vida o una relación se terminaron—y dejarlo ir—. Significa dejar lo que se terminó sin negar su validez o su importancia pasada en nuestra vida. Involucra un sentido de futuro, una convicción de que la línea de salida es una entrada, que estamos yendo hacia delante en lugar de hacia fuera".

Cuando me marché de Skyline estaba emocionado por la siguiente fase de mi vida, pero me entristeció dejar detrás a gente tan grandiosa. Algunas personas clave del personal habían estado conmigo durante más de diez años. Habíamos pasado juntos por demasiado y realmente nos preocupábamos uno por el otro.

Al tomar la decisión de que era tiempo de marcharme, acudí con la gente clave y se los comuniqué primero. Sentí que se los debía. Además les prometí ayudarles como pudiera, y estoy agradecido de que pude cumplir con esa promesa.

Cuando usted hace una transición, no importa cuán necesaria sea o cuán bien la realice, usted desilusionará a las personas que le importan. No debe permitir que eso le detenga, si es lo correcto que debe hacer. Ayude a la gente que pueda. Coloque a su sucesor de camino al éxito. Y márchese con integridad. Usted puede esperar hacer más que eso.

9. ¿Cuál debe ser el legado de un líder exitoso?

Los legados que importan están conectados con la gente. En cien años, todo lo que importará será la gente con la que se conectó de tal forma que le añadió valor y significado a su vida.

He pasado gran parte de este capítulo hablando de la sucesión y cómo pasar el testigo de liderazgo a los demás líderes. El comentarista político, Walter Lippmann, dijo: "La prueba final de un líder es que deje en los demás la convicción y la voluntad de continuar". Finalmente, si su gente no puede lograrlo sin usted, usted no ha sido exitoso al levantar a otros líderes.

Todos hemos escuchado que "cuando un alumno está listo, aparece el maestro". También creo que cuando un maestro está listo, aparece el alumno. Hay personas en su mundo que estarían emocionados de aprender de usted—no solo la persona que le sucederá en su posición de liderazgo, sino la gente de cada aspecto de su vida—.

Yo creo que el mayor legado que un líder puede dejar es haber desarrollado a otros líderes. Desarrollarlos tan amplia y profundamente como pueda. Yo he pasado más de treinta años enseñándoles liderazgo a los líderes de cada caminar de la vida, y en casi cien países. Mis organizaciones han capacitado a millones de líderes en casi todos los países. En los últimos años, he comenzado a invertir personalmente en entrenadores y conferencistas que están enseñándoles activamente a los demás los valores y los principios que acojo. Y estoy invirtiendo profundamente en unos cuantos líderes de mi círculo interno.

Si usted desea dejar un legado, invierta en la gente y anime a quienes desarrolle para que les transmitan todo lo que aprendan de usted a otros que harán lo mismo. La gente es lo que importa en este mundo—no el dinero, ni la fama, ni edificios, ni organizaciones, ni instituciones—. Solo las personas.

Hace muchos años me encontré con un poema llamado "El constructor de puentes", de Will Allen Dromgoole. Este encapsula la actitud de los líderes que construyen un legado. Dice:

Caminaba un anciano por un sendero desolado,
Al caer la tarde de un día frío y nublado.
Llegó él a un barranco muy ancho y escabroso,
Por cuyo fondo corría un lúgubre arroyo.
El anciano cruzó a la luz tenue del día,
La corriente ningún miedo a él le ofrecía;
Pero al llegar a la otra orilla a salvo,
Un puente seguro construyó para la corriente
atravesar.

"Anciano—dijo un viajero que cerca estaba—,
Malgasta su fuerza construyendo ahí.
Su viaje ya termina, pues ha llegado el fin del día,
Y ya nunca transitará por esta vía.
Ha cruzado el barranco, ancho y profundo,
¿Por qué construye el puente estando ya tan oscuro?".
El constructor, su encanecida cabeza levantó:

"Buen amigo, en el sendero por el que he venido—dijo
él—,
Me seguía hoy un joven que por este camino ha de
cruzar.
El barranco que para mí no ha sido nada,
Para el rubio joven un obstáculo puede ser.
Él también ha de cruzar las sombras,
Buen amigo, para él este puente construí".

El logro le llega a quienes son capaces de hacer cosas grandiosas para sí mismos. El éxito surge cuando ellos dirigen a sus seguidores a hacer cosas grandiosas para sí mismos. Pero un legado se crea solamente cuando los líderes colocan a su gente en la posición adecuada para realizar cosas grandiosas sin ellos. El legado de los líderes exitosos vive a través de la gente a quien impactan en el camino. Lo único que usted puede cambiar permanentemente es el corazón de la gente a quien dirige.

El legado de los líderes exitosos vive a través de la gente a quien impactan en el camino.

Preguntas relacionadas con el desarrollo de líderes

1. ¿Cuál es la mejor manera de identificar el potencial para liderazgo en los demás?
2. ¿Desarrollar líderes es más un arte o una ciencia?
3. ¿Cómo le ayuda a la gente a darse cuenta del talento que hay en ella? ¿Cómo le ayuda a la gente a creer en sí misma?
4. ¿Cómo puede ayudar a la gente a alcanzar su máximo potencial cuando se encuentran en su zona de comodidad y no desean dejarla?
5. ¿Cómo determina cuánto tiempo le dedica a quien está desarrollando?
6. ¿Cuándo suelta o "deja ir" a la gente que está dirigiendo, luego de que ha hecho lo que puede para ayudarla a crecer?
7. Les otorgué poder a los demás para dirigir, y regresé solo para encontrar que no había progreso y que estaban de vuelta haciendo las cosas a la antigua. ¿Qué debo hacer diferente?
8. ¿Cómo podemos superar la desilusión cuando invertimos mucho tiempo, dinero, trabajo y pasión en nuestros líderes emergentes y ellos se marchan?
9. ¿Qué es lo más importante que una persona debe aprender con el fin de ser líder de líderes?
10. ¿Cómo incluye a la gente en su círculo interno?

10

¿Cómo puedo desarrollar líderes?

Todo depende del liderazgo. Si desea maximizar su potencial y hacer una diferencia, usted debe convertirse en un mejor líder. Esa es la clave para su éxito personal. Si desea ejercer un impacto en su mundo, usted debe ayudar a los demás a convertirse en mejores líderes. Es difícil encontrar a líderes, es difícil capacitarlos y es difícil retenerlos. Ellos desean ir por su propio camino. Pero desarrollar líderes es posiblemente la actividad más gratificante en la que se involucrará en su vida.

1. ¿Cuál es la mejor manera de identificar el potencial de liderazgo en los demás?

Si usted desea desarrollar a líderes y maximizar su impacto en este mundo, la pregunta más importante que puede hacer es cómo identificar a los líderes potenciales. Su éxito depende más que otra cosa de su habilidad de hallar y atraer a buenas personas. Como dice el entrenador de fútbol universitario y amigo, Lou Holtz: "He entrenado a buenos jugadores y he entrenado a jugadores malos. Soy un mejor entrenador con los buenos jugadores".

Usted desarrollará a buenos líderes solamente si encuentra a personas con un fuerte potencial de liderazgo. Eso se vuelve mucho más fácil si usted sabe lo que está buscando. ¿Es posible encontrar a personas mediante prueba y error? Seguro. ¿Es efectivo? En realidad no.

¿Alguna vez ha buscado un libro desconocido en repisas desordenadas? Cuando no sabe cómo es el libro o no puede recordar el título, le puede tomar una eternidad encontrarlo. Saca un libro de la repisa. *No, no es este*. Y otro. Y otro. Es un trabajo tedioso y puede desilusionarse tanto que se dé por vencido. Pero, ¿qué hay cuando está buscando un libro que conoce bien? Posiblemente usted recuerde el color distintivo o el tipo de letra en el lomo. Aunque no lea las palabras de la cubierta, usted puede ser capaz de identificarlo con solo una *mirada*. Resulta mucho más fácil encontrar algo cuando sabe lo que está buscando.

Usted desarrollará buenos líderes solamente si encuentra a personas con un fuerte potencial de liderazgo.

Yo he buscado a personas con potencial de liderazgo durante tanto tiempo que tengo un fuerte sentido de cómo lucen. Cuando comencé en el liderazgo, eso no sucedía. Ahora que he estado desarrollando a líderes durante casi cuarenta años, es una segunda naturaleza. Deseo compartir mi lista de criterios con usted, de manera que también pueda reconocer a personas con potencial de liderazgo, reclutarlas en su equipo y comenzar a desarrollarlas.

1. Los líderes son catalizadores

Cada líder que he conocido tiene la capacidad de hacer que las cosas sucedan. Con frecuencia así es como se les reconoce. Son como el hombre flaco y débil del chiste sobre el campamento maderero del oeste de Canadá.

—Me gustaría trabajar como leñador—dijo él.

El encargado intentó disuadirlo. Después de todo, él era de baja estatura. Era viejo. Y lucía demasiado débil para un empleo tan demandante. Impertérrito, el anciano tomó una hacha y procedió a trozar un enorme árbol en un tiempo récord.

—Eso es asombroso—dijo el encargado—. ¿Dónde aprendió a talar árboles así?

—Bueno—dijo el anciano—, ¿ha escuchado del bosque del Sahara?

Respondió el encargado:

—Se refiere al desierto del Sahara.

—Por supuesto—respondió el anciano—, así es como lo llaman ahora.

A mí me llama la atención cuando veo a alguien que hace las cosas realidad. La capacidad de hacer las cosas realidad no convierte automáticamente a una persona en líder; pero todavía no he conocido a un líder que no tenga la habilidad de hacer realidad las cosas.

2. Los líderes influyen en los demás

Liderazgo es influencia, por lo que desde luego, los líderes potenciales deben tener la habilidad de influir en otras personas. La influencia es algo que no puede delegarse. Todo aquel que desee dirigir debe poseerlo, al menos en cierto grado.

Cuando busque a líderes potenciales e intente estimar su nivel de liderazgo, ponga atención en quién influyen. ¿Influyen solamente en sus amigos y familiares? Ese es un nivel bastante bajo de influencia. Si influyen en otros empleados de su departamento o de su equipo, eso muestra un mayor nivel de habilidad. Cuando los empleados fuera de su departamento o equipo lo siguen, eso muestra una promesa mayor. Si sus colegas lo siguen, ellos han desarrollado un nivel bastante alto de influencia. Y si influyen en usted y otras personas en lugares más altos de liderazgo que ellos, eso indica bastante habilidad. Estas personas ya están dirigiendo y son altamente prometedoras.

¿De dónde proviene la influencia?

- **Carácter**: Quiénes son.
- **Relación**: A quiénes conocen.
- **Conocimiento**: Lo que saben.
- **Comunicación**: Cómo se conectan.
- **Pasión**: Lo que sienten.
- **Experiencia**: Donde han estado.
- **Éxitos del pasado**: Lo que han hecho.
- **Habilidad**: Lo que pueden hacer.

Estos factores se unen en diferentes cantidades para crear la receta de un líder para la influencia. La mezcla de cada persona es diferente, pero el resultado es el mismo: la gente los sigue.

3. Los líderes construyen relaciones

Algo que evita que muchas personas talentosas e inteligentes sean buenos líderes es una falta de habilidades sociales. Alguien con débiles habilidades sociales puede volverse un gerente razonablemente bueno, porque la administración está enfocada en sistemas y procedimientos. Pero nadie que carezca de habilidades sociales puede ser un gran líder.

Cuando a las personas del equipo no les agrada alguien, a menudo intentarán lastimar a esa persona. Si no pueden causarle daño, simplemente se negarán a ayudar. Si no tienen una verdadera opción y se les *requiere* que ayuden, continúan estando mental y emocionalmente contra la persona, y esperarán que no tenga éxito. E incluso si la persona logra triunfar, las victorias que obtenga pueden sentirse muy vacías y ser breves. Elevar a alguien con malas habilidades sociales es una receta para el fracaso.

A los buenos líderes les agrada la gente y a la gente les agradan ellos. Ellos trabajan para conectarse con los demás y continuamente buscan oportunidades para conectarse. Es por ello que usted necesita seleccionar a líderes potenciales con excelentes habilidades sociales.

4. Los líderes reúnen

Los líderes potenciales tienen en sí una cualidad mediante la cual siempre son "el centro de atención". Los demás son atraídos a ellos. Desean escuchar lo que ellos dicen. Les gusta estar alrededor de ellos, porque suceden cosas emocionantes. A menudo, estas personas son graciosas y entretenidas. Simplemente parece que poseen la cualidad de atracción. A la gente le agrada pasar tiempo con ellos.

A los buenos líderes les agrada la gente y a la gente les agradan ellos.

Cuando los líderes hablan, la gente escucha. En una reunión, con frecuencia la gente espera escuchar lo que los líderes tienen que decir. Cuando habla la gente extrovertida *sin* potencial de liderazgo, nadie escucha. Simplemente están dando un discurso sin audiencia. Se les dificulta reunir a personas y llamar su atención. Cuando veo una persona que continuamente reúne a una multitud, yo pongo atención, porque deseo evaluar si la persona tiene otras cualidades que representen un potencial de liderazgo.

5. Los líderes añaden valor

Una vez cuando estaba en África, tuve la oportunidad de ir en un viaje de safari en Kenia. Mientras nos encontrábamos en las llanuras, pude conocer a un jefe masái. Fue una experiencia fascinante. Una de las preguntas que le hice fue: "¿Cómo se convirtió en el jefe?". Su respuesta: "Me vieron como alguien que añadía valor".

Eso es lo que hacen los buenos líderes: añaden valor. Ven su papel de líder como un medio para ayudar a los demás, no solo a sí mismos. Son dadores y ven la vida de manera muy distinta a los tomadores:

Los tomadores preguntan: "¿Qué están haciendo los demás por mí?".

Los dadores preguntan: "¿Qué estoy haciendo por los demás?".

Los tomadores ven a los miembros del equipo como cosas que poseen.

Los dadores ven a los miembros del equipo como personas bajo préstamo.

Los tomadores consolidan el poder para su beneficio personal.

Los dadores comparten el poder por el bien del equipo.

¿Alguien puede dirigir a los demás sin añadir valor? Definitivamente. El mundo está lleno de personas que empujan a los demás para levantarse a sí mismos, quienes dirigen por el poder y por los beneficios adicionales. La historia está contaminada de tales líderes. Pero su liderazgo es fugaz. No les añaden valor a los demás. Y su impacto sobre el mundo es negativo. ¿Quién desea a esa clase de persona en su equipo?

6. Los líderes son oportunistas

Los buenos líderes ven y aprovechan las oportunidades. Continuamente están buscando maneras de ayudar a su organización y hacer avanzar al equipo. Los autores de liderazgo, James M. Kouzes y Barry Z. Posner, equiparan a los líderes con los colonizadores que fundaron Estados Unidos o que desbravaron la frontera occidental. Ellos escriben: "Los líderes son pioneros: personas que están dispuestas a entrar en lo desconocido. Son personas dispuestas a asumir riesgos, a innovar y experimentar con el fin de encontrar maneras nuevas y mejores de hacer las cosas".

"Los líderes son pioneros: personas que están dispuestas a entrar en lo desconocido".
—James M. Kouzes y Barry Z. Posner

Los líderes, por definición, se encuentran en el frente. Ellos toman el nuevo territorio y los demás los siguen. Los grandes líderes no simplemente envían a los demás. Ellos dirigen la carga. Son más guías turísticos que agentes de viaje. Ellos ven oportunidades, se preparan para avanzar, y luego dicen: "Síganme". Cuando vea a alguien que sea capaz de ver oportunidades y que esté dispuesto a tomar buenos riesgos, ponga atención. Posiblemente esté frente a un líder.

7. Los líderes son finalizadores

El padre fundador, Bejamin Franklin, aseveró: "Nunca conocí a un hombre bueno para dar excusas que fuera bueno en todo lo demás". Los líderes no dan excusas. Ellos toman la responsabilidad, abrazan la oportunidad y siguen hasta el final. Ellos cumplen sus compromisos y puede contarse con que terminarán. Para citar el antiguo poema, "El hombre bienvenido", de Walt Mason, el cual mi padre me leía a menudo cuando estaba pequeño, los líderes son quienes "cumplen su parte".

El autor Kenneth Blanchard dice: "Existe una diferencia entre el interés y el compromiso. Cuando está interesado en hacer algo, usted lo hace solamente cuando le conviene. Cuando está comprometido con algo, no acepta excusas, solamente resultados". Eso es lo que hacen los líderes. Se comprometen y lo finalizan. Ellos son como el general confederado, Jeb Stuart, quien solía firmar sus cartas al general Robert E. Lee con las siguientes palabras: "Quedo de usted para que cuente conmigo".

¿Quiénes son sus líderes?

Algunos pasan tiempo buscando a personas en su esfera de influencia. ¿Ha identificado a líderes potenciales? ¿Qué nombre obtendría una marca de verificación en cada una de las siguientes características de liderazgo?

Catalizador.
Influye en los demás.
Construye relaciones.
Recolecta.
Añade valor.
Es oportunista.
Finalizador.

Pocas cosas resultan más difíciles que intentar ayudar a personas sin potencial de liderazgo para dirigir. Es como enviar patos a la escuela de águilas. No funciona. Sin embargo, cuando escoge a las personas correctas, desarrollarlas es un placer. Jack Welch aseveró: "Si elige a la gente correcta y les da la oportunidad de extender sus alas—y pone detrás una compensación tal como una carrera—, casi no tiene que dirigirlos". Eso es lo que usted está buscando.

2. ¿Desarrollar líderes es más un arte o una ciencia?

Algunos desean desarrollar a líderes a través de un sistema altamente estructurado e inflexible, para intentar producirlos tal como los fabricantes perforan figuras en hojas de metal. Otros desean que el desarrollo de sus líderes sea completamente orgánico y sin planeación, que cada lección surja de la situación a mano. Pero la verdad es que el desarrollo de liderazgo es tanto una ciencia como un arte.

ARTE	CIENCIA
Basada en la intuición	Arraigada en los hechos
Reconoce el talento	Refina el talento mediante la práctica
Inspira el desempeño	Evalúa el desempeño

Desarrolla relaciones	Desarrolla habilidades
Identifica los momentos de enseñanza	Implementa un método de capacitación
Sabe cuándo moverse	Se prepara antes del movimiento

Daniel Goleman ha hecho mucho para ayudar a la gente a comprender el lado intuitivo del liderazgo. Su investigación y sus textos sobre la inteligencia emocional muestran que aunque las cualidades tradicionalmente asociadas con el liderazgo—tales como la inteligencia, las habilidades técnicas y la determinación—se requieren para el éxito, estas cuentan solo parte de la historia. Los líderes eficaces también poseen inteligencia emocional, dentro de la cual se encuentran la consciencia de sí mismo, la intuición, una capacidad para el liderazgo propio, la empatía y las habilidades sociales. Estas habilidades "más suaves" representan el lado más creativo del liderazgo y deben desarrollarse tanto como las habilidades duras.

Daniel Goleman dice: "Sería tonto aseverar que el buen coeficiente intelectual anticuado y la habilidad técnica no son ingredientes importantes de un líder fuerte. Pero la receta no estaría completa sin la inteligencia emocional. Una vez se enseñó que era 'agradable' que los líderes de negocios poseyeran los componentes de la inteligencia emocional. Pero ahora que lo sabemos, por el bien del desempeño, estos son ingredientes que los líderes 'necesitan poseer'".

Cuando desarrolla líderes, usted debe identificar, alimentar y desarrollar ambos conjuntos de habilidades. Si está familiarizado con *Los 5 niveles de liderazgo*, usted sabe que el Permiso (el aspecto relacional del liderazgo) y la Producción (el aspecto de los resultados del liderazgo) son esenciales para desarrollar influencia en la gente y convertirse en un líder efectivo.

3. ¿Cómo le ayuda a la gente a darse cuenta del talento que hay en ella? ¿Cómo le ayuda a la gente a creer en sí misma?

Napoleón dijo: "Los líderes son distribuidores de esperanza". Ellos le ayudan a la gente a creer en la visión y en su liderazgo. Pero también le ayudan a la gente a creer en sí misma. Le ayudan a la gente a volver la esperanza en acción.

Posiblemente el aspecto más gratificante del liderazgo sea ver a la gente con esperanza creer en sí misma, desarrollarse y dar fruto como líderes efectivos. Si usted desea ayudar a su gente a llevarlo a cabo, proceda de la siguiente manera:

Encuentre evidencia de que desean crecer

Usted no puede hacer que alguien que no desee crecer abrace el crecimiento personal. La gente debe ser quien finalmente tome la decisión por sí misma.

Yo no siempre lo comprendo. Hubo un tiempo en que creí que podía animar e inspirar a todos a que emprendieran conmigo el viaje de crecimiento. Ya no lo creo. La vida es demasiado corta para pasar tiempo intentando convencer a la gente a que cambie y crezca, mientras que otros que *sí* merecen crecer esperan que usted les dé su tiempo y su energía. De manera que si desea que la gente se dé cuenta de su potencial, lo primero que debe hacer es conocer la diferencia entre quienes desean crecer y quienes no. Invierta su esfuerzo en lo mejor que tenga, porque ellos le darán una mayor retribución.

Usted no puede hacer que alguien que no desee crecer abrace el crecimiento personal

¿Cómo puede saber quién desea crecer? Actitud y esfuerzo. La gente digna de su tiempo y su atención tiene una actitud de aprendizaje. Están abiertos a la instrucción y hambrientos de crecimiento.

Posiblemente no estén todavía convencidos de que pueden alcanzar lo que usted reconoce como su potencial, pero tienen el deseo. Y ya están haciendo un esfuerzo por crecer. Sus esfuerzos pueden no ser estratégicos. Posiblemente no estén enfocados. Quizá ni siquiera sean eficaces. Pero usted puede ver una chispa ahí. Eso es todo lo que necesita para comenzar.

Identifique sus fortalezas

El principal problema de las personas que desean crecer pero que no están alcanzando su potencial es que se especializan en sus debilidades. ¿Por qué? Creo que se debe a que es lo que les han enseñado a hacer casi toda su vida. Piense en la vez que obtuvo su boletín de calificaciones cuando era pequeño. Si usted obtenía una A en matemáticas y reprobaba en lectura, ¿en qué le decía su profesor que tenía que trabajar? En su lectura.

Esa es una buena idea cuando está lidiando con los conocimientos básicos. Todos necesitan aprender a leer y hacer matemáticas básicas. Es difícil triunfar en la vida si no puede leer un libro o mirar un recibo y darse cuenta de que le están engañando. Sin embargo, esa no es una buena estrategia a medida que crece. Si usted desea ser exitoso, necesita edificar sobre sus fortalezas, no apuntalar sus debilidades. Nadie paga por la mediocridad. Nadie contrata a propósito la mediocridad. La gente paga por la excelencia. Si usted está por encima del promedio en algo, tiene la posibilidad de volverse excelente en ello. Y si comienza como excelente, usted tiene la oportunidad de volverse grandioso.

Las personas a quienes dirige posiblemente no sepan en qué son buenos. Mucha gente crece con poco o nada de aliento de los adultos importantes de su vida. Muchas personas aceptan un empleo conveniente y nunca piensan en que podrían ser grandiosos. Como líder, usted necesita ayudarle a la gente a averiguar en dónde tienen potencial y en dónde deberían crecer.

Incremente su confianza

Existen dos clases de personas que tienen confianza, aquellas con un alto nivel de dominio en su área de fortaleza y quienes no tienen ningún conocimiento y piensan que todo es fácil, porque nunca han hecho nada. Luego está un grupo intermedio, el cual es el más grande. Estas personas necesitan su ayuda para obtener confianza en sí mismos.

Yo ayudo a la gente a tener confianza al ver el potencial en ellos, esperando lo mejor de ellos y expresándoles mi fe en ellos. Cuando la gente comienza a intentar crecer y enfrentar nuevos desafíos, normalmente se vuelven inseguros. Intentar conquistar un nuevo territorio puede ser siniestro. Es por ello que usted necesita darles su convicción. Dígales: "Comprendo que te encuentras en un viaje. Esto es extraño para ti. Posiblemente estés un poco nervioso. Está bien. Creo en ti. Todo estará bien. Tal vez no lo logres en el primer intento, pero lo lograrás. Eres un ganador y ganarás. Sigue intentándolo".

Cuando usted expresa su convicción en la gente, eso va directamente a su alma. Les da esperanza. Agita su sensación de propósito. Eso les ayuda a ser alguien que nunca antes pensaron y hacer cosas que nunca antes han hecho. Saber que usted cree en ellos los hace levantarse. ¿Hay algo mejor en el mundo que tener a alguien que lo ame incondicionalmente y que crea en usted?

Otórgueles un lugar para practicar

Una vez que ha descubierto que la gente desea crecer, les ha ayudado a identificar sus fortalezas y ha incrementado su confianza, usted necesita proporcionarles un lugar para practicar lo que están aprendiendo. Practicar es bueno. Orientar es fantástico. Desarrollar es increíble. Pero si usted no les da un lugar donde practicar a los líderes emergentes, su conocimiento nunca se volverá experiencia práctica.

El liderazgo es tan complejo que no puede aprenderlo en un libro. Puede obtener ideas. Puede abrir puertas mentalmente. Puede comprender conjuntos de habilidades, pero no puede adquirirlas y crecer si no las pone en práctica. La gente necesita cometer errores y aprender de ellos. Necesitan averiguar lo que les funciona. Necesitan trabajar con personas reales que tienen fortalezas y debilidades, problemas y peculiaridades.

Instrúyalos para mejorar

A medida que la gente intente practicar las nuevas habilidades, usted necesita permitirles fracasar en un lugar seguro. La gente siempre aprende más de sus errores que de sus éxitos. Camine junto a ellos para brindarles seguridad y ayúdelos a pasar por los más difíciles problemas. Comparta con ellos en dónde cometieron los errores y cómo pueden superarlos. Dígales en qué trabajar. Y anímelos a continuar intentando.

Cuando comience a instruirlos, posiblemente tenga que involucrarse por completo. Puede estar cerca de ellos. A medida que obtengan experiencia, deles más espacio. Es como ayudar a un niño a andar en bicicleta. Al principio comienzan con ruedas de entrenamiento. Cuando comienzan a entender cómo funciona la mecánica de la bicicleta, usted le quita las ruedas de entrenamiento, pero permanece con ellos a cada minuto para apoyarlos. Cuando obtienen confianza, los suelta. La primera vez que equilibran la bicicleta y el pedal, se emocionan. ¡Finalmente lo hiciste! Pero, desde luego, es cuestión de tiempo hasta que se caen. Usted los está vigilando, de manera que los ayuda a levantarse. Les explica lo que sucedió. Les ayuda a comprender cómo evitar el mismo problema, y luego los observa montar un poco más. Finalmente, ellos montarán solos y ya no necesitarán de su ayuda para permanecer erguidos.

Continúe incrementando sus responsabilidades

En este punto, muchos líderes cometen un error. Tan pronto como el líder emergente obtiene un grado de autosuficiencia, ellos dejan solo al líder, agradecidos de que finalmente puedan llevar su propia carga. Es un alivio tener a alguien con quien compartir la carga. Pero no se detenga ahí. Si ha desarrollado a un líder que puede ser exitoso independientemente, usted habrá hecho más que otros líderes. Y puede sentir que ya terminó. Pero para los mejores desarrolladores de personas, eso no es suficiente. Si continúa trabajando con nuevos líderes e incrementando su nivel de responsabilidad, ellos continuarán creciendo y mejorando.

Su objetivo debe ser siempre esforzarse para dejar su empleo. Continúe dándoles a sus líderes cada vez más peso. Continúe mostrándoles las riendas. Permítales beneficiarse de su experiencia hasta que sean capaces de realizar su trabajo. Eso requiere seguridad de su parte. Pero si lo hace, cuando llegue el tiempo de que *usted* acoja una responsabilidad mayor o que se mueva hacia un nuevo desafío, tendrá a personas que puedan meterse y tomar su lugar. Ese siempre debe ser su objetivo como líder.

4. ¿Cómo puede ayudar a la gente a alcanzar su máximo potencial cuando se encuentran en su zona de comodidad y no desean dejarla?

Muchas personas no tienen una visión mayor para su vida. A la gente, incluso a quienes desean crecer, les resulta fácil quedarse estancados y permanecer en su zona de comodidad. Como líder, usted debe intentar animarlos a avanzar y alcanzar su potencial. Usted no es responsable de su respuesta. Cada persona tiene que hacerse responsable. Pero usted puede ejemplificar el crecimiento, animarlos e intentar ser un catalizador para el cambio positivo. De esta manera:

Muéstreles una visión para su mejor futuro

Si la gente no puede ver por sí misma un mejor futuro, usted necesita mostrárselos.

Si la gente no puede ver por sí misma un mejor futuro, usted necesita mostrárselos. Comience haciéndoles preguntas:

Si pudieras ser lo que desearas, ¿qué serías?

Si pudieras hacer lo que desearas, ¿qué harías?

Si supieras que no puedes fracasar, ¿qué intentarías?

Vea lo que se remueve en su interior. Muchas gente tiene sueños en lo profundo que necesitan solo un poco de aliento para ser liberados.

Trátelos no como son, sino como podrían ser

Yo aprendí esta lección de mi papá cuando era niño. Él trataba a todos con amabilidad y respeto, aunque la gente lo tratara mal a él. Y cuando sostenía conversaciones con la gente cerca de mi hermano, mi hermana o de mí, él hablaba muy bien de nosotros. Él hablaba de nosotros en una forma tan fortalecedora para un niño que nosotros literalmente obtuvimos muchas de nuestras expectativas de aquellas conversaciones. Deseábamos levantarnos al alto nivel de su trato con nosotros. Yo sé que él lo hacía a propósito, y eso era muy fortalecedor y construyó confianza.

Si usted debe tratar a la gente que le rodea como podría ser en lugar de cómo son, ¿cómo cree que responderían? Si han estado estancados durante mucho tiempo, posiblemente no se levanten en seguida. Tal vez tenga que continuar hablando positivamente de ellos y tratándolos como personas que desean alcanzar su potencial; pero creo que con el tiempo, la mayoría se levantará. Y si no sucede, ¿qué perdió usted? Nada. Inténtelo. Hable positivamente acerca de un mejor futuro para ellos, y posiblemente ellos traten de vivir a la altura.

Prepárelos para una victoria

En muchas ocasiones, las personas no están dispuestas a abandonar su zona de comodidad, porque están convencidas de que no pueden ganar. Usted puede cambiar eso al prepararlos para el éxito. Si los coloca en una posición donde una fácil victoria esté garantizada, esa experiencia de victoria puede inspirarlos a avanzar.

Aquí tenemos un ejemplo de cómo puede hacerlo funcionar. Si usted sabe que alguien de su equipo tiene el potencial para ser un vendedor fantástico, pero que no sale de su zona de comodidad, colóquelo en una posición ideal para hacer una venta fácil. Si ha estado trabajando con un cliente para hacer una venta y usted sabe que todas las barreras han sido eliminadas, todas las objeciones han sido descartadas y el cliente está listo para decir sí, no cierre la venta. En cambio, diga que tiene que marcharse, pero pregunte si puede concertar una cita para el día siguiente. Y mencione que traerá consigo a un colega.

Al día siguiente, lleve al vendedor que necesita ganar para darle confianza. Dígale que usted desea que hable brevemente con el cliente, y luego pregunte por la venta. Después, mire cómo el vendedor cierra el trato. Esa es la clase de cosas que pueden lograr que alguien sobrepase el obstáculo y le dé confianza.

Los buenos desarrolladores de líderes no hacen todo para beneficiarse a sí mismos. Ellos hacen lo que los grandes entrenadores, capacitadores y mentores: colocan las necesidades del equipo por encima de las suyas. Ellos preparan a la gente para el éxito, de manera que obtengan confianza y experiencia. Esas cualidades son importantes si usted desea ver que la gente alcance su potencial.

5. ¿Cómo determina cuánto tiempo le dedica a quien está desarrollando?

Todos los miembros de su organización necesitan tiempo y ayuda, pero eso no significa que usted pueda ayudarlos a todos personalmente.

Usted debe ser amable y servicial con todos, pero debe elegir a quienes desarrollará. Si se enfoca en el principal veinte por ciento de su equipo, las personas con las mayores habilidades y el más grande potencial para crecer, usted puede pedir su ayuda para apoyar y a desarrollar al ochenta por ciento restante.

Cómo identificar su principal veinte por ciento

Esto es lo que debe buscar al determinar quién debería estar en su principal vente por ciento:

- **Pasión:** ¿Están entusiasmados? ¿Están a favor del equipo? ¿La visión los energiza? ¿El trabajo que están desempeñando les está satisfaciendo? Usted no desea tener que empujar a alguien para desarrollarlo.
- **Disposición para aprender.** ¿Están creciendo ahora? ¿Están abiertos a nuevas ideas? ¿Son humildes y están dispuestos a aprender? Usted desea invertir en las personas hambrientas.
- **Capacidad.** ¿Cuál es su potencial? ¿Hay suficiente espacio para el crecimiento? ¿Poseen talento en el área en que usted desea desarrollarlos? ¿Cuán lejos pueden llegar si usted pudiera ayudarlos?

Quizá haya muchas personas en las que valga la pena invertir. De ser así, no intente desarrollar a más del veinte por ciento. Si se estira demasiado, la gente no obtendrá lo mejor de usted. Por otro lado, si juzga que tiene solamente una persona con potencial, invierta en él o en ella.

Una vez que ha identificado a quién desea desarrollar, pregúnteles cuánto tiempo piensan *ellos* que necesitan para ser exitosos. Yo creo que no hacemos este tipo de preguntas lo suficiente. La mayor parte del tiempo, las buenas personas serán estratégicas en su respuesta. No todos lo serán, pero las buenas personas lo son generalmente, debido a que no desean solo pasar el rato. Desean llevar a cabo las cosas. Desean conseguir algo.

Si la cantidad de tiempo que ellos solicitan es apropiada—basada en su potencial y el tiempo que usted tiene—, otórgueselos, pero que sea conveniente para usted. Pídales que se amolden a su horario y acudan a usted. Y cuando se reúnan, saque el mayor provecho de ese tiempo. Haga que cuente.

6. ¿Cuándo suelta o "deja ir" a la gente que está dirigiendo, luego de que ha hecho lo que puede para ayudarla a crecer?

A muchos líderes se les dificulta saber cuándo dejar de invertir en alguien en quien una vez creyeron. Algunos líderes se dan por vencidos demasiado pronto. Otros se aferran a alguien bastante tiempo, esperando que la persona se reencamine.

Yo creo que está bien soltar a la gente si sucede una de estas cosas:

Les ha dado la oportunidad de cambiar pero no lo han hecho

Cuando les ha proporcionado un camino claro para cambiar, es decir, les ha dejado en claro *cómo* necesitan cambiar, les ha explicado *por qué* necesitan cambiar y les ha dado todos los recursos que les *posibilitan* cambiar; sin embargo, continúan sin cambio, usted necesita dejar de invertir en ellos.

Cuando comencé mi carrera, hice bastante consejería con la gente. Lo encontré muy frustrante. Cuando la gente tenía un problema, a menudo podía ver una clara solución, y todo lo que deseaba hacer era exponerles un plan de acción que ellos adoptaran, y luego esperar a que lo siguieran. Pero lo que generalmente sucedía era que llegaban a hablar del problema, pero luego no hacían nada al respecto en realidad. La siguiente ocasión, ellos me contaban otra vez sobre el problema. Descubrí que a mucha gente le importa más que la escuchen y la comprendan que cambiar y crecer, y yo no podía hacer mucho al respecto.

Ese no es el caso de un líder. No solamente *puedo* ofrecerle a alguien un plan de acción que adopte con el fin de crecer; *se espera* que lo haga con todos aquellos que desarrollo o instruyo. Cuando lo hago, la persona puede decidir seguir mi consejo o no. Y si decide no seguir mi dirección, yo puedo decidir no darle más de mi tiempo. ¿Por qué debería continuar invirtiendo en alguien que no desea seguir mi dirección y crecer? ¿Por qué debería hacerlo usted?

Han quebrantado la confianza

Cuando la gente en la que está invirtiendo quebranta la confianza que tiene con usted, es tiempo de dejar de darles su tiempo y su energía. Se ha dicho que si no puede confiar en todo lo que dice una persona, no puede confiar en nada de lo que diga. Si alguien ya no es digno de confianza, ellos han violado la relación. No hay una forma adecuada de avanzar.

Se da cuenta de que no los contrataría de nuevo ahora

A veces, cuando trabajamos durante un tiempo con la gente, nos damos cuenta de que no tenían el potencial que pensamos haber visto en ellos cuando los contratamos. Posiblemente usted creyó en ellos más de lo que ellos creyeron en sí mismos, y nunca alcanzaron sus expectativas. Quizá estaban en una inusual buena temporada cuando usted los conoció. O tal vez usted se equivocó acerca del talento y las habilidades que pensó haber visto.

No importa cuál de estas razones sea verdad, el punto esencial es que ahora usted los conoce mejor y ha llegado a darse cuenta de que si estuviera contratando hoy para ocupar su puesto, no los elegiría a ellos. Si eso es verdad, es tiempo que deje de invertir en ellos, porque ha descubierto que es un callejón sin salida. Usted no puede transformar a la gente en algo que no es. Es hora de avanzar y darle su tiempo y su energía a alguien más que pueda ayudar al equipo.

7. Les otorgué poder a los demás para dirigir, y regresé solo para encontrar que no había progreso y que estaban de vuelta haciendo las cosas a la antigua. ¿Qué debo hacer diferente?

Cuando comencé a dar conferencias para enseñar sobre liderazgo y ayudarle a la gente a aprender a dirigir, sentí mucha presión para intentar hacer que la gente triunfara, pero supe que no estaba funcionándoles a todos. Vi a algunas personas remontar. Pero pude ver que otros estaban desperdiciando su tiempo, porque no deseaban hacer ningún cambio y dirigían a los demás igual que antes de la conferencia.

Eso me pesaba demasiado. Me quedé pensando: *Tengo que cambiar a esta gente*. Entonces pensaba ingenuamente que estaba en mi poder cambiar a la gente. En algunos casos deseaba su éxito más de lo que ellos lo deseaban para sí mismos.

Yo no puedo cambiar a nadie más. La gente tiene que cambiar por sí misma mediante sus decisiones.

Con el tiempo y la experiencia, desde luego me di cuenta de que yo no puedo cambiar a nadie más. La gente tiene que cambiar por sí misma mediante sus decisiones. Lo único que puedo hacer es crear un ambiente positivo que los anime a crecer y a cambiar.

Si en su organización o en su equipo hay personas que no están aprendiendo, creciendo y cambiando, y usted no ha creado aún un ambiente que estimule el crecimiento, intente hacer lo siguiente:

Trate a los triunfadores como socios en lugar de como empleados

Una de las cosas más positivas que puede hacer por sus triunfadores es cerrar la brecha entre usted y ellos. Una de las maneras de hacerlo es tratar a sus mayores talentos como socios. Su relación laboral debe ser más como una alianza estratégica que como un acuerdo laboral tradicional.

¿Qué significa eso? Significa que como líder, usted no está ocultándole información a su equipo para mantener ventaja. Usted está pidiendo consejo. Está escuchando tanto como está hablando o más. Incluye a su equipo en la formación de su visión. Comparte la toma de decisiones. Trabaja junto con ellos en todo, en lugar de repartir tareas.

Si lo hace constantemente, usted verá un crecimiento exponencial en su mejor gente, porque ellos aprenderán cómo piensa usted. Además se dará cuenta de que la gente comienza a llevar el peso de la responsabilidad y se ofrecerá a tomar desafíos en lugar de que se los asignen.

Permanezca por encima de sus jugadores más fuertes

Usted no puede ver el tono del ambiente si no está por encima de sus miembros más fuertes. Eso no significa que tenga que saberlo todo o que tenga que dirigir al equipo en cada categoría. En mi equipo tengo a muchas personas que saben más que yo en ciertas áreas. Pero cuando se trata de liderazgo, yo trabajo para ser el más fuerte del equipo.

El deseo de permanecer por encima de mi mejor gente me conduce a continuar creciendo y aprendiendo. Como líderes que crean un ambiente positivo para el crecimiento, nosotros debemos continuar creciendo, leyendo, investigando e interactuando con otras organizaciones y líderes para permanecer en la vanguardia. Si lo hacemos, podremos ejemplificarles a los demás el pensamiento creativo, la seguridad emocional y el liderazgo de servicio.

Recompense económicamente a los triunfadores

Me he dado cuenta de que las mejores personas de mi organización ya han hecho la transición de buscar el éxito a esforzarse por la trascendencia. Ellos están trabajando por la realización, no por las finanzas. Sin embargo, siempre me he propuesto recompensar a mis mayores talentos económicamente como una muestra de mi aprecio. Nunca deseo que las finanzas sean una distracción o una piedra en su zapato. Si se les paga bien, ellos pueden enfocarse en las cosas que de verdad importan.

Invierta relacionalmente en los de mayor desempeño

Cuando las personas alcanzan cierto nivel de logro, lo que más valoran es pasar tiempo con quien está por encima de ellos y pueda ayudarlos a avanzar en la vida. Ellos desean una buena relación.

Instruya a su mejor gente. Deles tiempo uno a uno. Deles acceso a usted y construya una relación de desarrollo. Su gente más talentosa tiene un fuerte deseo de aprender y crecer. Alimente ese deseo. Y anímelos a involucrarse en ese mismo proceso con gente que está emergiendo detrás de ellos.

Estire continuamente a los de mayor desempeño

Una señal segura de que alguien tiene un desempeño superior es que desean ser desafiados. Eso siempre sucede con los más talentosos. Si usted tiene a personas excepcionales en su equipo, necesita pensar continuamente en maneras en que pueda desafiarlos. Necesita encontrar nuevos horizontes a los que ellos aspiren. No les permita aburrirse, porque si lo hacen, se desesperarán y comenzarán a buscar otras oportunidades.

Como líder, yo soy responsable de crear un ambiente en el que la gente pueda aprender, y crecer, y ser exitosa. Yo puedo animarlos, proporcionarles recursos y capacitarlos. Soy responsable de entregarles lo mejor de mí—pero no de su respuesta—. He tenido a gente en quien he invertido significativamente que regresa y me dice: "No me ayudaste suficiente. Necesitas ayudarme más. Necesito más de tu tiempo". Ellos no estaban asumiendo la responsabilidad de su propio éxito.

Me parece un misterio por qué una persona triunfa en un ambiente tal y la otra no. Dos personas leerán uno de mis libros o me escucharán hablar. Una saldrá y cambiará su vida para siempre. La otra se marchará desilusionada. El mismo libro, la misma conferencia y el mismo orador pueden llevar a respuestas completamente diferentes.

Dele a la gente lo mejor de usted, pero no cargue con el peso de sus decisiones. No cargue con el peso de los resultados. Ayude a quien pueda, y permítales a los demás que encuentren otro ambiente y otro líder que pueda ayudarlos.

8. ¿Cómo podemos superar la desilusión cuando invertimos mucho tiempo, dinero, trabajo y pasión en nuestros líderes emergentes y ellos se marchan?

Para ser sincero, no se supera. Lo mejor que puede hacer es obtener sabiduría de ahí. La pérdida es el comienzo de la sabiduría. El dolor y la herida de que personas grandiosas nos abandonen, nos hace poner más atención en el proceso, especialmente si hemos invertido mucho en la gente que se marcha. Intente bendecirlos y no se permita amargarse.

Usted puede sentirse tentado a dejar de invertir en la gente como consecuencia. No se rinda en el proceso. Le diré por qué: lo único peor que desarrollar a la gente y perderla es no desarrollarla y conservarla. Si deja de desarrollar a la gente, su organización o su equipo ha comenzado a decaer. Y continuará decayendo mientras otras organizaciones lo superen. Lo mejor que puede hacer es aprender de sus experiencias y hacer su mejor esfuerzo para aferrarse a su gente más fuerte en adelante.

Nosotros vivimos y dirigimos en un mundo de agentes libres. La gente se marcha por una variedad de razones. Usted puede ser capaz de conservar a su mejor gente o no. Ellos pueden marcharse por razones diferentes que no tienen relación con usted. Pero haga su mejor esfuerzo para conservarlos. No les dé razones para marcharse. Que su propósito sea más grande que usted. Deles cada oportunidad para trabajar por la trascendencia, no solo por el éxito. Págueles tan bien como pueda. Ayúdelos a crecer. Y cree un gran ambiente que le dificulte marcharse a la gente. Eso es todo lo que puede hacer.

9. ¿Qué es lo más importante que un líder debe aprender con el fin de ser líder de líderes?

Solamente hay una forma de dirigir a líderes: que usted sea un mejor líder. Los buenos líderes no siguen a líderes deficientes. La gente sigue por naturaleza a líderes que son más fuertes que ellos. Esa es la Ley del Respeto de *Las 21 leyes irrefutables del liderazgo*.

Cuando los líderes se reúnen, ellos se aprovechan naturalmente. Se prueban el uno al otro. Se desafían el uno al otro. Algunas personas lo hacen con humor, otros intentan sacar a las personas del juego. A veces es juguetón. Otras veces no lo es. Pero si usted junta a un montón de líderes en un cuarto, ellos podrán decirle quién es el más fuerte. Coloque a personas que no son líderes, y ellos ni siquiera estarán en el juego.

De manera que si desea ser un líder de líderes, usted necesitará ganarse el derecho. Necesitará obtener el éxito primero. Entre más grande sea la capacidad de los líderes a quienes desea dirigir, mayor será el éxito que necesita tener en su historial. Necesitará continuar elevando la capacidad de su liderazgo. Usted necesita hacer del crecimiento una meta principal y dedicarse a ello. Y además necesitará controlar su ego. Si tiene una necesidad compulsiva de ser el macho alfa, los demás machos no desearán trabajar con usted.

10. ¿Cómo incluye a la gente en su círculo interno?

La mayoría de quienes están en mi círculo interno han llegado allí porque se han acreditado o porque yo vi que ellos podían añadir valor. La mayor parte del tiempo, la gente determina su propia longevidad. Muchos ex miembros de mi círculo interno se quedaron conmigo durante una temporada y luego decidieron mudarse a otras cosas. Unos cuantos han permanecido conmigo durante más de veinte años. El cambio es bueno. Antes de pensar en incluir a alguien en mi círculo interno, considero lo siguiente:

1. El tiempo

Yo no incluyo a nadie en mi círculo interno sin tener una historia con la persona. Es demasiado arriesgado. Usted necesita conocer el carácter de alguien antes de que pueda permitirles manejar partes importantes de su mundo. Además toma tiempo desarrollar la relación. Yo tiendo a hacer juicios rápidos de la gente. Además soy muy confiado. Por lo que tengo que luchar con el deseo de incluir a alguien con demasiada rapidez.

2. La confianza

Para que su círculo interno sea efectivo, usted debe confiar completamente en las personas que están en él. No puede estar preguntando acerca de sus intenciones. Si lo hace, siempre estará en guardia, y ellos no podrán ayudarlo como usted necesita.

3. La experiencia

Para estar en mi círculo interno, la gente tiene que tener experiencia—no solo experiencia profesional, sino experiencia en la vida—. Creo que la gente necesita madurez para tomar buenas decisiones. Por tal razón, yo no deseo a alguien demasiado joven. No hay nadie actualmente en mi círculo menor de treinta y tantos años.

4. El éxito

Para que alguien esté en mi círculo interno, necesita haber obtenido algo de éxito. Necesitan haberse acreditado. Necesitan poseer la capacidad acreditada de añadirme valor a mí y a la organización. Que se les solicite entrar en mi círculo interno no es su oportunidad para "hacerla". Ellos necesitan ya tener algunas victorias en su currículum para ser considerados para mi círculo interno. Entran porque son buenos, no porque tengan potencial para ser buenos.

5. La compatibilidad

La vida es demasiado corta para trabajar todos los días con gente que no le agrada. En mi círculo interno no hay personas con las que yo no sea compatible. El grupo tiene una variedad de tipos de personalidades y una variedad de habilidades y dones. Pero todos estamos en la misma página y todos nos llevamos genial. Todos los días de mi vida le digo a la gente de mi círculo interno que los amo, y lo digo de verdad.

La vida es demasiado corta para trabajar todos los días con gente que no le agrada.

6. La capacidad

Una persona puede poner sobre la mesa cada una de esas otras cosas, pero si no tiene capacidad, no podrá estar en mi círculo interno. Yo me muevo rápido, hago muchas cosas y espero que la gente de mi equipo haga lo mismo. Ni yo ni el resto del equipo tiene tiempo para esperar que alguien se retrase. Necesitamos que la gente vaya al ritmo, no intentar ayudarles a ponerse al corriente. Podemos trabajar juntos solo si todos estamos juntos.

Cómo encontrar su círculo interno

¿Qué cualidades requiere de la gente de su círculo interno? ¿Su lista es la misma que la mía? ¿O requiere algo diferente? Piénselo. Luego comience a construir su propio círculo interno. Su objetivo debe ser rodearse de un pequeño grupo de personas que lo amen por quien es, que posean la habilidad de añadirle valor, que le sean leales y que deseen ayudarle a alcanzar su propósito. Usted, a cambio, necesita ayudarles a alcanzar el suyo.

Cuando cumplí cuarenta años, me di cuenta de que mi éxito dependería de los líderes que estuvieran más cerca de mí en mi equipo. Fue entonces cuando comencé a invertir fuertemente en líderes individuales de mi organización y a identificar quién podría ayudarme mejor a mí y a la organización. En la década y media desde entonces, siempre he intentado darle lo mejor de mí a mi círculo interno.

El círculo interno de cada líder es una bendición o una maldición. Cada persona de su equipo carga dos baldes: uno contiene gasolina y el otro agua. Cuando hay un incendio, ellos usan un balde u otro. Entre más alto esté en una organización, más se tardará en llegar a la escena. ¿Quién recibe los problemas controversiales primero? Su círculo interno. Si a ellos les gusta arrojar gasolina en lugar de agua en un incendio, usted está arruinado. Eso hará volar a la organización. Cada una de las personas de mi círculo interno se preocupa por mí y por la organización. Cada uno de ellos utiliza el balde de agua cuando estalla un incendio.

Mi círculo interno ha cambiado mucho desde que tenía cuarenta años. Yo he cambiado de organizaciones más de una vez. La personas han llegado y se han marchado. Muchos líderes creen y esperan que su círculo interno siempre permanezca igual. Yo instruí a un líder cuyo grupo central consistía de cinco líderes. "Permaneceremos juntos para siempre", me dijo. Yo sabía que tendría suerte al tener a uno al final de su ejercicio de liderazgo.

Ahora que tengo sesenta y tantos, valoro a mi círculo interno todavía más que antes. Nosotros dirigimos juntos. Reímos juntos. Lloramos juntos. Intentamos hacer juntos una diferencia. No puedo imaginarme la vida sin ellos.

Si usted todavía no ha desarrollado un círculo interno, le recomiendo encarecidamente que lo haga. Algunos miembros finalmente lo dejarán. Otros probablemente lo lastimarán. Todos lo ayudarán. Y usted nunca se arrepentirá de juntarlos. Cuando tenga mi edad, usted mirará en retrospectiva su tiempo con ellos como uno de los gozos más grandes.

Conclusión

Si usted abordó este libro con preguntas acerca de liderazgo, espero haber podido responderle algunas. A medida que aprenda más sobre liderazgo y se desarrolle como líder, probablemente se dé cuenta de que las preguntas nunca terminan. Yo he estado estudiando liderazgo durante más de cuarenta años y continúo buscando respuestas a nuevas preguntas. Eso se encuentra en el centro de mi crecimiento continuo como líder y como ser humano.

Igualmente importante, espero que tenga una nueva apreciación por las preguntas y que haya comenzado a hacer de las preguntas una disciplina regular de su vida. Todos los días me hago las mismas preguntas de las que hablé en el capítulo dos. Estas continúan guiando mi liderazgo y ayudándome a ser responsable de los dones y las ventajas que he recibido.

Y las preguntas que le hago a mi equipo han sido indispensables para mi éxito como líder. Ningún líder puede saberlo todo, ser experto en todo ni hacerlo todo. Se necesita de un equipo para ser exitoso. Al hacer preguntas, yo aprovecho la potencia de cada miembro de mi equipo, y juntos halamos la carga de las organizaciones.

A medida que avance, recuerde que los buenos líderes hacen grandes preguntas. Posiblemente no siempre conozcan las respuestas, pero son mejorados simplemente por hacerlas.

Notas

1. Marilyn vos Savant, "Ask Marilyn" [Pregúntele a Marilyn], 29 de julio de 2007, p. 8.

2. Bob Biehl, *Asking Profound Questions* [Cómo hacer preguntas profundas] (Mount Dora, Fl: Masterplanning Group International, 1996).

3. 1 Reyes 3:7, Nueva Versión Internacional.

4. Larry King, *Cómo hablar con cualquier persona, en cualquier momento, en cualquier lugar* (Nueva York: Three Rivers Press, 1994), p. 53.

5. Question [Pregunta], Dictionary.com, *Online Etymology Dictionary,* Douglas Harper, historiador, consultado el 22 de agosto de 2013, http://dictionary.reference.com/browse/question.

6. Rick Warren, "3 Ways of Thinking that are Holding You Back" [3 maneras de pensar que lo están deteniendo], consultado el 30 de agosto de 2013, http://pastors.com/3-ways-of-thinking-that-are-holding-you-back/.

7. Jeff Chu, "A New Season at Apple" [Una nueva temporada en Apple], *Fast Company,* febrero 2014, p. 57.

8. Ibíd. 55.

9. Proverbios 18:16, Nueva Versión Internacional.

10. Stephen R. Covey, "Foreword" [Prólogo], en Kevin Hall, *Aspire: Discovering Your Purpose Through the Power of*

Words [Aspire: Descubra su propósito a través del poder de las palabras] (Nueva York: William Morrow, 2009), xii.

11. Don Yaeger, "Lessons from Sports: Nolan Ryan's Longevity" [Lecciones de los deportes: la longevidad de Nolan Ryan], *Success,* consultado el 5 de septiembre de 2013, http://www.success.com/articles/1114-lessons-from-sports-nolan-ryan-s-longevity.
12. Charles T. Horngren y V. "Seenu" Srinivasan, "Memorial Resolution: Thomas W. Harrell" [Resolución en memoria de Thomas W. Harrell], *Stanford Report,* 9 de marzo de 2005, consultado el 6 de septiembre de 2013, http://news.stanford.edu/news/2005/march9/memlharr-030905.html.
13. Henry Kimsey-House, Karen Kimsey-House, Phillip Sndahl y Laura Whitworth, *Coaching co-activo, cambiar negocios, transformar vidas, tercera edición* (Boston: Nicholas Brealey Publishing, 2011), pp. 33-47).
14. Art Mortell, "How to Master the Inner Game of Selling" [Cómo dominar el juego interno de las ventas], vol. 10, núm. 7.
15. Eugene B. Habecker, *The Other Side of leadership: Coming to Terms with the Responsibilities that Acoompany God-Given Authority* [La otra cara del liderazgo: sobrellevar las responsabilidades que acompañan la autoridad dada por Dios] (Wheaton, Il: Scripture Press, 1987).
16. Stephen Covey, "Books: The 7 Habits of Highly Effective People. Habit 7: Sharpen the Saw" [Libros: Los 7 hábitos de la gente altamente efectiva. Hábito 7: afilar la sierra], consultado el 11 de agosto de 2013, http://www.stephencovey.com/7habits/7habits-habit7.php.
17. Charles Swindoll, "Sitting in the Light" [Sentado en la luz], *Day by Day with Charles Swindoll* [Día a día con Charles Swindoll] (Nashville: Thomas Nelson, 2005), p. 170.

18. Jim Collins, *Empresas que sobresalen: Porque unas sí pueden mejorar la rentabilidad y otras no* (Editorial Norma, 2008), p. 22.
19. Proverbios 10:17, Nueva Traducción Viviente.
20. J. Oswald Sanders, *Liderazgo espiritual: principios de excelencia para todos los creyentes* (Chicago: Moody Bible Institute, 1967), p. 27.
21. Leonard Ravenhill, "Prayer" [Oración], consultado el 24 de octubre de 2013, http://www.lastdaysministries.org/Mobile/default.aspx?group_id=1000040809&article_id=100000862.
22. Thomas Clapper, "Mr. Meek' at Home" [El Sr. Manso en casa], *Racine Journal Times,* 20 de febrero de 1942, p. 8.
23. Autor desconocido.
24. Eclesiastés 3:1, Nueva Versión Internacional.
25. Del jones, "Music Director Works to Blend Strengths" [Director musical trabaja para mezclar fortalezas], *Usa Today*, 27 de octubre de 2003, consultado el 25 de septiembre de 2013, http://usatoday30.usatoday.com/educate/college/carrees/profile9.htm.
26. Jenna Goudreau, "The Secret Power of Introverts" [El poder secreto de los introvertidos], *Forbes*, 26 de enero de 2012, consultado el 25 de septiembre de 2013, http://www.forbes.com/sites/jennagoudreau/2012/01/26/the-secret-power-of-introverts/.
27. Mike Myatt, "15 Ways to Identify Bad Leaders" [Quince maneras de identificar a los malos líderes], *Forbes*, 18 de octubre de 2012, consultado el 15 de noviembre de 2013, http://www.forbes.com/sites/mikemyatt/2012/10/18/15-ways-to-identify-bad-leaders/.
28. Jacquelyn Smith, "How to Deal with a Bullying Boss" [Cómo lidiar con un jefe matón], *Forbes* 20 de septiembre de 2013, consultado el 15 de noviembre de 2013, http://www.forbes.com/

sites/jacquelynsmith/2013/09/20/how-to-deal-with-a-bullying-boss/.

29. M. G. Siegler, "Eric Schmidt: Every 2 Days We Create as Much Information As We Did Up to 2003" [Eric Schmidt: cada dos días generamos tanta información como la que generamos hasta el 2003], *TechCrunch*, 2 de agosto de 2010, consultado el 29 de noviembre de 2013, http://techcrunch.com/2010/08/04/schmidt-data/.
30. Jeanne Meister, "Job Hopping Is the 'New Normal' for Millennials: Three Ways to Prevent a Human Resource Nightmare" [La rotación laboral es la "nueva normalidad" para la generación Y: tres maneras de evitar una pesadilla de recursos humanos], *Forbes,* 14 de agosto de 2012, consultado el 29 de noviembre de 2013, htto://www.forbes.com/sites/jeannemeister/2012/08/14/job-hopping-is-the-new-normal-for-millennialsthree-ways-to-prevent-a-human-resource-nightmare/.
31. Bob Russell y Bryan Bucher, *Transition Plan: 7 Secrets Every Leader Needs to Know* [El plan de transición: siete secretos que todo líder necesita conocer] (Louisville, KY: Ministers Label, 2010), pp. 45-48.

Otros libros de éxitos de ventas de John C. Maxwell disponibles en español

LOS 5 NIVELES DE LIDERAZGO

A través del humor, la perspicacia y los ejemplos, Maxwell le muestra cómo llegar al pináculo del liderazgo donde su influencia se extiende más allá de su alcance inmediato, para el beneficio de los demás.

Y el éxito de ventas número 1 del *New York Times*

LAS 15 LEYES INDISPENSABLES DEL CRECIMIENTO

Comunicando este mensaje como sólo él puede, John enseña las quince leyes que le ayudarán a convertirse en un aprendiz de por vida, cuyo potencial sigue aumentando y nunca se "agota".

A VECES SE GANA. A VECES SE APRENDE

John Maxwell ofrece un mapa de ruta ganador mediante el examen de once elementos que constituyen el ADN de alumnos que han tenido éxito enfrentándose a los problemas, los fracasos y las pérdidas.

Disponibles en cualquier tienda de libros.